公路工程概预算与招投标

主　编　张建娟　邹　泰

中国矿业大学出版社
·徐州·

内 容 提 要

本书依据2018年版《公路工程建设项目概算预算编制办法》《公路工程概算定额》《公路工程预算定额》《公路工程机械台班费用定额》编写。本书共6章，书中系统阐述了公路工程定额的相关知识、公路基本建设程序、公路工程定额的应用、公路工程概预算、公路工程施工招标和公路工程施工投标，并辅以实例解析。

本书可作为公路工程管理及相关专业大、中专院校教学用书，工程造价编制、管理人员的培训教材及工程设计、监理人员的参考书。

图书在版编目(CIP)数据

公路工程概预算与招投标/张建娟，邹泰主编．—徐州：中国矿业大学出版社，2020.4

ISBN 978-7-5646-4645-5

Ⅰ．①公… Ⅱ．①张…②邹… Ⅲ．①道路工程—概算编制—高等学校—教材②道路工程—预算编制—高等学校—教材③道路施工—招标—高等学校—教材④道路施工—投标—高等学校—教材 Ⅳ．①U415.13

中国版本图书馆CIP数据核字(2020)第059219号

书　　名　公路工程概预算与招投标
主　　编　张建娟　邹　泰
责任编辑　吴学兵
出版发行　中国矿业大学出版社有限责任公司
　　　　　　(江苏省徐州市解放南路　邮编221008)
营销热线　(0516)83884103　83885105
出版服务　(0516)83995789　83884920
网　　址　http://www.cumtp.com　**E-mail**:cumtpvip@cumtp.com
印　　刷　日照报业印刷有限公司
开　　本　787 mm×1092 mm　1/16　**印张** 13　**字数** 324千字
版次印次　2020年4月第1版　2020年4月第1次印刷
定　　价　42.00元
(图书出现印装质量问题，本社负责调换)

《公路工程概预算与招投标》编委会

主　　编　张建娟　邹　泰

副 主 编　刘　颖　付晓艺

　　　　　王长柱　张晓霞

参　　编　甄倩倩　张慧雪

　　　　　贝丽耘

前　言

随着我国对公路基础设施，特别是高速公路建设投资力度的增大，公路工程建设呈现高速发展的态势，而公路工程造价是公路建设项目中不可或缺的组成部分。本书以交通运输部发布并自2019年5月1日起实施的《公路工程建设项目概算预算编制办法》(JTG 3830—2018)、《公路工程概算定额》(JTG/T 3831—2018)、《公路工程预算定额》(JTG/T 3832—2018)和《公路工程机械台班费用定额》(JTG/T 3833—2018)为依据，从概、预算的编制原理出发，全面、系统地介绍了公路工程概、预算的编制程序和方法，并辅以实际工程案例。作者在编写本书时遵循理论联系实际的原则，以国家和行业最新颁布的政策、文件、规范为依据，结合实际工程项目，在总结多年教学成果的基础上编写而成。

本书由山东交通学院张建娟、山东省高速路桥养护有限公司邹泰任主编，上海交通职业技术学院刘颖、中建八局第二建设有限公司设计研究院付晓艺、齐鲁交通建设集团股份有限公司王长柱、济南市济阳区公路事业发展中心张晓霞任副主编，齐鲁交通发展集团有限公司甄倩倩、山东省建设监理咨询有限公司张慧雪、山东省建设文化传媒有限公司贝丽耘参与了本书的资料收集和整理。第1章由刘颖编写，第2章由邹泰编写，第3、6章由张建娟编写，第4章由付晓艺编写，第5章由王长柱、张晓霞编写，全书由张建娟统稿。

由于公路工程管理新方法、新技术发展迅速，加之编者水平所限，书中难免存在不妥之处，敬请广大读者批评指正。

作　者

2020年2月

目　录

第 1 章　公路基本建设工程

【本章提要】 本章主要介绍公路工程基本建设投资的来源，公路工程基本建设程序及程序中每个环节需要编制的造价文件。

【学习要求】 通过本章学习了解公路工程基本建设投资的来源；熟悉公路工程建设的内容和特点；掌握公路工程基本建设程序及程序中每个环节需要编制的造价文件。

【基本概念】 公路工程基本建设、基本建设程序、基本建设投资、估算、概算、施工图预算、施工预算。

公路是国民经济的命脉，是经济建设必不可少的重要基础设施。1949 年以前近半个世纪，全国的公路勉强能通车的仅 7.5 万千米。中华人民共和国成立以后，特别是改革开放以来，我国的公路建设取得了突飞猛进的发展，截止到 2019 年底，全国公路总里程达到 501.25 万千米，其中，高速公路达到 14.96 万千米，里程规模居世界第一。在《“十三五”现代综合交通运输体系发展规划》中提出，预计“十三五”期间，中国公路运营里程将新增约 42 万千米，公路总投资规模 7.8 万亿元。

1.1　公路工程建设的内容与特点

1.1.1　公路工程建设的内容

公路工程主要指路基、路面、桥涵、隧道、交通工程设施的勘察、测量、设计、施工、养护、管理等工作。公路工程建设的内容按其任务与分工不同，主要分为以下三类：

1. 公路工程的小修、保养

公路工程构造物在长期使用过程中，会受到行车和自然因素的作用而不断损坏。只有通过定期和不定期的维修保养，才能保证固定资产的正常使用，保持运输生产不间断地进行，使原有生产能力得到维持。所以，公路工程的小修、保养是实现固定资产简单再生产的重要手段之一。

2. 公路工程大中修与技术改造

由于受材料、结构、设备等功能方面的制约，公路各组成部分具有不同的寿命，即使经过维修，公路也不能无限期地使用下去，到一定年限，某些组成部分就会丧失功能，需要更新改造。

另外，对随坡就弯而产生的不良线形改造、路基加宽、路面等级提高等都属于技术改造。

3. 公路工程基本建设

为了适应生产和流通发展的需要，必须通过新建、扩建、改建和重建公路这四种基本建设形式来实现固定资产扩大再生产。

1.1.2 公路工程建设的特点

1. 公路建筑产品的特点

(1) 产品的固定性

公路工程的构造物固定于某一地带不能移动，只能在建造的地方直接生产，完工后供长期使用。

(2) 产品的多样性

由于公路的具体使用目的、技术等级、技术标准、自然条件以及功能不同，公路的组成、结构千差万别，复杂多样。

(3) 产品形体庞大性

公路工程是线形构造物，其组成部分的几何形体庞大，不仅占用较多土地，而且占据较大空间，使整个工程雄伟壮观。

(4) 产品部分的易损性

公路工程构造物受行车作用及自然因素的影响，其暴露于大自然的部分以及直接受行车作用的部分，会产生物理、化学变化，在疲劳、耐久、老化等方面的受损表现突出。

2. 公路施工的技术经济特点

由于公路建筑产品具有上述特性，因此其产品（工程）的施工过程具有一定的技术经济特点。

(1) 施工流动性大

公路建设线长点多，工程数量分布不均匀，其构造物在建造过程中和建成后都无法移动。由于其产品的固定性和严格的施工顺序，需要组织各类工作人员和各种机械围绕这一固定产品，在同一工作面的不同时间，或同一时间的不同工作面上进行施工活动，因此需要科学地解决这种空间上的布置和时间上的安排两者之间的矛盾。此外，当某一公路工程竣工后，还要解决施工队伍向新的施工现场转移的问题。

公路施工的流动性，给施工企业的生产管理和生活安排带来很大影响，如施工基地的建立、施工现场管理、施工人员召集与遣散、施工组织形式、施工运输的经济合理性等问题。

(2) 施工协作性高

公路工程类型多，施工环节多，工序复杂，每项工程又具有不同功能和不同的施工条件，从而使每项工程不仅要进行个别设计，而且要个别组织施工。特别是现代高等级公路，不仅涉及电力、电信工程，而且还包含市政及环保工程。每项工程都需建设、设计、施工与监理等单位的密切配合，需要材料、动力、运输等各个部门的通力协作，因此，施工过程中的综合协调和调度、严密的计划和科学管理就显得特别重要。

(3) 施工周期长

公路工程主要包括路基、路面、桥梁、涵洞、隧道等工程，产品形体特别庞大，产品固定而又具有不可分割性，施工周期长，在较长时间内大量占用和耗费人力、物力和财力，直到整个施工周期完结，才能出产品。即使借助现代化施工机械，在满足工程质量及技术标准的条件下，一条一百多千米的高速公路也需要 3 年左右的工期。由于施工期内经历一年四季气候的变化，还需要针对不同的气候、季节采取不同措施进行施工管理，保证工程质量与进度。

在施工过程中，要求统筹安排，遵守施工程序，科学合理地组织施工，各阶段、各环节必须有条不紊地组织起来，在时间上不间断，空间上不脱节。如果施工的连续性受到破坏或中断，必然会拖延工期，大量占用资金，造成人力、物力、财力的浪费。

(4) 受外界干扰及自然因素影响大

公路施工穿越乡村与城镇，与当地政府及居民利益紧密相关，现场的一切行动直接影响当地生活与生产，因此协调与地方的关系成为现场管理不可或缺的工作。另外，公路工程施工大部分是露天作业，受自然条件，如气候冷暖、地势高低、洪水、雨雪等的影响较大。设计变更、地质情况、物资供应条件、环境因素等对工程进度、工程质量、成本等都有很大影响，且由于公路部分结构的易损性，需不断进行维修养护，才能维持其正常的使用性能。

公路建设的上述特点，决定了公路施工活动的特有规律。研究和遵循这些规律，对科学地组织与管理公路工程施工，提高公路建设的经济效益具有重要意义。

1.2　公路工程基本建设

1.2.1　基本建设的定义

基本建设是国民经济各部门为了扩大再生产而进行的增加固定资产的建设工作，具体来讲，就是把一定的建筑材料、设备等，通过购置、建筑和安装等活动，转化为固定资产的过程，诸如工厂、矿山、公路、铁路、港口、学校、医院等工程的建设，以及机具、车辆、各种设备等的添置和安装。公路工程基本建设是通过勘察、设计、施工以及有关的经济活动等，将一定建筑材料按设计要求与技术标准使用机械设备建造成公路构造物的过程。

1.2.2　基本建设的项目组成

公路工程构造物是一个不可分割的整体，但就其实物形态来说，都是由许多部分组成的。因此，在设计、施工中，为了便于编制基本建设的施工组织设计和概、预算文件，必须对每项基本建设工程进行项目的分解，即按内在的逻辑关系将其依次划分为基本建设项目→单项工程→单位工程→分部工程→分项工程。

1. 基本建设项目(简称建设项目)

每项基本建设工程就是一个建设项目。建设项目一般是指有计划任务书和总体设计，经济上实行独立核算，行政上具有独立组织形式的建设单位。在我国基本建设中，通常以一个企业、事业单位，或一个独立工程作为一个建设项目，如运输建设方面的一条公路、一条铁路、一个港口，工业建筑方面的一个矿井等。

2. 单项工程(又称工程项目)

单项工程是建设项目的组成部分。一个建设项目可以是一个单项工程，也可以包括许多单项工程。所谓单项工程是指具有独立设计文件，竣工后可以独立发挥生产能力或效益的工程。如某公路建设项目中的独立大、中型桥梁工程，隧道工程等。

3. 单位工程

单位工程是单项工程的组成部分，一般指不能独立发挥生产能力或效益，但具有独立施工条件的工程。如隧道单项工程可分为土建工程、照明和通风工程等单位工程,又如一条公路的路线工程、桥涵工程等单位工程。

4. 分部工程

分部工程是单位工程的组成部分,一般是按照单位工程的各个部位划分的。例如,基础工程,桥梁上、下部工程,路面工程,路基工程等。

5. 分项工程

分项工程是分部工程的组成部分,是按照工程的不同结构、不同材料和不同施工方法等因素划分的。如基础工程可划分为围堰、挖基、基础砌筑、回填等分项工程。分项工程的独立存在是没有意义的,它只是建筑或安装工程的一种基本的构成因素,是为了组织施工以及为确定建筑安装工程造价而设定的一个中间过程。

1.2.3 基本建设程序

基本建设项目在整个实施过程中各项工作进程的先后顺序,称为基本建设程序,这个程序是由基本建设进程的客观规律和政府管理体制决定的。参照我国《公路建设监督管理办法》的规定,公路工程基本建设程序如下:

(1) 根据规划,编制项目建议书;

(2) 根据批准的项目建议书,进行工程可行性研究,编制可行性研究报告;

(3) 根据批准的可行性研究报告,编制初步设计文件;

(4) 根据批准的初步设计文件,编制施工图设计文件;

(5) 列入年度基本建设计划;

(6) 项目实施前的各项准备工作;

(7) 根据批准的项目施工许可,组织项目实施;

(8) 项目完工后,编制竣工图表、工程决算和竣工财务决算,办理项目交、竣工验收和财产移交手续;

(9) 竣工验收合格后,组织项目后评价。

现将公路工程基本建设程序的具体内容分述如下。

1. 项目建议书

项目建议书(又称初步可行性研究报告、预可行性研究报告),是项目建设单位就新建、扩建事项向发改委(局)项目管理部门申报的书面申请文件;是项目筹建单位或项目法人,根据国民经济的发展、国家和地方中长期规划、产业政策、生产力布局、国内外市场、所在地的内外部条件,提出的某一具体项目的建议文件;是对拟建项目提出的框架性的总体设想。项目建议书主要论证项目建设的必要性,建设方案和投资估算也比较粗略,投资误差为20%左右。项目建议书是项目发展周期的初始阶段基本情况的汇总,是选择和审批项目的依据,也是制作可行性研究报告的依据。

项目建议书编写过程主要包括以下几个方面:

① 进行市场调研;

② 对项目建设的必要性和可行性进行研究;

③ 分析项目建设内容、生产技术和设备及重要技术经济指标等;

④ 初步估算主要原材料的需求量、投资估算、投资方式、资金来源、经济效益等。

2. 工程可行性研究

工程可行性研究是指对投资项目在投资决策前进行技术、经济论证的科学方法，是一种在投资前通过调查、分析、研究、推算和比较，选择最小的耗费取得最佳经济效果的手段。国家发展和改革委员会规定，要以可行性研究为基础来确定基本建设的基本轮廓，这个轮廓概括为工程建设的可否、时期、规模三个基本问题。

(1) 任务和分类

① 任务：在对地区社会、经济发展及路网状况进行充分调查研究、评价预测和必要的勘察工作的基础上，对项目建设的必要性、经济合理性、技术可行性、实施可能性提出综合的研究论证报告。

② 分类：可行性研究按其工作深度可分为两大类，即工程预可行性研究和工程可行性研究。

(2) 主要内容

道路建设项目可行性研究报告的主要内容包括：论述建设项目的依据、背景，在交通运输网中的地位，原路的状况；预测交通量及发展水平；论述建设项目地理位置和自然特征，筑路材料来源及运输条件；论证不同方案的特点，提出推荐意见；测算主要工程量和估算投资，进行经济评价；对推荐方案进行评价，提出存在的问题和有关建议。

3. 设计阶段

工程设计是指在工程开始施工之前，设计者根据已经批准的设计任务书，为具体实现拟建项目的技术、经济要求，拟定建筑、安装及设备制造等所需的规划、图纸、数据等技术文件的工作。

设计是建设项目由计划变为现实具有决定意义的工作阶段，拟建工程在建设过程中能否保证进度、保证质量和节约投资，在很大程度上取决于设计质量的优劣。

由于公路涉及面广、影响因素多，其设计必须经历一个调查研究范围由大到小、工作深度由粗到细的过程。按照公路的使用性质、技术等级和建设规模，公路设计通常分成一阶段、二阶段、三阶段三种方式进行。一阶段施工图设计适用于技术简单、方案明确的小型建设项目。即采用一次定测，按照工程可行性研究报告或计划任务书所确定的修建原则和路线走向方案，在现场进行方案比选与优化，及时完成纵断面设计、横断面设计以及桥涵、防护工程等的布置，以便及时综合检查和修改。公路设计一般都采用二阶段，包括：初测→初步设计→设计概算；定测→施工图设计→施工图预算。初步设计根据批复的可行性研究报告、测设合同和初测资料编制，施工图设计根据批复的初步设计、定测合同和定测资料编制。对于技术上复杂、基础资料不足的建设项目或建设项目中的特大桥、互通式立体交叉、隧道、高速公路和一级公路的交通工程及沿线设计中的机电设备等，必要时采用三阶段设计，即初测→初步设计→设计概算，定测→技术设计→修正概算，补充定测→施工图设计→施工图预算。技术设计应根据批复的初步设计、测设合同和定测、详勘资料编制，施工图设计应根据批复的技术设计、测设合同和补充定测、补充详勘资料编制。

工程设计的全过程主要包括以下几个方面：

(1) 设计前准备工作

① 了解并掌握各种有关的外部条件和客观情况。

② 地形、气候、地质、自然环境等自然条件；交通、水、电、气、通信等基础设施状况；业

主对工程的要求,特别是工程应达到的各项使用要求。

③ 进行工程经济估算时所需的依据,资金、材料、施工技术和装备等的供应情况,以及可能影响工程的其他客观因素。

④ 在搜集资料的基础上,对工程主要内容(包括功能与形式)的安排有个大概的布局设想,然后还要考虑工程与周围环境之间的关系。

(2) 初步设计

初步设计阶段的主要目的是确定设计方案。必须根据批复的可行性研究报告、测设合同的要求,拟定修建原则,选定设计方案,计算工程数量及主要材料数量,提出施工方案的意见,编制设计概算,提供文字说明及图表资料。初步设计文件经审查批复后,则成为订购主要材料、机具、设备,安排重大科研试验项目,联系征用土地、拆迁,进行施工准备,编制施工图设计文件和控制建设项目投资等的依据。初步设计在选定方案时,应对路线的走向、控制点和方案进行现场核查,征求沿线地方政府和建设单位意见,基本落实路线布置方案,一般应进行纸上定线,赴实地核对,落实并放出必要的控制线位桩。对复杂困难地段的路线、互通式立体交叉、隧道、特大桥、大桥的位置等,一般应选择两个或两个以上的方案进行同深度、同精度的测设工作和方案比选,提出推荐方案。

(3) 技术设计

技术设计是在技术上复杂、基础资料不足的建设项目或建设项目中的特大桥、互通式立体交叉、隧道、高速公路和一级公路的交通工程及沿线设施的机电设备设计中所增加的一个阶段的工作。其目的是根据初步设计批复意见、测设合同的要求,对重大、复杂的技术问题通过科学试验、专题研究,加深勘探调查及分析比较,解决初步设计中未解决的问题,落实技术方案,计算工程数量,提出修正的施工方案,修正设计概算。具体要求如下:

① 对初步设计所定方案详加研究,进一步补充和修改。

② 补充必要的地质、水文、气象、地震和地质钻探资料,以及土工、材料结构或模型试验成果。

③ 提出科学试验成果、专题报告。

④ 提出修正的施工方案。

⑤ 编制修正概算。

技术设计批准后即成为编制施工图设计的依据。

(4) 施工图设计

施工图设计是在二阶段初步设计(或三阶段技术设计)的基础上,根据批复意见和测设合同要求,进一步对所审定的修建原则、设计方案、技术决定加以具体和深化,最终确定各项工程数量,提出文字说明和适应施工需要的图表资料以及施工组织计划,并编制施工预算。

(5) 设计交底和配合施工

施工图发出后,根据现场需要,设计单位应派人到施工现场,与建设、施工单位共同会审施工图,进行技术交底,介绍设计意图和技术要求,修改不符合实际和有错误的图纸;在施工中及时解决施工时设计文件出现的问题;当施工完毕后参加试运转和竣工验收,解决试运转过程中的各种技术问题。

4. 纳入政府基本建设计划

当初步设计和概算经上级部门批准后,建设项目才能列入国家基本建设年度计划。建设单位根据国家发改委颁发的年度基本建设计划数据，按照批准的可行性研究报告和设计文件，编制本单位的年度基本建设计划，报经批准后，再编制物资、劳动、财务计划。这些计划分别经过主管机关审查后，作为国家或地方政府宏观调控地方发展规划的依据，同时也作为建设单位筹措资金、安排生产、分配物资、调配劳力的依据，并通过招投标或其他方式落实施工单位。

5. 施工准备

为了保证施工的顺利进行，在施工准备阶段，建设主管部门应根据计划要求的建设进度，指定一个企业或事业单位组织基建管理机构，办理登记及拆迁，做好施工沿线有关单位和部门的协调工作，抓紧配套工程项目的落实，组织分工范围内的技术资料、材料、设备的供应；勘测设计单位应按照技术资料供应协议，按时提供各种图纸资料，做好施工图纸的会审及移交工作；施工单位应组织机具、人员进场，进行施工测量，修筑便道及生产、生活等临时设施，组织材料、物资的采购、加工、运输、供应和储备，做好施工图纸的接收工作，熟悉图纸的要求，编制实施性施工组织设计和施工预算，提出开工报告，按投资隶属关系报请交通运输部或省（市）、自治区基建主管部门核准；中国建设银行应会同建设、设计、施工单位做好图纸的会审，严格按计划要求进行财政拨款或贷款。

6. 组织施工

施工单位要遵照施工程序合理组织施工，施工过程中应严格按照设计要求和施工规范，确保工程质量，安全施工；推广应用新工艺、新技术，努力缩短工期，降低造价；同时应注意做好施工记录，建立技术档案。

7. 竣工验收阶段

当建设项目按设计文件规定内容全部施工完成后，按照规定的竣工验收标准、准备工作内容、验收程序和组织的规定，经过各单项工程的验收，符合设计要求，并具备竣工图表、竣工决算、工程总结等必要文件资料，由项目主管部门或建设单位向可行性研究报告的审批单位提出竣工验收申请报告。公路项目的竣工验收由交通运输部或批准工程初步设计文件的地方交通主管部门主持。

竣工验收，是全面考核建设工作是否符合设计要求和工程质量的重要环节，对促进建设项目（工程）及时投产、发挥投资效果、总结建设经验有重要作用。

8. 后评估阶段

建设项目后评估是工程项目竣工投产、生产运营一段时间后，再对项目的立项决策、设计施工、竣工投产、生产运营等全过程进行系统评价的一种技术活动，是固定资产管理的重要内容。通过建设项目后评估，可以达到肯定成绩、总结经验、研究问题、吸取教训、提出建设、改进工作、不断提高项目决策水平和投资效果的目的。

1.3　公路工程概预算的分类和投资额测算体系

投资是指为了实现某一特定目的而将其能支配的资源投入社会再生产过程的一种社会实践活动，它是最重要和最复杂的经济活动之一。公路基本建设工程投资是众多投资中的一种。国家和社会通过对公路工程项目的投资活动，建立起交通运输的基本通道，为社会的经济发展和人民的生活提供最根本和最直接的物质条件。因此，必须对基本建设工程投资进行科学的管理和严格的控制。

1.3.1 公路基本建设资金的来源

基本建设投资由基本建设项目从筹建到竣工验收、交付使用的全部建设费用所构成。建设项目的四个阶段，即规划与研究阶段、设计阶段、施工阶段和交付使用阶段，每个阶段都贯穿着资金的运作。基本建设投资就是从建设前期的可行性研究费等少量投资开始，到施工期间大量投入资金，直到交付使用后经一定时期收回全部投资为止的一个完整周期内，以货币形式反映基本建设规模的综合指标。目前，我国公路基本建设资金来源主要有如下几种：

(1) 政府投资。政府投资是由政府预算直接安排的投资，通过政府财政拨款的方式，根据建设进度分别拨给建设单位，然后直接用于公路工程建设。

(2) 地方投资。在政府预算安排之外，由各地区、各部门按照国家规定自筹资金安排的投资。

(3) 银行贷款。银行贷款是以银行为主体，根据信贷自愿的原则，依据经济合同所施行的有偿有息投资。

(4) 国外资金。在国家统一政策的指导下，积极慎重地引进国外的先进技术和国外投资，以弥补我国建设资金的不足，加速我国经济建设的发展。

(5) 其他资金来源。如联营投资、股票投资、发行债券等。

我国公路交通运输压力虽有缓解，但车辆拥有量的急剧增加与运输能力不足的矛盾也更加突出。由于公路建设资金不足，在国务院直接领导和支持下，已经制定几项发展交通的政策，建立了国家公路建设特别基金：一是养护税费改革增加投资；二是增列汽车购置附加税；三是允许集资、贷款修建高速公路、独立大桥和隧道等，以收取一定费用偿还本息；四是确定能源、交通基金返还，实行“以工代赈”地方集资等政策和措施，使公路建设资金有了长期稳定的来源。

1.3.2 公路基本建设投资额测算体系

为了对公路基本建设工程进行全面而有效的工程造价管理，在项目的各阶段都必须编制有关的造价文件，这些不同造价文件的投资额则要根据其主要内容要求，由不同测算工作来完成。投资额按公路工程的建设程序进行分类，有如下几种。

1. 投资额估算

投资额估算，一般是指在投资前期(规划、项目建议书、可行性研究报告)阶段，建设单位向国家申请拟建项目或国家对项目进行决策时，确定建设项目在规划、项目建议书、可行性研究报告等不同阶段相应投资总额而编制的经济文件。

国家对任何一个拟建项目，都要通过对可行性研究报告的全面评审后，才能决定是否正式立项。在可行性研究中，除考虑国家经济发展上的需要和技术上的可行性外，还要考虑经济上的合理性。投资额估算为投资决策提供数量依据，也是建设项目经济效益分析中确定成本的主要依据，因此，它是建设项目在初步设计前各阶段工作中，作为拟建项目在经济上是否合理的重要文件。它具有如下几个方面的作用：

(1) 投资额估算是国家决定拟建项目是否继续进行研究的依据。

(2) 投资额估算是国家审批项目建议书的依据。

(3) 投资额估算是国家审批建设项目可行性研究报告的依据。

(4) 投资额估算是国家编制中长期规划和保持合理投资结构的依据。

根据投资额估算的作用不同,其内容的深浅程度也不尽相同。公路工程投资额估算是公路建设项目可行性研究报告中的重要内容,它可分为两类,一类是项目建议书投资额估算,一类是工程可行性研究投资额估算。它由申请立项的单位根据交通运输部颁布的《公路工程建设项目投资估算编制办法》(JTG 3820)和《公路工程估算指标》(JTG/T 3821)编制而成。可行性研究报告被批准后,投资估算则是控制设计概算的依据,也是国家对建设项目所下达的投资限额,并可作为资金筹措计划的依据。

2. 概算

概算又分为设计概算和修正概算两种。设计概算是指在初步设计或技术设计阶段,由设计单位根据设计图纸、概算定额、各类费用定额、建设地区的自然条件和技术经济条件等资料,预先计算和确定建设项目从筹建至竣工验收交付使用全部建设费用的造价文件。它是设计文件的重要组成部分,是国家确定和控制公路基本建设投资总额,安排基本建设计划,选择最优设计方案的依据。建设项目的总概算一经批准,在建设项目的其他阶段是不能随意突破的。修正概算是在技术设计阶段,对初步设计成果做进一步修改、调整后,重新计算其工程投资额的经济文件。由于设计概算和修正概算除所处的设计阶段不同外,其采用的定额均相同,依据的均是《公路工程建设项目概算预算编制办法》(JTG 3830),故统称为概算。概算一经批准,则是国家确定和控制公路基本建设投资总额的依据,是工程投资总额的封顶线,即在随后其他各阶段的投资测算值都不能随意突破概算的测算值。

3. 施工图预算

公路基本建设项目不论采用几阶段设计,设计单位在施工图设计阶段均应编制施工图预算。施工图预算是以设计单位为主,必要时可邀请施工单位、建设单位参加,根据施工图设计的工程量和施工方案,按预算定额和各类费用定额,所编制的反映工程造价的文件。它是考核施工图设计经济合理性的依据,对于按施工图预算承包的工程它又是签订建筑安装工程合同,实行建设单位和施工单位投资包干和办理工程结算的依据;对于进行施工招标的工程,施工图预算也是编制工程标底的依据;同时,它也是施工单位加强经营管理,搞好经济核算的基础。施工图预算必须以施工图图纸、说明书、施工组织设计以及编制预算的法令性文件为依据。

4. 施工预算

施工预算是施工单位进行成本控制与成本核算的依据,也是施工单位进行劳动组织与安排,以及进行材料和机械管理的依据,对施工组织和施工生产有着极为重要的作用。

施工预算是指施工阶段,在施工图预算的控制下,施工单位根据施工图计算的分项工程量、施工定额、施工组织设计或分部分项工程施工组织设计以及其他有关技术资料,通过工料分析,计算和确定完成一个工程项目或一个单位工程或其中的分部分项工程所需的人工、材料、机械台班消耗量及其他相应费用的造价文件。施工预算所反映的是完成工程项目的成本,是成本控制的主要目标。

5. 标底编制

工程项目实行招标的，由招标单位按发包工程的工程内容、设计文件、合同条件、技术规范和有关定额等资料编制标底。标底是重要的投资额测算文件，是评标的根本依据，也是衡量投标人报价水平高低的基本指标，在招投标工作中起着关键作用。标底一般以设计概算或施工图预算为基础编制，不准超过批准的概算或施工图预算。

6. 报价

报价是由投标单位根据招标文件和有关定额（主要是投标单位根据自身的施工经验与管理水平所制定的企业定额），招标项目所在地区的自然、社会和经济条件，施工组织方案及投标单位自身条件，计算完成招标工程所需各项费用的造价文件。报价是投标文件最重要的组成部分，是投标工作的关键和核心，也是能否中标的主要依据。报价过高，中标率就会降低；报价过低，尽管中标率增大，但可能无利可图，甚至中标单位会承担工程亏本的风险，因此，能否准确计算和合理确定工程报价，是施工企业在投标竞争中能否获胜的前提条件。中标单位的报价，将直接成为工程承包合同价的主要基础，并对将来施工过程起着严格的制约作用，承包单位和业主均不能随意更改报价。

报价与施工预算比较接近，但不同于施工预算。报价的费用组成和计算方法同概预算类似，但其编制体系和要求均不同于概预算，尤其目前招投标工作中，一般采用单价合同，因而使报价时的费用分摊同概预算的费用计算方式有很大差别。总的看来，报价与概预算的差别主要体现在两个方面：一是概预算文件必须按国家有关规定进行编制。二是概预算由设计单位编制完成后，必须经建设单位或其主管部门、建设银行等审查批准后才能作为建设单位与施工单位结算工程价款的依据；而报价则可以根据投标单位对工程和招标文件的理解程度，对预算造价上下浮动，无须预先送建设单位审核。因此，报价比概预算更复杂，也比概预算更灵活。

7. 工程结算

工程项目建设是一个复杂的过程，涉及的单位是一些相对独立的经济实体，有着各自的经济利益，在项目建设过程中承担着不同的工作内容，因此，无论公路工程项目采用何种方式进行建设，在建设过程中，各经济实体之间必然会发生货币收支行为。这种在项目建设过程中由于器材采购、劳务供应、施工单位已完工程交验、可行性研究和设计任务的完成等经济活动而引起的货币收支行为，就是项目结算。在社会主义商品经济条件下，公路建设项目的建设过程也是一种商品的生产过程，其间所发生的一系列工作和活动最终都要通过结算来完成。因此，正确而及时组织项目结算，全面做好项目结算的各项工作，对于加速资金周转，加强经济核算，促进建设任务的完成，保证项目建设的顺利进行以及加强对项目建设过程的财政信用监督等方面都有着十分重要的意义。项目的结算过程，实际上也是组织基本建设活动，实行基本建设拨款、贷款的投资过程，还是及时掌握项目投资活动中的动态及其变化情况的过程。项目结算是国家组织的基本建设经济活动，及时掌握经济活动信息，实现固定资产再生产的重要手段。同时，通过结算，可以协助建设单位有计划地组织一切货币收支活动，使各企业、各单位的劳动耗能及时得到补偿。

项目结算的主要内容包括货物结算、劳务供应结算、工程（费用）结算及其他货币资金结算等。货物结算是指建设单位同其他经济单位之间，由于物资的采购和转移而发生的结算；

劳务供应结算是指建设单位同其他单位之间，由于提供劳务而发生的结算；工程（费用）结算是指建设单位同施工单位之间，由于拨付各种预付款和支付已完工程等费用而发生的结算；其他货币资金结算是指基本建设各部门、承包企业和各单位之间由于资金往来以及他们同建设银行之间，因存款、放款业务而发生的结算。

工程（费用）结算又称为工程价款结算，是项目结算中最重要和最关键的部分，是项目结算的主体内容，占整个项目结算额的 75%～80%。工程价款结算，一般以实际完成的工程量和有关合同单价以及施工过程中现场实际情况的变化资料（如工程变更通知、计日工使用记录等）计算当月应付的工程价款。施工单位将实际完成的工程量填入各种报表，按月送交驻地监理工程师验收签认，然后向建设单位提交当月工程价款结算单。根据结算应付的工程价款经总监理工程师签认的支付证书，财务部门才能转账。目前，由于各地区施工单位流动资金支付方式的差别和具体工程项目的不同，工程价款的结算方法有很多形式。中国建设银行发布并自 1990 年 1 月 1 日起实行的《建设工程价款结算办法》第 5 条规定，建设工程价款结算可以根据不同情况采取多种方式：① 按月结算；② 竣工后一次结算；③ 分段结算；④ 约定的其他结算方式。而实行 FIDIC 条款的合同，则明确规定了计量支付条款，对结算内容、结算方式、结算时间、结算程序给予了明确规定，一般是按月申报，期中支付，分段结算，最终结清。

8. 竣工决算

竣工决算是指在建设项目完工后竣工验收阶段，由建设单位编制的建设项目从筹建到建成投产或使用的全部实际成本的技术经济文件。它是公路建设投资管理的重要环节，是公路工程竣工验收及交付使用的重要依据，也是进行公路建设项目财务总结，银行对其实行监督的必要手段。其内容由文字说明和结算报表两部分组成。文字说明主要包括：工程概况，设计概算和基本建设规划执行情况，各项技术经济指标完成情况，各项拨款（或贷款）使用情况，建设成本和投资效果的分析以及建设过程中的主要经验，存在的问题和解决意见等。

应当注意，施工单位往往也根据工程结算结果，编制单位工程竣工成本决算，核算单位工程的预算成本、实际成本和成本降低额。工程结算是企业内部成本分析，突出经营效果，总结经验，提高经营管理水平的重要手段。

投资活动的进展顺序及相关工作内容和投资额测算的相互关系如图 1-1 所示。

从图 1-1 可以看出，估算、概算、预算、标底、报价、结算和决算都以价值形态贯穿整个投资过程。从申报建设项目，确定和控制基本建设投资额，进行基建经济管理和施工单位进行经济核算，到最后以决算形成企（事）业单位的固定资产，构成了一个有机的整体，缺一不可。因此，在一定意义上说，它们是基本建设投资活动的血液，也是联系参与项目建设活动各经济实体的纽带。申报项目要编投资额估算，设计要编概算和施工图预算，招标要编标底，投标要编报价，施工前要编施工预算，施工过程中要进行结算，施工完成要编决算，并且一般还要求决算不能超过预算，预算不能超过概算，概算则不能超出估算所允许的幅度范围，结算不能突破合同价的允许范围，合同价不能偏离报价与标底太多，报价（指中标价）则不能超出标底的规定幅度范围，并且标底不允许超概预算。总之，各种测算环环相扣，紧密联系，共同对投资额进行有效控制。

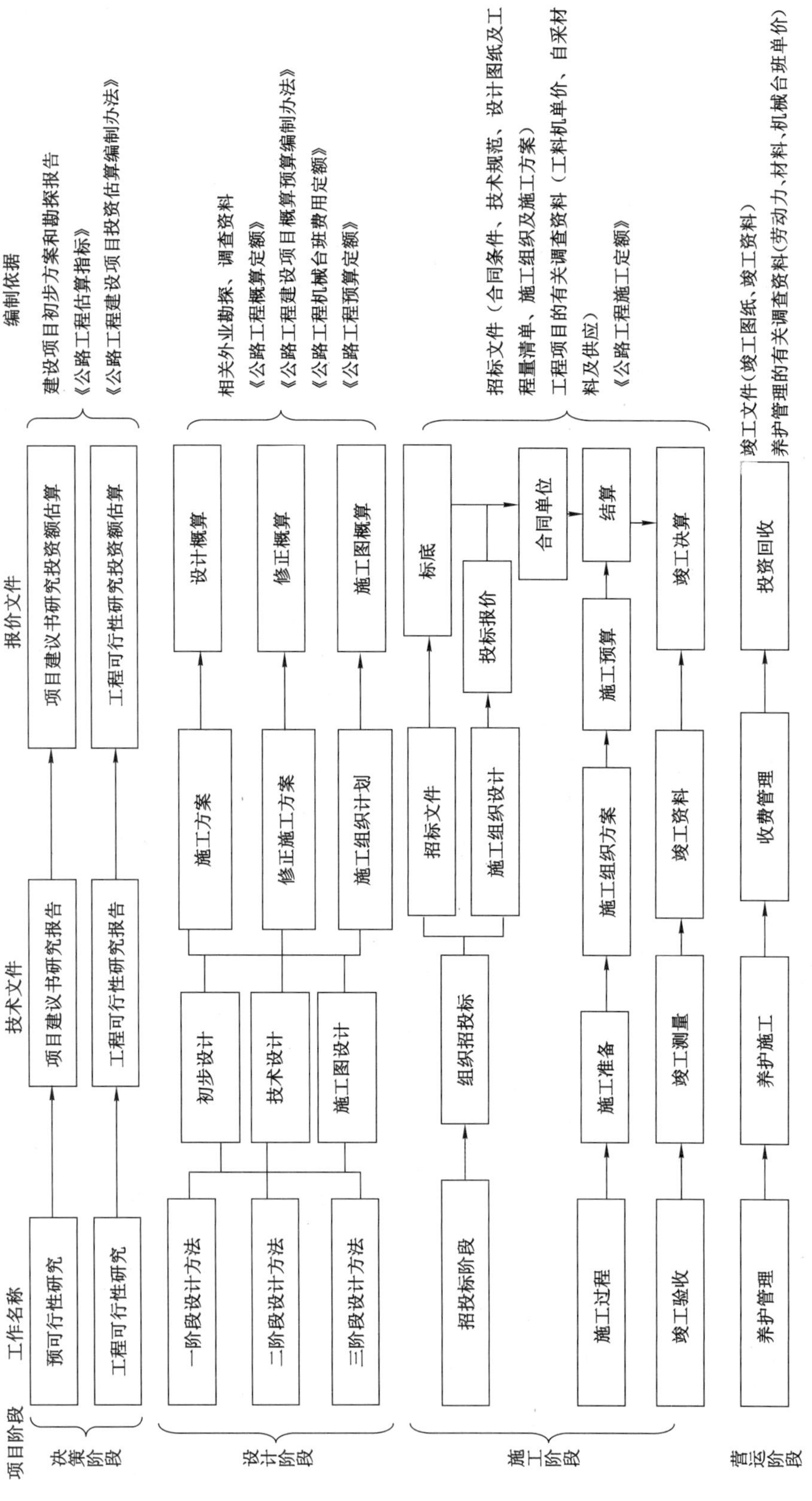

图1-1 投资进程与投资额测算关系

第2章　公路工程定额

【本章提要】 定额的定义、分类、特点，定额原理以及定额的管理。

【学习要求】 通过本章学习了解定额的作用和特点；熟悉定额按反映实物消耗内容和用途的分类、按编制单位分类和按专业分类；掌握施工、预算、概算定额和估算指标的编制；了解定额原理和定额管理。

【基本概念】 定额，施工定额，预算定额，概算定额，估算指标。

2.1　定额的基本概念

2.1.1　定额的概念

随着社会主义现代化建设的发展，基础建设的规模越来越大，国家对固定资产的投资也越来越大。为了使国家的投资创造比较好的经济效益，制定一个代表一定生产力水平的资源消耗标准就显得十分必要。这个标准就是定额。定，就是规定；额，就是限额。定额是指在合理的劳动组织和合理使用材料、机械的条件下，完成单位合格产品所必须消耗的劳动力、材料、机械台班的数量标准。根据定额的要求，各个施工企业在组织施工时应力争使本施工企业对劳动力、材料、机械台班的消耗量低于定额标准，保证企业获得经济效益。

定额水平指规定完成单位合格产品所需消耗的资源数量的多少，它是生产力水平的具体反映。不同时期，生产力水平不同，代表生产力水平的定额水平也就不相同。随着生产力的发展，定额水平不断提高，劳动力、材料、机械台班的消耗量越来越少。但在一定时期内，为了保证定额的适应性，定额水平要保持相对稳定。定额所研究的对象是产品在生产过程中的资源消耗，它包括人力资源和物力资源的消耗。这些消耗量是在生产过程中实际发生的，并在一定的施工生产条件下代表着一定的社会劳动生产率，具有相对的稳定性。施工生产条件变化了，社会劳动生产率也会有相应的变化，定额中所规定的资源消耗量也应随之改变。因此，研究定额的方法也必须遵循这样一条原则，即现场测定实际发生的各种资源消耗量数据资料→发现内在的规律，寻求出有代表性的数据制定定额→应用定额→随着客观生产条件的变化不断修订和补充定额→继续应用新定额→继续修订和补充定额。定额是标准，是计划指标，是规定的工作消耗尺度，是计划、组织生产的工具和基础，也是企业技术水平和经营管理水平的集中反映。

定额属于计价依据的主要内容之一。所谓计价依据系指用以计算工程造价的基础资料的总称，除包括定额、指标、费率、基础单价外，还包括工程量数据及政府主管部门颁发的各种有关经济、政策、计价办法等。按计价依据的作用来分，公路定额一般分工程定额和费用定额两类。公路工程定额指《公路工程施工定额》《公路工程预算定额》《公路工程概算定额》和《公路工程估算指标》。这四种定额在国家对公路工程立项投资到竣工验收使用各阶段性工程造价管理中起着各自不同的作用；公路费用定额指在施工过程中除人工、材料、机械台班消耗以外的其他费用需要量的标准，如交通运输部颁发的《公路工程建设项目投资估算编制办法》(JTG 3820)、《公路工程建设项目概算预算编制办法》(JTG 3830)和《公路工程机械台班费用定额》(JTG/T 3833)中规定的各项费用定额和费率。

2.1.2 定额的特点

我国公路工程定额具有科学性、系统性、统一性、权威性和相对稳定性的特点。

(1) 定额的科学性

定额的科学性主要表现在两个方面：① 公路工程定额必须和生产力发展水平相适应，反映公路工程施工中物资消耗的客观规律，作为公路基本建设计划、调节、组织、预测、控制的可靠依据；② 定额管理在理论、方法和手段上是科学的，以适应现代科学技术和信息社会发展的需要。

(2) 定额的系统性

定额是一个完整独立的系统，公路工程定额从测定到使用，直至修订都全面反映了公路工程所有的内容和项目，与公路技术标准、规范相配套，完全准确反映公路工程施工工艺流程的每一个环节。

公路工程定额是为公路建设这个庞大的实体系统服务的，公路项目可以分解为成千上万道工序，而其内部却层次分明，如项、目、节的划分。任何一个分部分项工程在公路工程定额中都能一一确定，如《公路工程预算定额》(JTG/T 3832)中，一共分 9 章定额来囊括所有公路工程的内容。而且在编制定额的过程中，每一个工作都有不同的计算规则或计算模型，它们互相协调组成一个完整的系统。

(3) 定额的统一性

公路工程定额由初期借助于国家统一的技术标准、规范到现在依据交通工程的统一标准、规范，在交通部定额总站的统一领导下，按照定额的制定、颁布和贯彻执行的统一行动，使定额工作和定额的管理工作有统一的程序、统一的原则、统一的要求和统一的用途。

(4) 定额的权威性

定额的权威性这一特点表现在我国定额权威性和强制性这两方面，在一定条件下具有经济法规的性质，同时也可以看出，我国定额的信誉度极高，也说明定额及定额管理的刚性约束和严肃性。

只有科学的定额才具有权威性。在社会主义市场经济条件下，定额必然牵涉各有关方面的经济关系和利益关系。赋予定额以一定的强制性，就意味着在规定的范围内，对于定额的使用和执行者来说，不论主观上是否愿意，都必须严格按定额的要求和规定执行。特别是在目前建筑市场不太规范的情况下，定额的权威性显得尤其重要，它可以帮助理顺与建设项目有关的各方面的经济关系和利益关系。所以，这一特点是对生产消费水平的合理限制，不是降低或提高消费水平，更不是限制和约束生产力的发展，而是为最大限度地保证生产力水平的提高。

(5) 定额的相对稳定性

定额所反映的是一定时期内的施工技术和先进工艺的水平，所以表现为一定的稳定性。公路工程定额的稳定期一般在 5～10 年。此外，定额的稳定性给政府决策和经济的宏观调控带来有力的保证。设想公路定额如果经常变动，今天的造价明天就会变成另外一个数值，这种变化当然是不允许的。总之，定额的稳定是必需的，也是相对的；定额的变化是绝对的，定额修改及完善是不断进行的。

定额的稳定性也是相对的。任何一种定额，都只能反映一定时期的生产力水平，当生产力向前发展了，定额就会与已经发展了的生产力不相适应。这样，它原有的作用就会逐步减弱以至消失，甚至产生负效应。所以，定额在具有稳定性的同时，也具有显著的时效性。当定额不再能起到促进生产力发展的作用时，定额就要重新编制或修订了。

2.1.3　定额的作用

（1）在工程建设中，定额仍然具有节约社会劳动和提高生产效率的作用。一方面企业以定额作为促使工人节约社会劳动（工作时间、原材料等）和提高劳动效率、加快工作进度的手段，以增加市场竞争能力，获取更多的利润；另一方面，作为工程造价计算依据的各类定额，又促使企业加强管理，把社会劳动的消耗控制在合理的限度内。再者，作为项目决策依据的定额指标，又在更高的层次上促使项目投资者合理而有效地利用和分配社会劳动。这都证明了定额在工程建设中节约社会劳动和优化资源配置的作用。

（2）定额是国家对工程建设进行宏观调控和管理的手段。市场经济并不排斥宏观调控，即使在资本主义国家，政府也要利用各种手段影响和调控经济的发展。

（3）定额有利于市场公平竞争。定额所提供的准确的信息为市场需求主体和供给主体之间的竞争，以及供给主体之间的公平竞争，提供了有利条件。

（4）定额是对市场行为的规范。定额既是投资决策的依据，又是价格决策的依据。对投资者来说，他可以利用定额权衡自己的财务状况和支付能力、预测资金投入和预期回报，还可以充分利用有关定额的大量信息，有效地提高其项目决策的科学性，优化其投资行为。对于建筑企业来说，在投资报价时，只有充分考虑定额的要求，作出正确的价格决策，才能占有市场竞争优势，才能获得更多的工程合同。可见，定额在上述两个方面规范了市场主体的经济行为，因而对完善我国固定资产投资市场和建筑市场都能起到重要作用。

（5）工程建设定额有利于完善市场的信息系统。定额管理是对大量市场信息的加工，也是对大量信息进行市场传递，同时也是市场信息的反馈。信息是市场体系中不可或缺的要素，它的可靠性、完备性和灵敏性是市场成熟和市场效率的标志。在我国，以定额形式建立和完善市场信息系统，是以公有制经济为主体的社会主义市场经济的特色，在发达的资本主义国家是难以想象的。

从以上分析可以看出，在市场经济条件下定额作为管理的手段是不可或缺的。

2.1.4　定额的分类

工程定额是一个综合概念，是建设工程造价计价和管理中各类定额的总称，包括许多种类的定额。为了对工程建设定额能有一个全面的、概念的了解，可以按照不同的原则和方法对它进行科学的分类。

1. 按照定额反映的实物消耗内容分类

公路工程定额是按实物量法编制的定额，所以工、料、机三种因素在公路定额中是主要内容。因此将定额分为劳动消耗定额、材料消耗定额和机械消耗定额三种，分类图如图 2-1 所示。

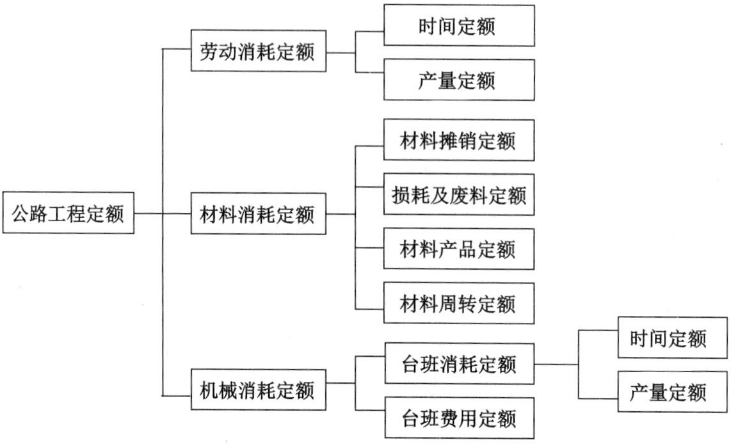

图 2-1　公路工程定额实物消耗分类图

(1) 劳动消耗定额

劳动消耗定额也称人工定额，是指在正常的生产技术和生产组织条件下，为完成单位合格产品所规定的劳动量消耗标准。劳动消耗定额分时间定额和产量定额。时间定额与产量定额互为倒数关系。

① 时间定额

时间定额是指在技术条件正常、生产工具使用合理和劳动组织正常的条件下生产单位合格产品所消耗的劳动时间。除潜水工作按 6 h、隧道工作按 7 h 以外，其余每一工日一般均按 8 h 计算。时间定额的计算方法如下：

$$\text{单位产品的时间定额}=\frac{1}{\text{每工产量定额}}=\frac{\text{班组成员工日数总和}}{\text{班组完成产品数量总和}} \tag{2-1}$$

例如，根据《公路工程预算定额》，人工挖运（人工运输 20 m）普通土，产品单位 1 000 m^3，时间定额为 145.5 工日。它的工作内容包括挖松-装土-运送-卸除-空回等全部操作过程。

② 产量定额

产量定额是指在技术条件正常、生产工具使用合理和劳动组织正常的条件下，工人在单位时间内完成合格产品的数量。产量定额计算方法如下：

$$\text{产量定额}=\frac{1}{\text{单位产品的时间定额}}=\frac{\text{班组完成产品数量总和}}{\text{班组成员工日数总和}} \tag{2-2}$$

如上例，完成 1 000 m^3 普通土挖运的时间定额为 145.5 工日，则每工日产量定额为 1 000 m^3/145.5 工日=6.87 m^3/工日。

(2) 材料消耗定额

材料消耗定额简称材料定额，是指在节约和合理使用材料的条件下，完成一定合格产品所需消耗材料的数量标准。它包括材料的净用量和必要的工艺性损耗及废料数量。

材料是指工程建设中使用的原材料、产品、半成品、构配件、燃料、水、电等资源的统称。材料作为劳动对象构成工程的实体，需要数量很大，种类繁多，所以材料消耗量的多少，消耗是否合理，不仅关系到资源的有效利用，影响市场供求状况，而且对建设工程的项目投资、建筑产品的成本控制都有着决定性影响。材料消耗定额的计算方法如下：

材料消耗定额＝完成单位合格产品的材料净用量×(1＋材料损耗率)　　(2-3)

例如，根据《公路工程预算定额》，现浇 C30 混凝土墩、台帽，每完成 10 m^3 实体需要消耗 10.2 m^3 的 C30 混凝土拌和料，其中 10 m^3 为混凝土拌和料的净用量，0.2 m^3 为混凝土拌和料的损耗量，则完成 10 m^3 实体的原材料消耗定额按式(2-3)及基本定额混凝土配比计算如下：

32.5 级水泥用量＝(1＋2%)×377 kg/m^3×10 m^3＝3 845 kg

中(粗)砂用量＝(1＋2%)×0.46 m^3/m^3×10 m^3＝4.69 m^3

4 cm 碎石用量＝(1＋2%)×0.83 m^3/m^3×10 m^3＝8.47 m^3

材料消耗定额还有下述两种表现形式：

① 材料产品定额是指用一定规格的原料，在合理的操作条件下获得的标准产品的数量。

② 材料周转定额即周转性材料(如模板、支撑等所需之木材等)的周转定额，是指周转性材料在施工中合理周转使用的次数和用量的标准。在现行预算定额中，周转性材料均按正常周转次数摊入定额之中，具体规定详见《公路工程预算定额》总说明及附录。

(3) 机械消耗定额

① 机械台班消耗定额

机械台班消耗定额是以一台机械一个工作班为计量单位，又称机械台班定额。它规定了在正常施工条件下，合理地组织生产与合理地利用某种机械完成单位合格产品所必需的机械台班消耗标准，或在单位时间内机械完成的产品数量。

机械台班定额也有两种表现形式：机械时间定额和机械产量定额。

机械时间定额是指在一定的工作内容和质量安全要求的条件下，规定某种机械完成单位产品所需要的作业量(如“台时”或“台班”等)标准。

机械产量定额是指在一定的操作内容以及质量安全要求的前提下，规定每单位作业量(如“台时”或“台班”等)完成的产品数量标准。

机械产量定额与机械时间定额互成倒数关系。例如，根据《公路工程预算定额》，柴油打桩机打混凝土方桩，其机械时间定额为完成 10 m^3 基桩需 1.66 台班，则机械产量定额为：10 m^3/1.66 台班＝6.02 m^3/台班。

② 机械台班费用定额

机械台班费用定额是指以一个台班为单位，规定其所消耗的人工、燃料、费用等数量标准。各类机械(除潜水设备、变压器和配电设备外)每台(艘)班均按 8 h 计算，潜水设备每台班按 6 h 计算，变压器和配电设备每台班按一个昼夜计算。机械台班费用由不变费用和可变费用组成，不变费用包括折旧费、检修费、维护费和安拆辅助费；可变费用包括人工费、动力燃料费和车船税。

a. 折旧费：指施工机械在规定的使用期限内陆续收回其原值的费用。

b. 检修费：指施工机械在规定的耐用总台班内，按规定的检修间隔进行必要的检修，以恢复其正常功能所需的费用。

c. 维护费：指施工机械在规定的耐用总台班内，按规定的维护间隔进行各级维护和临时故障排除所需的费用，包括为保障机械正常运转所需替换设备与随机配备工具附具的摊销费用、机械运转及日常维护所需润滑与擦拭的材料费用及机械停滞期间的维护费用等。

d. 安拆辅助费：指施工机械在现场进行安装与拆卸所需的人工、材料、机械和试运转费用，以及机械辅助设施的折旧、搭设、拆除等费用。

e. 人工费：指随机操作人员的工作日工资（包括工资、各类津贴、补贴、辅助工资、劳动保护费等）。

f. 动力燃料费：指机械在运转施工作业中所耗用的电力、固体燃料（煤、木柴）、液体燃料（汽油、柴油、重油）和水的费用。

g. 车船税：指施工机械按照国家、省（自治区、直辖市）规定应缴纳的车船税。

机械台班费用定额的主要用途如下：

a. 据以计算机械台班单价。编制预算时，根据工程所在地区机械工人的工资，燃料、水和电的预算单价，按《公路工程机械台班费用定额》分析计算确定。

b. 据以计算台班消耗的人工、燃料等实物量。为了编制施工组织设计，需要统计人工、材料等实物量，其中有关机械所消耗的各种资源实物量，要根据《公路工程机械台班费用定额》分析计算确定。

c. 供编制施工组织方案（特别是机械化施工方案）进行经济比较之用。

2. 按照定额的编制程序和用途来分类

公路工程基本建设工作所处阶段不同，编制造价文件的主要依据和定额也不同，按使用要求可分为：施工定额、预算定额、概算定额和估算指标等。

（1）施工定额

施工定额是建筑安装工人或小组在正常施工条件下，为完成单位合格产品所需劳动力、材料和机械消耗的数量标准。它由地方定额主管机构或施工企业根据当地和本企业生产力的发展水平制定和修订。它是企业组织生产、编制施工阶段施工组织设计和施工作业计划、签发工程任务单和限额领料单、考核工效、计算劳动报酬、加强企业成本管理和经济核算、编制施工预算的依据，同时也是编制预算定额和补充定额的基础。它采用的产品单位一般比较细，其中时间以工时计，产品以最小单位（m、m^2、m^3等）计。

（2）预算定额

预算定额属于计价定额，它体现一个工程细目在正常条件下，用货币形式描述的一定时期的工程造价。预算定额是公路专业统一定额，是公路基本建设中重要的技术经济法规，它反映了我国公路基本建设一定时期内的科学技术和生产力发展水平。

公路预算定额是在施工定额的基础之上对施工定额的项目加以扩大和综合而编制的。这种定额按分项工程和结构构件的要求，以一定产品单位来规定劳动力、材料和机械的消耗数量。预算定额采用的产品单位比施工定额大，如时间以工日、台班计，产品单位以1 000 m^2、10 m^3等计。

（3）概算定额

概算定额是在预算定额的基础上加以综合扩大而形成的，因而产品常使用更大的单位来表示，如小桥涵以1座（道）等表示，其定额水平比预算定额低。概算定额是编制设计概算和修正概算的主要依据。在基本建设程序中，概算文件是国家对工程项目造价进行宏观控制，国民经济部门对资金流向进行控制的主要依据。所以概算定额与预算定额同样重要，只是适用于基本建设不同阶段而编制不同的工程造价文件。

（4）估算指标

估算指标主要用于做好公路基本建设项目可行性研究中的投资估算工作，为经济效益评价提供建设项目造价成本的计算依据。它包括综合指标和分项指标两部分。

① 综合指标：是以人工、主要材料和其他材料费、机械使用费消耗量及各项费用指标等全部工程造价为表现形式的指标。其项目划分按全国省区、公路等级、地质地貌区划的类型，是以公路千米为单位编制的实物量指标。它是编制建设项目建议书（预可行性研究）投资估算的依据。

② 分项指标：是以各项工程的人工、主要材料和其他材料费、机械使用费消耗量及施工管理费用指标为表现形式的指标。其项目的划分与概算定额十分接近。它是编制设计计划任务书前的工程可行性研究估算投资的依据。

3. 按照主编单位和管理权限分类

工程建设定额可分为全国统一定额、行业统一定额、地区统一定额、企业定额和补充定额五种。

（1）全国统一定额

全国统一定额是国家建设行政主管部门，综合全国工程建设中技术和施工组织管理的情况编制，并在全国范围内执行的定额，如全国统一安装工程定额。

（2）行业统一定额

行业统一定额是考虑到各行业部门专业技术特点，以及施工生产和管理水平编制的，一般是只在本行业和相同专业性质的范围内使用的专业定额。如矿井建设工程定额、铁路建设工程定额、公路建设工程定额等。

（3）地区统一定额

地区统一定额包括省、自治区、直辖市定额。地区统一定额主要考虑地区性特点和全国统一定额水平做适当调整补充编制。由于各地区不同的气候条件、经济技术条件、物质资源条件和交通运输条件等，构成对定额项目、内容和水平的影响，是地区统一定额存在的客观依据。

（4）企业定额

企业定额是指施工企业考虑本企业具体情况，参照国家、部门和地区定额的水平制定的定额。企业定额只在企业内部使用，是企业综合实力的一个标志。企业定额水平一般应高于国家现行定额，这样才能满足生产技术发展、企业管理和市场竞争的需要。

（5）补充定额

补充定额是指随着设计、施工技术的发展，现行定额不能满足需要的情况下，为补充缺项所编制的定额。补充定额只能在制定的范围内使用，也可以作为以后修订定额的基础。

4. 按照专业性质分类

各个不同专业都分别有相应的主管部门颁发的在本系统使用的定额，如建筑安装工程定额、设备安装工程定额、给排水工程定额、公路工程定额、铁路工程定额、水利水电工程定额、水运工程定额和井巷工程定额等。

2.2 公路工程定额原理

2.2.1 工时研究

1. 工时研究的含义

工时研究原称动作(工作)时间研究或工时学。工时研究包括两个密不可分的部分:动作研究和时间研究。动作研究是工作方法的研究,包括对多种生产过程的描述、系统的分析和对工作方法的改进;时间研究是在一定的标准测定条件下,确定工人作业活动所需时间总量的一套程序,其直接的成果就是制定时间定额。此外,动作研究和时间研究关系十分密切,它们互为条件、互相补充。两者的研究目的根本上是一致的。所谓工作时间就是工作班延续时间,现行制度规定一般一个工作日为 8 h 的工作时间,午休时间不包括在内。

2. 施工过程的构成因素

定额编制的基础是工时研究。而在工时研究前,首先是对施工过程进行分解,这是工时研究的重要内容。施工过程的构成因素是生产力的三要素,即劳动者、劳动对象和劳动手段。

(1) 劳动者

劳动者主要指生产工人。公路行业的建筑安装工人按其担任的工作不同而划分为不同的专业。如木工、钢筋工、电焊工、机械工、电工、推土机及重载汽车驾驶员等。工人的技术等级是按其所做工作的复杂程度、技术熟练程度、责任大小、劳动强度等要素确定的。工人的技术等级越高,其技术熟练程度也就越高。

(2) 劳动对象

劳动对象是指施工过程中使用的建筑材料、半成品、成品、构件和配件等。

(3) 劳动手段

劳动手段是指在施工过程中,工人用以改变劳动对象的工具、机具和施工机械等。例如木工的刨子、锯子;泥瓦工的瓦刀、钢钎;钢筋工的钢筋切割机和电焊机等机具;搅拌砂浆用的砂浆搅拌机等机械。

在全部施工过程中,都将涉及以上三个要素,其结果是每个施工过程的结果都是要获得一定的产品,产品的表现形式分别有:

① 改变了劳动对象的外表,如加工钢筋;

② 改变了劳动对象的内部结构、性质,如浇筑混凝土;

③ 改变了劳动对象的位置等,如运输材料。

无论是哪种形式,只要符合设计质量的要求,是合格产品,我们就可以作为研究工时消耗的观察对象。通过对施工过程组成部分的分解,按其不同的劳动分工、不同的工艺特点、不同的复杂程度,来区别和认识施工过程中的性质和内容,以使我们在技术上采用不同的现场观察方法,研究工时和材料消耗的特点,进而取得编制定额所需的精确资料。

3. 施工过程的组成

(1) 动作

动作是指劳动时一次完成的基本活动。例如,抓取工具或材料,动手开动机械等。

(2) 操作

若干个细小动作组成所谓操作，以安装模板时“将模板放在工作台上”这一操作为例，可大致分为三个动作：① 取部分模板；② 走至工作台处；③ 将模板放在工作台上。显然，动作和操作并不能完成产品，在技术上亦不能独立存在。

(3) 工序

工序是指在施工组织上不可分开和施工技术上相同的生产活动过程，它由若干个操作所组成。其主要特征是劳动者、劳动对象和使用的劳动工具均不发生变化，即劳动者、劳动对象和劳动工具三者是固定的。以“预制钢筋混凝土构件”为例，其中包括：① 安装模板；② 安装钢筋；③ 浇灌混凝土；④ 捣实；⑤ 拆模；⑥ 养生。其中“浇灌混凝土”这一工序是由运送混凝土料、摊铺混凝土、振捣、抹光、成型等操作组成；“安装模板”这一工序由运送模板、将模板放在工作台上、拼装模板等操作组成；而“安装钢筋”这一工序则由钢筋除锈、整直、切断、弯曲和绑扎，以及钢筋移运等操作和动作组成。从技术操作和施工组织观点来看，工序是最基本的施工过程单元，编制施工定额时，工序是基本组成单元，只有在某些复杂的工序为了能更精确起见，才以操作作为基本组成单元。

(4) 操作过程

操作过程由若干技术相关的工序组成。操作过程中各个工序是由不同的工种、使用不同的工具和机械依次或平行完成的。例如“铲运机修筑路堤”这一操作过程是由铲运土、分层铺土、空回和整理卸土四个工序组成的。

(5) 综合过程

综合过程是同时进行，在组织上有机地联系在一起，能最终获得一种产品的操作过程的总和。

施工过程按以上五个进程划分，有助于编制不同种类的定额，施工定额可具体到工序和操作，预算定额则以操作过程或工序为依据，而概算定额则以综合过程或操作过程为依据。将一个施工过程分解成工序、操作、动作的目的，就要分析它们之间的关系及其衔接时间，最后测定施工过程及施工工序的定额。如果进行某项先进技术活动新工艺的工时研究，就要分解到操作甚至动作为止，从中研究可以改进操作或节约工时的方法。

4. 施工过程的影响因素

公路工程建设施工过程中，由于施工组织、劳动组织、施工方法和工人技术水平的不同，即使在同一工地、同一工作内容的条件下，同一单位产品消耗的工作时间也各不相同，甚至差别很大。因此，对施工过程的影响因素进行研究，有利于正确确定完成单位合格产品所需的正常工作时间。

(1) 技术因素

技术因素是指由建筑物设计要求或施工物质条件而引起的对施工过程的影响因素，如：

① 完成产品的类别、规格和技术特征；

② 所用材料、半成品、构配件的类别、规格和性能；

③ 所用工具和机械设备的类别、型号、规格和性能。

(2) 组织因素

组织因素是指在施工过程中由于施工管理、劳动组织、施工方法和工作条件等特点而产生的影响因素，与施工技术、管理人员和工人直接有关。组织因素只能通过状态和特点予以说明，主要有：

① 施工组织水平与施工方法；

② 劳动组织和分工方法；

③ 工人的技术水平、操作方法、劳动态度；

④ 工资制度与分配方式等。

(3) 其他因素

① 气候条件的影响，如雨雪、冰冻、大风、高温等；

② 水、电厂供应的水、电及其动力的中断；

③ 运到现场的材料、构配件质量不合格；

④ 设计单位和建设单位变更设计等。

施工过程中影响因素很多，实际工作中必须认真分析各施工过程的特点以及有关因素，掌握一切影响因素对完成单位产品工时消耗的影响究竟有多少，并提出减少这些因素影响的建议和措施，充分利用有利因素，使完成单位产品过程中的机械、人工、材料消耗最少，从而提高劳动生产率。

5. 工人工作时间

工人工作时间即在一个工作班内消耗的时间，可分为两大类：必须消耗的时间和损失时间。这两大类时间又可按时间消耗性质划分成不同的时间消耗细目，如图 2-2 所示。

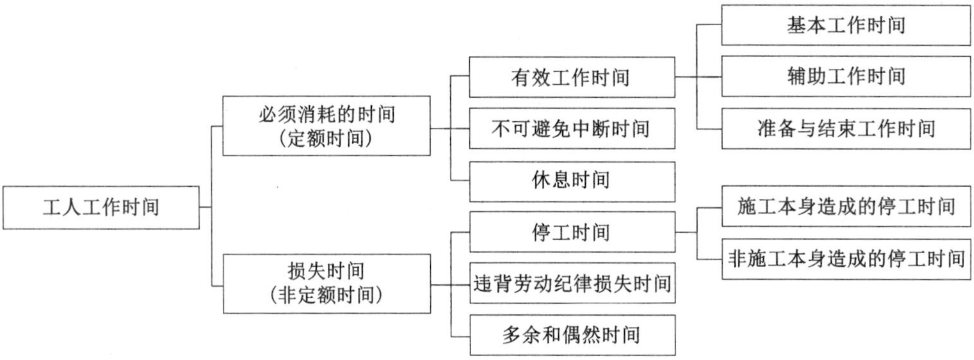

图 2-2　工人工作时间分类图

6. 机械工作时间

在机械化施工过程中，机械工作时间对完成施工任务有重要意义。因此，除了要研究工人工作时间消耗外，还要研究机械工作时间的消耗。因为一般情况下机械和人是共同完成同一产品，因此机械工作时间消耗和工人工作时间消耗有许多共同之处，但机械工作时间也有其自身的特点。

机械工作时间是指机械的工作班时间，它也包括必须消耗的时间和损失时间两大类，这两大类时间消耗按时间消耗性质特点划分成不同的时间消耗细目，如图 2-3 所示。

2.2.2　工时的测定方法

时间研究的基本方法是计时观察法，计时观察法主要有三种：测时法、写实记录法和工作日写实法，如图 2-4 所示。

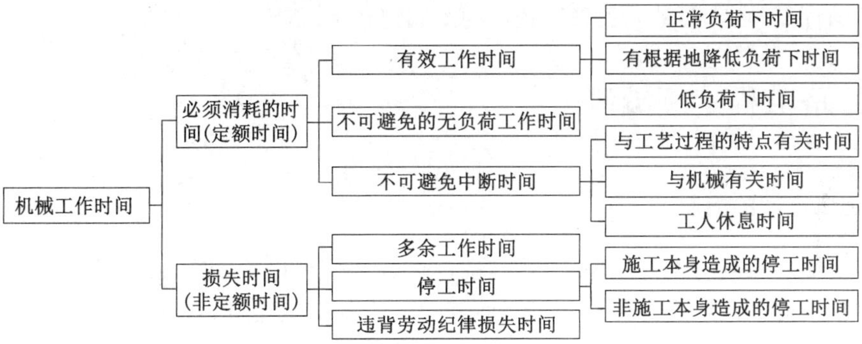

图 2-3　机械工作时间分类图

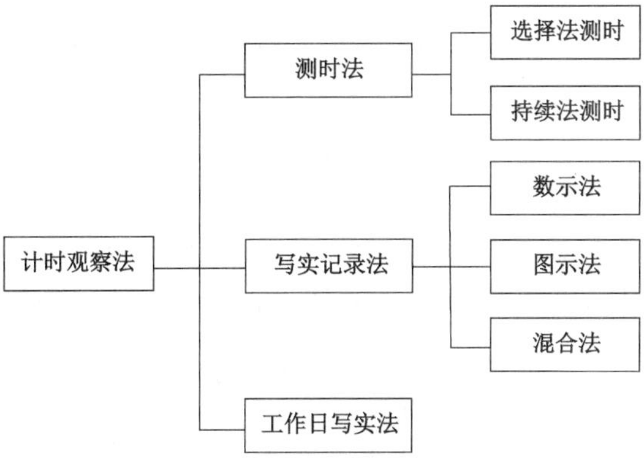

图 2-4　计时观察法分类图

1. 测时法

测时法主要用于测定那些定时重复的循环施工过程、工序或操作的工时消耗。它主要测定有效工作时间中的基本工作时间，不研究工人休息、准备与结束及其他非循环的工作时间，是一种精确度比较高的测定方法。采用测时法，可以为制定劳动定额提供单位产品所必需的基本工作时间的技术数据；可以分析研究工人的操作或动作，总结先进经验，帮助工人班组提高劳动效率。

2. 写实记录法

写实记录法是一种研究各种性质施工过程工作时间消耗的方法。测时观察时用普通表详细记录在一段时间内观察对象的各种活动、时间消耗(起止时间)和完成的产品数量，由此可以获得分析工作时间消耗的全部资料。这种测定方法比较简单，易于掌握，并能保证必需的精确度，因此，写实记录法在实际中得到广泛采用。

3. 工作日写实法

工作日写实法是通过测定一个工作日内各种工时消耗(定额时间、非定额时间、总的工时消耗)，记录施工情况和产量，由此研究整个工作班内各种损失时间、休息时间和不可避免中断时间的一种方法，也是研究有效工作时间消耗的一种方法。运用工作日写实法主要有两个目的：一是取得编制定额的基础资料；二是检查定额的执行情况，找出工时损失的原因，改进工作。和测时法、写实记录法比较，工作日写实法具有技术简便、费力不多、应用面广和资料全面的优点，在我国是一种采用较广的编制定额的方法。

2.3 公路工程定额编制

2.3.1 施工定额的编制

施工定额的编制对象是工序，也就是说，施工定额中的时间定额或产量定额都是对施工过程中的独立的最小组成部分——工序而言的。编制施工定额，首先将复杂的公路工程施工过程分解到一道道工序，然后研究完成一定工程量的工序工作所必需消耗的劳动时间、机械使用时间和材料用量。

1. 施工定额的作用

施工定额在企业管理工作中的基础作用主要表现在以下几个方面：

(1) 施工定额是企业计划管理的依据

施工定额在企业计划管理方面的作用，表现在它既是企业编制施工组织设计的依据，也是企业编制施工作业计划的依据。

施工组织设计是指导拟建工程进行施工准备和施工生产的技术经济文件，其基本任务是根据招标文件及合同协议的规定，确定出经济合理的施工方案，在人力和物力、时间和空间、技术和组织上对拟建工程作出最佳的安排。施工作业计划则是根据企业的施工计划、拟建工程施工组织设计和现场实际情况编制的，它是一个以实现企业施工计划为目的的施工队、组的具体执行计划。它综合体现了企业生产计划、施工进度计划和现场实际情况的要求，是组织和指挥生产的技术文件，也是队、组进行施工的依据。因此，施工组织设计和施工作业计划是企业计划管理中不可缺少的环节。这些计划的编制必须依据施工定额。

施工设计包括施工组织总设计、年度施工组织设计、季节性施工组织设计以及单位工程施工设计。各类施工设计一般包括三部分内容，即所建工程的资源需用量、使用这些资源的最佳时间安排和平面规划。不言而喻，确定所建工程的资源需用量，要依据现行的施工定额；施工中实物工程量的计算，要以施工定额的分项和计量单位为依据；甚至排列施工进度计划也要根据施工定额对施工力量(劳动力和施工机械)进行计算。

施工作业计划，无论是月作业计划还是旬作业计划，一般也包括三部分内容：本月(旬)应完成的施工任务，主要以施工进度计划表示计划期内应完成的工程项目和实物工程量，以及形象进度；完成施工计划的资源需要量，包括劳动力、机械、运输和材料的平衡；提高劳动生产率和节约措施计划，以具体落实年度和季度的技术组织措施。施工作业计划是施工单位计划管理的中心环节，也是企业施工计划的具体化。编制施工作业计划要用施工定额进行劳动力、施工机械和运输力量的平衡，了解材料、构件等分期需用量和供应时间，掌握实物工程量和安排施工形象进度。所以，编制施工作业计划也必须以施工定额提供的数据为依据。

(2) 施工定额是组织和指挥施工生产的有效工具

企业组织和指挥施工队、组进行施工，是按照作业计划通过下达施工任务书和限额领料单来实现的。

施工任务单，既是下达施工任务的技术文件，也是班、组经济核算的原始凭证。它列明了应完成的施工任务，也记录着班组实际完成任务的情况，并且进行班组工人的工资结算。施工任务单下达给班组的工程任务，包括工程名称、工作内容、质量要求、开工和竣工日期、计划用工量、实物工程量、定额指标、计件单价和平均技术等级等内容。实际完成任务情况的记载和工资结算，包括实际开、竣工日期，完成的实物工程量、实用工日数、实际平均技术等级、完成工程的工资额、工人工时记录和每人工资分配额等。这里可以明显看出，施工任务单上的工程计量单位、产量定额和计件单位，均需取自施工的劳动定额，工资结算也要根据劳动定额的完成情况计算。

限额领料单是施工队随任务单同时签发的领取材料的凭证。这一凭证是根据施工任务和施工的材料定额填写的。其中领料的数量，是班组为完成规定的工程任务消耗材料的最高限额。这一限额也是评价班组完成任务情况的一项重要指标。

(3) 施工定额是计算工人劳动报酬的依据

社会主义分配原则是按劳分配。所谓"劳"主要是指劳动的数量和质量、劳动的成果和效益。施工定额是衡量工人劳动数量和质量，提供出的成果和效益较好的标准。所以，施工定额应是计算工人计件工资的基础，也应是计算奖励工资的依据。这样才能做到完成定额好，工资报酬就多，达不到定额，工资报酬就会减少，真正实现多劳多得、少劳少得的社会主义分配原则，真正把工人劳动成果与个人生活资料分配的多寡直接联系起来。这对于打破企业内部分配方面的大锅饭是很有现实意义的，对于理顺生产和消费的关系、积累和消费的关系也是很有意义的。

(4) 施工定额是企业激励工人的条件

激励在实现企业管理目标中占有重要位置。所谓激励，就是采取某些措施激发和鼓励员工在工作中的积极性和创造性。行为科学者研究表明，如果职工受到充分的激励，其能力可发挥80%～90%，如果缺少激励，仅仅能够发挥出20%～30%的能力。但激励只有在满足人们某种需要的情形下才能起到作用。按照人们"阶梯式需要"，施工定额可以对生理需要、自尊需要和自我实现需要的满足起到直接激励作用，对于安全与社交方面的需要的满足也间接地起到激励作用。完成和超额完成定额，不仅能获取更多的工资报酬以满足生理需要，而且也能满足自尊获取他人(社会)认同的需要，并且进一步满足尽可能发挥个人潜力以实现自我价值的需要。如果没有施工定额这种标准尺度，实现以上几个方面的激励就缺少必要的手段。

(5) 施工定额有利于推广先进技术

施工定额水平中包含着某些已成熟的先进的施工技术和经验，工人要达到和超过定额就必须掌握和运用这些先进技术。如果工人要想大幅度超过定额，他就必须创造性地劳动。第一，在自己的工作中注意改进工具和改进技术操作方法，注意原材料的节约，避免原材料和能源的浪费。第二，施工定额中往往明确要求采用某些较先进的施工工具和施工方法，所以贯彻施工定额也就意味着推广先进技术。第三，企业或主管部门为了推行施工定额，往往要组织技术培训，以帮助工人达到和超过定额。技术培训和技术表演等方式也都可以大大普及先进技术和先进操作方法。

(6) 施工定额是编制施工预算、加强企业成本管理和经济核算的基础

施工预算是施工单位用以确定单位工程上人工、机械、材料和资金需要量的计划文件。施工预算以施工定额为编制基础，既要反映设计图纸的要求，也要考虑在现有条件下可能采

取的节约人工、材料和降低成本的各项具体措施，以便更合理地组织施工生产，有效地控制施工中人力、物力消耗，节约成本开支。

施工中人工、机械和材料的费用，是构成工程成本中直接费用的主要内容，对间接费用的开支也有着很大的影响。严格执行施工定额不仅可以起到控制成本、降低费用开支的作用，同时为企业贯彻经济核算制、加强班组核算和增加盈利，创造了良好的条件。

(7) 施工定额是编制工程建设定额体系的基础

施工定额在工程建设定额体系中的基础作用，是由施工定额作为生产定额的基本性质决定的。施工定额和生产结合最紧密，它直接反映生产技术水平和管理水平，而其他各类定额则是在较高的层次上、较大的跨度上反映社会生产力水平。尽管这些定额有更大的综合性和覆盖面，但它们都不能脱离施工定额所直接反映的生产技术水平和管理水平。施工定额作为工程建设定额体系中的基础性定额，主要表现在施工定额的水平是确定概、预算定额和指标消耗水平的基础。

以施工定额水平作为预算定额水平的计算基础，可以免除测定定额水平的大量繁杂工作，缩短工作周期，使预算定额与实际的生产和经营管理水平相适应，并能保证施工中的人力、物力消耗得到合理的补偿。即使确定预算定额水平不是直接以施工定额为计算依据，这种关系也不会发生根本的变化。因为如果预算定额不是直接以施工定额作为计算依据，以历史的、典型的工程预、决算资料为计算依据，只能作为补充或者在原有预算定额的基础上进行修正和调整。在这种情况下，施工定额也仍然是决定预算定额水平的客观基础。对于其他各种定额来说，施工定额则是它们的间接基础。

2. 施工定额的编制原则

(1) 平均先进性原则

平均先进是就施工定额的水平而言的。定额水平，是指规定消耗在单位产品上的劳动、机械和材料数量的多寡。也可以说，它是按照一定施工程序和工艺条件下规定的施工生产中活劳动和物化劳动的消耗水平。

施工定额的水平应直接反映劳动生产率水平，也反映劳动和物质消耗水平。施工定额水平和劳动生产率水平变动的方向是一致的，和劳动与物质消耗水平的变动则呈反方向。这就是说，劳动生产率水平越高，施工定额水平也越高；而劳动和物质资料消耗数量越多，则施工定额水平越低。在定额执行期内，随技术发展和定额对社会劳动生产率的不断促进，二者相吻合的程度就会逐渐发生变化，差距会越来越大。列宁说："劳动生产率，归根到底是使新社会制度取得胜利的最主要的东西。"当定额水平已不能促进施工生产和企业管理时，就应修订，以使二者达到新的平衡。

施工定额根据其执行范围的大小，反映的劳动生产率水平是企业的总体水平，而不是个别施工队组和个别生产者的水平。因为就每个施工队组和每个生产者来说，劳动生产率水平是和各自的生产技术水平、施工组织条件、施工队伍素质和工人劳动态度以及企业经营管理水平的不同相联系的。

施工定额水平反映的劳动生产率水平和物质消耗水平，不是简单地取一个平均值。施工定额作为企业定额的性质，决定了在确定定额水平时必须考虑满足以下约束条件：

① 有利于提高劳动工效，降低人工、机械和材料的消耗；

② 有利于正确考核和评价工人的劳动成果；

③ 有利于正确处理企业和个人之间的经济关系；

④ 有利于提高企业管理水平。

要满足以上几点要求，确定施工定额水平必须贯彻平均先进性原则。因为按全国、部门、地区或企业的劳动生产率平均数来确定定额水平，这是大多数生产者（包括处于中间状态的生产者和先进生产者）已经达到的水平，它不能促使大多数生产者去力争进一步降低施工中的活劳动和物化劳动的消耗。如果采用先进生产者的水平，多数工人就可能达不到定额，这不仅挫伤了他们的生产积极性，而且会减少工人应得的报酬，其结果是欲速则不达。如果采用落后水平，则所有工人不经努力都可以达到定额，并且会大幅度超过定额，造成劳动生产率提高的假象，这就不能起到调动生产积极性的作用，甚至会容忍和保护落后。

所谓平均先进水平，就是在正常的施工条件下，大多数施工队组和大多数生产者经过努力能够达到和超过的水平。一般说它应低于先进水平，而略高于平均水平。这种水平使先进者感到一定的压力，使处于中间水平的工人感到定额水平可望可及，对于落后工人不迁就，使他们认识到必须花大力气去改善施工条件，提高技术操作水平，珍惜劳动时间，节约材料消耗，尽快达到定额的水平。所以，平均先进水平是一种可以鼓励先进、勉励中间、鞭策落后的定额水平，是编制施工定额的理想水平。

在单一计划经济的模式下，贯彻平均先进性原则，是国家和各级政府机关以行政力量给予施工企业和建筑安装工人的约束和引导。在市场经济条件下，施工定额贯彻平均先进性原则，已成为企业自身的迫切要求。

编制施工定额如何贯彻平均先进性原则呢？第一，要考虑那些已经成熟并得到推广的先进技术和先进经验；但对于那些尚不成熟，或已经成熟尚未普遍推广的先进技术，暂时还不能作为确定定额水平的依据。第二，对于原始资料和数据要加以整理，剔除个别的、偶然的、不合理的数据，尽可能使计算数据具有实践性和可靠性。第三，要选择正常的施工条件、行之有效的技术方案和劳动组织、组织合理的操作方法，作为确定定额水平的依据。第四，从实际出发，综合考虑影响定额水平的有利和不利因素（包括社会因素），尽管其中有些因素是暂时性的、不合理的，但只要在预期内难以转变，而又与企业本身的管理水平和工人技术、劳动状况无关，在确定定额水平时，就应予以适当考虑，这样才不致使定额水平脱离现实。第五，要注意施工定额项目之间水平的平衡，避免有“肥”有“瘦”，造成定额执行中的困难。第六，慎重对待自然条件带来的劳动生产率水平的不平衡状况。我国幅员广大，各地区地理环境、气候条件、风俗习惯、资源状况、经济发展水平等方面的差别很大，在甲地区达不到的定额水平，在乙地区则可以达到甚至超过，在丙地区则可能大幅度超额。因此，在确定定额水平时，既要承认差别，又要考虑有利于促使转化的可能性，当然主要应考虑企业内部条件和市场竞争环境。

(2) 简明适用性原则

简明适用，就是定额的内容和形式要方便于定额的贯彻和执行。简明适用性原则，要求施工定额内容要能满足组织施工生产和计算工人劳动报酬等多种需要，同时，又要简单明了，容易掌握，便于查阅、计算和携带。

定额的简明性和适用性，是既有联系又有区别的两个方面，编制施工定额时应全面加以贯彻。当二者发生矛盾时，定额的简明性应服从适用性的要求。

贯彻定额的简明适用性原则，关键是做到定额项目设置齐全，项目划分粗细适当。定额项目的设置是否齐全完备，对定额的适用性影响很大。划分施工定额项目的基础，是工作过程或施工工序，不同性质、不同类型的工作过程或工序，都应分别反映在各个施工定额的项目中。即使是次要的，也应在说明、备注和系数中反映出来，这样才能在需要时加以利用。如果施工定额项目不全，企业或现场的补充定额就会大量出现，这不仅不利于加强管理，而且由于补充定额编制仓促，难以完全排除许多人为因素影响，很容易产生降低定额水平的情况。

为了保证定额项目齐全，首先要加强定额基础资料的日常积累和调查研究，尤其应注意收集和分析整理各项补充定额资料；其次，注意补充反映新结构、新材料、新技术的定额项目；再者，处理淘汰定额项目要持慎重态度。

定额项目划分的粗细程度，是编制定额时必须作出决策的重要问题之一。施工定额的粗细程度要满足以下要求：

① 适应劳动组织和劳动分工的要求；

② 建立班组核算和经济责任制的要求；

③ 考核班组和个人生产成果、计算劳动报酬的要求；

④ 简化计算工作的要求。

定额项目划分的粗细与定额步距的大小关系甚大。所谓定额步距，是指同类一组定额相互之间的间隔。如回旋钻机成孔的一组定额，其步距可以按成孔直径 100 cm、150 cm、200 cm、250 cm、300 cm 等确定，这样，步距就保持在 50 cm 左右。但也可以将步距适当扩大，保持在 100 cm 左右。显然，步距小则定额细，精确度较高；步距大则定额粗，综合程度大，精确度就会降低。为了使定额项目划分和步距合理，常用的、主要的、对工料消耗影响大的定额项目，步距要小一些；不常用的、次要的、对工料消耗影响小的定额项目，步距可以大一些。

在贯彻简明适用性原则时，应正确选择产品和材料的计量单位，适当利用系数，辅以必要的说明和附注。

总之，贯彻简明适用性原则，要努力使施工定额达到项目齐全、粗细恰当、步距合理的效果。

(3) 以专家为主编制定额的原则

编制施工定额，要以专家为主，这是实践经验的总结。施工定额的编制工作量大，工作周期长，且具有很强的技术性和政策性，这就要求有一支经验丰富、技术与管理知识全面、熟悉相关政策的稳定的专家队伍。

贯彻这项原则，第一，必须保持队伍的稳定，有了稳定的队伍，才能积累资料、积累经验，保证编制施工定额的延续性；第二，必须注意培训专业人才，使他们既有施工技术、施工管理知识和实践经验，具备编制定额的工作能力，又懂得国家技术经济政策。

贯彻以专家为主编制施工定额的原则，必须注意走群众路线。因为广大建筑安装工人既是施工生产的实践者又是定额的执行者，最了解施工生产的实际和定额的执行情况及存在的问题，要虚心向他们求教。同时也要向他们宣传编制施工定额的必要性和意义，教育他们用主人翁的态度正确处理好个人和企业利益的关系，以取得他们的配合和支持。尤其是在现场测试和组织新定额试点时，这一点非常重要。

(4) 独立自主的原则

施工企业作为具有独立法人地位的经济实体，应根据企业的具体情况和需要，结合国家的技术经济政策和产业导向，以营利为目标，自主地制定施工定额。贯彻这一原则有利于企业自主经营，有利于执行现代企业制度，有利于施工企业摆脱过多的行政干预，更好地面对建筑市场竞争的环境，也有利于促进新的施工技术和施工方法的采用。

3. 施工定额的编制步骤

(1) 收集和整理日常积累的定额基础资料，包括现行的施工定额，现场补充定额资料，已采用的新工艺、新材料、新设备、新结构的资料。

(2) 拟订编制大纲。内容包括编制目的和任务、编制工作时间、编制内容、编制人员和费用等。

(3) 拟订技术测定工作计划。根据编制大纲的时间任务要求，以及现有技术力量，编制计划采用技术测定法的定额项目一览表，一览表中除包括需测定的定额项目外，还应有测定的施工现场地点、时间和测定负责人。

(4) 组织落实。落实测定人员，成立定额测定小组，开展业务培训，明确各自的工作任务。

(5) 开展技术测定工作。按照技术测定的各种方法和要求，有组织、有计划地进行现场实测，测定资料经过必要的数理分析和整理，提出编制施工定额的数据。

(6) 将这些数据资料进行分析整理，通过一定的计算方法制定出能够客观反映在一定范围内的施工生产水平的施工定额。

2.3.2　预算定额的编制

1. 预算定额的作用

(1) 预算定额是编制施工图预算、确定和控制项目建筑安装工程造价的基础

施工图预算是施工图设计文件之一，是控制和确定建筑安装工程造价的必要手段。编制施工图预算，除设计文件确定的建设工程的功能、规模、尺寸和文字说明是计算分部分项工程量和结构构件数量的依据外，预算定额也是确定一定计量单位工程分项人工、材料、机械消耗量的依据，以及计算分项工程单价的基础。所以，预算定额对建筑安装工程直接费影响甚大。依据预算定额编制施工图预算，对确定建筑安装工程费用将会起到很好的作用。

(2) 预算定额是对设计方案进行技术经济比较和技术经济分析的依据

设计方案在设计工作中居于中心地位。设计方案的选择要满足功能要求、符合设计规范，既要技术先进又要经济合理。根据预算定额对方案进行技术经济分析和比较，是选择经济合理的设计方案的重要方法。对设计方案进行比较，主要是通过定额对不同方案所需人工、材料和机械台班消耗量，以及材料重量、材料资源等进行比较，这种比较可以判明不同方案对工程造价的影响。材料重量对荷载、基础工程量和材料运输量有影响，因而影响工程造价。

对于新结构、新材料的应用和推广，也需要借助于预算定额进行技术经济分析和比较，从技术与经济的结合上考虑普遍采用的可能性和效益。

(3) 预算定额是编制施工组织设计的依据

在不同设计阶段编制施工组织设计，确定出拟建工程所采用施工方法与相应的技术组

织措施，确定现场平面布置和施工进度安排，确定出人工、材料、机械、水电动力资源需要量，以及物料运输方案，不仅是建设和施工准备工作所必需的，也是保证工程顺利实现、进行建设工程成本控制的有效手段。根据预算定额确定的劳动力、建筑材料、成品、半成品和施工机械台班的需用量，为组织材料供应和预制构件加工、平衡劳动力和施工机械提供可靠依据。

(4) 预算定额是施工企业进行经济活动分析的依据

实行经济核算的根本目的，是用经济的方法促使企业在保证质量和工期的条件下，用较少的劳动消耗取得最大的经济效益。目前预算定额仍决定着企业的收入，企业必须以预算定额作为评价企业工作的重要标准。只有在施工中尽量降低劳动消耗，提高劳动生产率，采用新技术和提高劳动者素质，才能取得较好的经济效益。施工企业可根据预算定额，对施工中的劳动、材料、机械的消耗情况进行具体的分析，以便找出低工效、高消耗的薄弱环节及其原因，为实现经济效益的增长由粗放型向集约型转变提供对比数据，促进企业提高竞争力。

(5) 预算定额是合理编制标底、投标报价的基础

目前，公路建设项目一般都在初步设计批准后即进行施工招标投标，但初步设计概算主要是为控制建设项目总造价而编制的，项目划分较粗，在人工、材料、机械台班的消耗量上比预算定额或实际需要有一定的余量，不宜直接作为编制标底采用。建设单位在编制标底时应以预算定额为基础，施工单位投标报价应采用自己的报价定额，也可以预算定额作为投标报价的参考。

(6) 预算定额是编制概算定额和估算指标的基础

概算定额和估算指标是在预算定额基础上经综合扩大编制的，也需要利用预算定额作为编制的依据，这样做不但可以节省编制工作中大量的人力、物力和时间，收到事半功倍的效果，还可以使概算定额和估算指标在水平上与预算定额一致，以避免造成执行中的不一致。

2. 预算定额编制的原则

为保证预算定额的质量，充分发挥预算定额的作用，使之在实际使用中简便、合理、有效，在编制工作中应遵循以下原则：

(1) 按社会平均确定预算定额水平的原则

预算定额是确定和控制建筑安装工程造价的主要依据，因此，必须按照价值规律的客观要求，按生产过程中所消耗的社会必要劳动时间确定定额水平。即按照"在现有的社会正常的生产条件下，在社会平均的劳动熟练程度和劳动强度下制造某种使用价值所需要的劳动时间"来确定预算定额的水平。预算定额的平均水平，是指在正常的施工条件、合理的施工组织和工艺条件、平均劳动熟练程度和劳动强度下，完成单位分项工程基本构造要素所需的劳动时间。

预算定额的水平以施工定额水平为基础，二者有着密切的联系。但是，预算定额绝不是简单地套用施工定额的水平。首先，要考虑预算定额中包含了更多的可变因素，需要保留合理的幅度差，如人工幅度差、机械幅度差、材料的超运距、辅助用工，以及材料堆放、运输、操作损耗和由细到粗综合后的量差等。其次，预算定额是平均水平，施工定额是平均先进水平，所以两者相比预算定额水平要相对低一些，但应限制在一定范围内。

(2) 简明适用的原则

编制预算定额贯彻简明适用原则是对执行定额的可操作性便于掌握而言的。为此，编制预算定额时，对于那些主要的、常用的、价值量大的项目，分项工程划分宜细，次要的、不常用的、价值量相对较小的项目则可以放粗一些。

在贯彻简明适用原则中，预算定额的项目齐全具有重要意义，要注意补充那些因采用新技术、新结构、新材料和先进经验而出现的新的定额项目。如果项目不全，缺漏项甚多，就使建筑安装工程价格缺少充足的、可靠的依据。补充的定额一般因受资料所限，且费时费力，可靠性较差，容易引起争执。

在贯彻简明适用原则时，合理确定预算定额的计量单位，简化工程量的计算，尽可能避免同一种材料用不同的计量单位和一量多用是至关重要的。

(3) 坚持统一性和因地制宜相结合的原则

所谓统一性，就是从培育全国统一市场规范计价行为出发，计价定额的制定(修订)规划和组织实施由国务院建设行政主管部门归口，并负责全国统一定额制定或修订，颁发有关工程造价管理的规章制度办法等。这样就有利于通过定额和工程造价的管理实现建筑安装工程价格的宏观调控。通过编制全国统一定额，使建筑安装工程具有一个统一的计价依据，也使考核设计和施工的经济效果具有一个统一的尺度。

所谓因地制宜，就是在统一性基础上，各部门和省、自治区、直辖市主管部门可以在自己的管辖范围内，根据本部门、本地区的具体情况，编制部门和地区性定额、补充性制度和管理办法，以适应我国幅员辽阔，地区间、部门间发展不平衡和差异过大的实际情况。

(4) 专家编审责任制的原则

定额的编制工作政策性、专业性强，任务重，贯彻专家编审责任制原则很有必要。

首先，在定额水平的把握上，防止由于水平测算不准确而产生的定额项目之间高低不一的现象，给合理确定建筑产品价格水平带来不利影响。其次，定额项目应灵敏地反映已经技术成熟并采用新工艺、新结构和新材料的项目，防止由于定额缺项，使定额适用性大大降低。再次，定额项目划分应贯彻工程实体消耗与工程施工措施性消耗的分离，以满足企业经济核算和按工程个别成本报价的需要。最后，避免以往临时抽调人员，突击培训，突击性收集、整理资料，任务完成后人员又各奔东西的现象，这样既不利于按质、按时完成编制工作，也不利于工作经验的积累和专业人员素质的提高。

(5) 与公路建设相适应的原则

预算定额是为公路建设服务的，必须满足公路建设发展的需要。定额项目要能覆盖当前及今后一段时期绝大部分工程项目，当前普遍采用或今后将普遍采用的新技术、新工艺、新材料、新设备都应在定额中得到反映，使预算定额与公路建设发展相适应。

工程定额是工程实践经验的科学总结，定额中所列工料机消耗量是通过对大量工程实践数据统计、分析、归纳、总结取定的，并体现社会平均水平。因此，工程定额的编制总是相对滞后于工程实践的。应尽量缩短这个时间，使定额项目尽量齐全，适应建设发展的需要，促进新技术的推广。

(6) 贯彻国家政策、法规的原则

预算定额作为工程造价的计价依据，涉及国家、企业和劳动者的利益，具有“责任较大、通用性强、关系公共利益”的特点，必须认真贯彻国家的方针政策，包括技术、经济和安全方面的法规、条例。

为贯彻“以钢代木”的政策，如组合钢模板在公路建设中已广泛采用的情况下，定额编制时就应将能采用钢模板的项目尽量按钢模板编制，以推动钢模板的发展。又如某些施工单位所用的施工脚手架和人员上下架十分简陋，虽然很节省材料，可以降低工程造价，但不符合技术安全规范的要求，这样的施工措施资料绝不能作为编制定额的依据。

3. 预算定额的编制步骤

预算定额的编制一般分为五个阶段，即准备工作、收集资料、编制定额、报批和整理资料阶段。各阶段工作互有交叉，有些工作还有多次重复。

1）第一阶段：准备工作阶段

这一阶段的主要任务如下：

（1）拟订编制方案（有的称为编制工作大纲）。

① 编制定额的目的和任务。

② 确定定额编制范围及编制内容。

③ 明确定额的编制原则、水平要求、项目划分和表现形式。

④ 定额的编制依据。

⑤ 拟订参加编制定额的单位及人员。

⑥ 确定编制地点及编制经费来源。

⑦ 提出编制工作的规划及时间安排。

（2）抽调人员根据专业需要划分编制小组和综合组。

结合公路工程实际情况，一般可划分为路基定额组、路面定额组、隧道定额组、大中桥定额组、小桥涵洞定额组、其他工程定额组（包括交叉工程、沿线设施、临时工程等）。

如费用定额（包括概算、预算编制办法）、机械台班费用定额同时编制时，则单独成立费用定额组、机械台班费用定额组。

2）第二阶段：收集资料阶段

（1）普遍收集资料。在已确定的编制范围内，采取用表格化收集定额编制基础资料，以统计资料为主，注明所需要的资料内容、填表要求和时间范围。其优点是统一口径，便于资料整理，并具有广泛性。

（2）专题座谈。邀请建设、设计、施工及管理单位有经验的专业人员开座谈会，请他们从不同的角度就以往定额存在的问题谈各自意见和建议，以便在编制新定额时改进。

（3）收集现行规定、规范和政策法规资料。

① 现行的定额及有关资料。

② 现行的建筑安装工程施工及验收规范。

③ 安全技术操作规程和现行有关劳动保护的政策法令。

④ 国家设计标准规范。

⑤ 编制定额必须依据的其他有关资料。

（4）收集定额管理部门积累的资料。

① 日常定额解释资料。

② 补充定额资料。

③ 新结构、新工艺、新材料、新机械、新技术用于工程实践的资料。

（5）专项查定及试验。主要指混凝土配合比和砌筑砂浆试验资料。除收集试验试配资料外,还应收集一定数量的现场实际配合比资料。

(6) 公路工程定额编制基础资料。

① 标准图或设计、施工图纸。

② 各项工程的施工方法。

③ 人工施工定额、机械施工定额、按工班配备的机械施工定额。

④ 材料消耗定额:

a. 路基土方的松方、天然密实方和压实方的相互关系及其干重力密度,爆破材料消耗定额。

b. 路面工程材料的松方干重力密度、混合料压实干重力密度及单一材料压实系数,各种路面混合料配合比。

c. 砌筑工程石料及砂浆耗用量、勾缝及抹面砂浆用量。

d. 水泥混凝土、砂浆及水泥浆配合比,各种黏合剂、填料及掺合剂配合比。

e. 钢材焊接与切割材料耗用量,钢筋接头定额。

f. 混凝土木模板、钢模板(定型模板及组合模板)、滑动模板材料图纸一次使用量。

g. 钢或木脚手架、踏步及井字架、门式吊架图纸一次使用量。

h. 混凝土养生材料耗用量及拌和养生用水量。

i. 各种材料、半成品单位质量、场内运输及操作损耗率。

⑤ 各种材料的周转及摊销:

a. 预制或现浇混凝土、钢筋混凝土模板及支架、拱盔、隧道支撑材料周转及摊销次数。

b. 基础及打桩工程材料摊销次数。

c. 吊装设备材料摊销次数。

d. 预制构件和块件的堆放、运输材料摊销次数。

e. 临时轨道铺设材料摊销次数。

f. 灌注桩设备材料摊销次数。

g. 脚手架、踏步、井字架、门式吊架、轻型上下架等材料摊销次数。

3) 第三阶段:编制定额阶段

(1) 确定编制细则。

① 统一编制表格及编制方法。

② 统一计算口径、计量单位和小数点位数的要求。

③ 统一名称、用字、专业用语、符号代码,文字要简练明确。

(2) 确定定额的项目划分和工程量计算规则。

(3) 确定施工定额水平。

根据交通运输部关于对定额管理工作实行统一领导、分级管理的原则,公路工程施工定额由各省、自治区、直辖市交通运输厅(局)负责编制和管理。由于各省、自治区、直辖市的定额水平不一,不能直接用来编制预算定额,因此,在编制预算定额前必须通过汇总、平衡、分析提出一份经讨论确定的施工定额水平文件,作为编制全国通用的预算定额的依据。

(4) 制定各项基本数据。

对收集到的资料必须通过分析、整理,制定出统一规定,这对定额编制工作的标准化、规范化和系统化非常重要。这些统一规定有:

① 各种材料、半成品单位重量、场内运输及操作损耗率。

② 其他材料费包括的材料名称,小型机具使用费包括的机械名称。

③ 人工单价、材料单价、材料单位、场内运输及操作损耗、单位重量、机械台班费用。

④ 半成品材料的单位、场内运输及操作损耗。

(5) 编制各项基本定额。

基本定额是介于施工定额和预算定额之间的一种扩大施工定额,其项目是按完成某一专项作业将施工定额的有关工序加以综合制定的,根据材料的周转和摊销次数、材料场内运输及操作损耗及人工、机械的幅度差,综合为若干包括人工、材料、机械的基本定额。其目的是避免在编制预算定额时重复计算这些工序,并可统一计算方法和口径,简化计算工作。如桥涵混凝土基本定额是以浇筑 10 m^3 混凝土为主,综合了材料场内运输与堆放、配运料、拌和、捣固、养生等工序。

基本定额是以定额项目名称、工程内容、定额单位、工料机消耗量表和一些附注说明等为表现形式的。

(6) 确定编制采用的图纸和施工方法。

(7) 计算工程量,编制出定额成果。

① 根据图纸和施工方法计算出预算定额所综合的施工定额项目的工程量。

② 根据子目划分的原则和综合误差划分子目。

③ 定额人工、材料、机械台班耗用量的计算、复核和测算。

④ 编制定额成果表(包括定额基价)。

(8) 写出编制说明(包括各项数据的取定依据)。

(9) 写出各章、节的使用说明和各项的工程内容。

(10) 整理各种表格,装订成册。

4) 第四阶段:报批阶段

(1) 审核定稿。定额初稿的审核工作是定额编制过程中必要的程序,是保证定额编制质量的措施之一。审稿工作应由经验丰富、责任心强、多年从事定额工作的专业技术人员承担。审稿主要内容如下:

① 文字表达确切通顺,简明易懂。

② 定额的数字准确无误。

③ 章节、项目之间有无矛盾。

(2) 预算定额水平测算。在新定额编制成稿向上级机关报告以前,必须与原定额进行对比测算,分析水平升降原因。测算方法如下:

① 按工程类别比重测算。首先在定额执行范围内,选择有代表性的各类工程,分别以新旧定额对比测算,并按测算的年限以工程所占比例加权以考察宏观影响。

② 单项工程比较测算法。以典型工程分别用新旧定额对比测算,以考察定额水平和总水平升降及其原因。

(3) 印发征求意见。定额初稿编制完成以后,需要组织征求各有关方面意见和组织讨论,通过反馈意见分析研究。在统一意见基础上整理分类,制订修改方案。

(4) 修改整理报批。按修改方案的决定,将初稿按照定额的顺序进行修改后,形成一套完整、字体清楚并经审核无误的送审稿。

(5) 编制送审报告,报送送审稿。送审报告内容主要包括定额编制情况、项目增减情况及工程项目的覆盖面、定额水平等。

(6) 根据审查意见修改、补充。

(7) 编制报批报告。报送报批报告的内容包括审查意见的处理情况等。

5) 第五阶段:整理资料阶段

(1) 撰写编制说明。定额批准后,为顺利贯彻执行,需要撰写出新定额编制说明。主要内容包括:

① 项目、子目数量。

② 人工、材料、机械的内容范围。

③ 资料的依据和综合取定情况。

④ 定额中允许换算和不允许换算的规定计算资料。

⑤ 人工、材料、机械单价的计算和资料。

⑥ 施工方法、工艺的选择及材料运距的考虑。

⑦ 各种材料损耗率的取定资料。

⑧ 调整系数的使用。

⑨ 其他应说明的事项与计算数据、资料。

(2) 立档、成卷。

定额编制资料是定额贯彻执行中需查对资料的唯一依据,也为修编定额提供历史资料数据,因此应作为技术档案予以永久保存,并进行分类存放。

2.3.3　概算定额的编制

1. 概算定额的作用

(1) 概算定额是初步设计阶段编制建设项目概算和技术设计阶段编制修正概算的依据。建设程序规定,采用二阶段设计时,其初步设计必须编制概算;采用三阶段设计时,其技术设计必须编制修正概算,对拟建项目进行总估价。

(2) 概算定额是设计方案比较的依据。设计方案比较的目的是选择出技术先进可靠、经济合理的方案,在满足使用功能的条件下,达到降低造价和资源消耗的目的。概算定额采用扩大综合后可为设计方案的比较提供方便条件。

(3) 概算定额是编制主要材料需要量的计算基础。根据概算定额所列材料消耗指标计算工程用料数量可在施工图设计之前提出供应计划,为材料的采购、供应做好施工准备,提供前提条件。

(4) 概算定额是编制建设项目投资估算指标的基础。

(5) 在不具备施工图预算的情况下,概算定额还可以作为制定工程标底的基础。

2. 概算定额的编制原则

概算定额是编制初步设计概算和技术设计修正概算的依据,初步设计概算或技术设计修正概算经批准后是控制建设项目投资的依据。因此,编制概算定额应遵循以下原则:

(1) 与设计深度相适应的原则

公路初步设计和技术设计的深度是根据交通运输部颁发的《公路工程基本建设项目设计文件编制办法》设计的,包括设计提供的工程量深度和设计要为建设项目计划提供人工、材料和机械台班数量的规定。初步设计或技术设计提供的工程量的深度，决定概算定额的项目划分和定额单位必须与之相配合；要满足提供工料机数量的要求，决定概算定额必须要能提供这方面的准确数值；与设计相适应还包括与公路建设发展相适应，即应及时将公路建设中采用的新技术、新工艺、新材料、新设备编入定额。

（2）满足概算能控制工程造价的原则

要满足初步设计概算或技术设计修正概算能起到控制建设项目工程造价的作用，作为概算工程部分的计价依据的概算定额，就要在定额项目上能覆盖建设项目的全部工程。能控制工程造价的原则，还包括用概算定额为依据编制的概算，能做到控制预算的要求。因此，概算定额的编制要注意取定的图纸、资料有一定代表性，所综合的工程项目不漏项，工程数量准确、合理、平衡，分析、确定水平时留有余地。

（3）简明适用的原则

简明适用的原则是指定额的项目名称要与初步设计或技术设计所能提供的工程量名称相一致，定额项目的工程内容界定明确、清楚，方便使用。适用还包括尽量不留缺口要求，即定额不要留有许多不完备的内容，如注明遇到某种情况时另计，而又没有说明如何计算，给使用者带来不便。

（4）贯彻国家政策、法规的原则

概算定额的编制，除在定额方面必须严格贯彻国家有关政策、法规外，对于工程造价控制方面国家有关指导精神如“打足投资，不留缺口”“改进概算管理办法，解决超概算问题”“工程造价实行动态管理”等措施要求亦应密切地贯彻到概算定额编制中去。

（5）贯彻社会平均水平的原则

3. 概算定额的编制步骤

概算定额的编制，一般分为五个阶段，即准备工作、收集资料、编制定额、报批和整理资料立卷归档阶段。

（1）准备工作阶段

准备工作阶段的主要任务如下。

① 拟订编制工作大纲。编制工作大纲的主要内容包括：

a. 编制定额的目的和要求。

b. 编制的范围和内容。

c. 编制的原则。

d. 编制定额的依据。

e. 确定编制工作的步骤和方法。

f. 拟订编制工作的组织及领导。

② 组织编制工作班子。概算定额是综合扩大定额，需根据图纸、资料结合目前及今后一段时间公路建设发展情况，以及编制工作人员的经验和阅历，来确定定额项目综合范围和施工方法，因此，确定编制人员十分重要。

（2）收集资料阶段

概算定额资料收集分两类：一类是主要工程所综合的次要工程的含量，主要收集工程结构图纸，特别是施工详图；另一类是施工组织设计资料，包括施工场地布置、施工方法、施工设备的配置、施工进度安排等资料。

(3) 编制定额阶段

① 制定各项统一规定。

对收集到的资料必须通过分析、整理,制定出统一规定,这对定额编制工作的标准化、规范化、系统化非常重要。这些统一规定主要包括:

a. 概算定额材料名称的综合、其他材料费包括的材料名称和小型机具使用费包括的机械名称。

b. 统一的计算表格。

c. 桥梁工程上部构造施工方法及现场设施取定表。包括各种桥型的桥长,平整场地面积,预制场施工设备配置的种类、数量、使用时间,构件运输机械的种类、运距,预制模板的类型,现浇混凝土设备的配制种类、数量及使用时间,安装设备的配制种类、数量及使用时间等。

② 确定概算定额项目。

根据初步设计或技术设计能提供的工程量的深度及为准确计算造价而要求增加的深度,一般按工程类别、结构类型、主要结构部位、大型施工设施(如围堰、拱盔支架、临时工程等)来进行项目划分。

③ 计算工程量,编制出定额成果。

a. 根据图纸和资料计算出主要工程及所含次要工程的工程量。

b. 根据子目划分的原则和综合误差划分子目。

c. 编制定额成果表(包括定额基价)。

④ 写出编制说明(包括各项数据的取定依据)。

⑤ 写出各章、节的使用说明和各项目的工程内容、工程量计算规则。

⑥ 整理各种表格,装订成册。

(4) 报批阶段

① 测算定额水平。测算的方法一般有两种:一种是按工程类别的权重进行测算。工程类别的权重要通过大量的工程项目统计确定。另一种是用新定额对若干典型工程重算其造价,再与原造价比较。比较的范围包括纵向比较和横向比较。纵向比较即与原公路定额比较,包括各类工程水平和总水平;横向比较即与其他部委的定额比较,同时还要与预算定额的水平比较。

② 编制送审报告,报送送审稿。送审稿内容包括定额编制概况、项目增减情况、对工程项目的覆盖面和定额水平等。

③ 根据审查意见修改、补充。

④ 编制报批报告,报送报批稿。报批稿的内容包括对审查意见的处理情况等。

(5) 整理资料立卷归档阶段

定额编制过程中收集了大量资料,填写了大量计算表格,这些都要妥善整理和立档、成卷、保管,同时也要认真总结,编制总结报告。这一阶段的工作也是非常重要的。

2.3.4 估算指标的编制

1. 估算指标的作用

估算指标是编制和确定项目建议书和可行性研究报告投资估算的基础和依据。与概、预算定额比较，估算指标以独立的建设项目、单项工程或单位工程为对象，综合项目过程投资和建设中的各类成本和费用，反映出其扩大的技术经济指标，既是定额的一种表现形式，但又不同于其他的计价定额。投资估算指标作为项目前期服务的一种扩大的技术经济指标，具有较强的综合性、概括性。其作用可以概括如下：

① 在编制项目建议书和可行性研究报告阶段，它是多方案比选、优化设计方案、正确编制投资估算、合理确定项目投资额的重要基础。

② 在建设项目评价、决策过程中，它是评价建设项目投资可行性、分析投资效益的主要经济指标。

③ 在实施阶段，它是限额设计和工程造价控制的依据。

投资估算指标除上述作用外，在我国实行计划经济的时期，由于绝大部分建设项目是由国家投资，因此国家制定的各类建设项目投资估算指标，在国家控制固定资产投资规模、引导投资方向、制订中长期投资计划的工作中发挥了重要的作用。随着我国社会主义市场经济体制的逐步建立，固定资产投资体制改革的深化，建设项目投资主体已趋于多元化，投资风险责任已趋分散。因此，在项目投资决策和实施阶段，利用估算指标强化投资项目的管理已受到各类业主的普遍重视。在实际工作中也正在加强投资估算指标性质、表现形式、编制方法等方面的研究和实践，以更好地适应新的需要。

2. 估算指标编制原则

投资估算指标项目的确定，应考虑以后几年编制建设项目建议书和可行性研究报告投资估算的需要。投资估算指标的分类、项目划分、项目内容、表现形式等要结合各专业的特点，并且要与项目建议书、可行性研究报告的编制深度相适应。投资估算指标的编制内容及典型工程的选择，必须遵循国家有关建设方针政策，符合国家技术发展方向，贯彻国家高科技政策和发展方向原则，使指标的编制既能反映现实的高科技成果，反映正常建设条件下的造价水平，也能适应今后若干年的科技发展水平。投资估算指标的编制要反映不同行业、不同项目和不同工程的特点；要适应项目前期工作深度的需要，而且具有更大的综合性；要体现国家对固定资产投资实施间接调控作用的特点；要贯彻能分能合、有粗有细、细算粗编的原则；要贯彻静态和动态相结合的原则。

3. 估算指标编制步骤

(1) 收集整理资料阶段

收集整理已建成或正在建设的、符合现行技术政策和技术发展方向、有可能重复采用的、有代表性的工程设计施工图、标准设计以及相应的竣工决算或施工图预算资料等，这些资料是编制工作的基础。资料收集得越广泛，反映出的问题越多，编制工作考虑得越全面，就越有利于提高投资估算指标的实用性和覆盖面。同时，对调查收集到的资料要选择占投资比重大、相互关联多的项目进行认真的分析整理，由于已建成或正在建设的工程的设计意图、建设时间和地点、资料的基础等不同，相互之间的差异很大，需要去粗取精、去伪存真地加以整理，才能重复利用。将整理后的数据资料按项目划分栏目加以归类，按照编制年度的现行定额、费用标准和价格，调整成编制年度的造价水平及相互比例。

(2) 平衡调整阶段

由于调查收集的资料来源不同，虽然经过一定的分析整理，但难免会由于设计方案、建设条件和建设时间上的差异带来的某些影响，使数据失准或漏项等，必须对有关资料进行综合平衡调整。

(3) 测算审查阶段

测算是将新编的指标和选定工程的概预算,在同一价格条件下进行比较,检验其量差的偏离程度是否在允许偏差的范围之内,如偏差过大,则要查找原因,进行修正,以保证指标的确切、实用。测算同时也是对指标编制质量进行的一次系统检查,应由专人进行,以保持测算口径的统一,在此基础上组织有关专业人员予以全面审查定稿。

2.4　定额的管理

确定定额的水平必须兼顾国家和职工的利益。定额水平先进,表明可以用较少的劳动和物质消耗生产较多的产品,获得较多的利益。定额水平过高和过低,都不利于调动工人的生产积极性,不利于贯彻按劳分配原则,不利于促进生产的发展。因此,定额的水平必须先进合理,也就是在正常的生产条件下,大多数工人经过努力能够达到,部分可以超过,少数比较接近的水平,这样才具有动员和促进的作用。以后随着生产技术条件的发展、变化和工人技术水平熟练程度的不断提高,原来先进适用的定额,执行一段时间以后,就会落后于生产发展的要求,必须做出相应的修改。在修改时,要注意不同行业、不同工种、不同工序之间定额水平的相对平衡,否则会造成忙闲不均,影响生产,影响资金的合理分配,造成职工的内部矛盾,影响安定团结。

定额确定后,必须认真贯彻执行,充分发挥定额在生产和管理中的积极作用,使之成为设计、计划、施工等有关单位和建设银行在实际工作中必须遵循的标准,成为衡量各项经济活动的尺度。

2.4.1　定额管理的任务

公路工程定额管理的任务与公路建设的管理任务相适应,主要表现为以下五个方面。

1. 深化定额的改革

按照价值规律和等价交换的原则,在合理确定工程造价费用构成的基础上,进一步理清价格和费用的关系,并且根据国家政策规定及市场价格变动情况,通过发布价格信息及工程造价指数,对造价实行动态调整,逐步形成符合国家宏观调控、以市场调节造价为主的价格机制,同时,企业法人对建设项目投资全过程负责,使企业经营管理和成本管理趋于完善。改革包括以下五个方面的内容:

(1) 在市场经济条件下,为确切地反映建筑安装工程费用的性质和内容,创造公平竞争的市场环境,制定关于调整建筑安装工程费用组成的若干规定,对建筑安装工程成本费用进行规范。

(2) 按照量价分离和工程实体性消耗与施工措施消耗相分离的原则,对计价定额进行改革。人工、材料、机械等消耗量标准由国家制定基础定额及工程量计算规则,实现国家对计价定额的消耗量进行宏观控制;对人工、材料、机械台班费用单价等区别不同情况,实行调整与放开相结合的办法,从而改变了国家对定额管理的模式。

(3) 针对当前价格、利率、汇率、税率等不断变动已成为影响工程造价的重要因素的实际情况,组织各地区、各部门工程造价管理部门定期发布反映市场价格水平的价格信息和调整指数，实行动态管理。

(4) 采取了依据不同工程类别实行差别费率和差别利润率，改变过去按企业隶属关系和资质等级的做法，促进了企业间的平等竞争。

(5) 为鼓励企业逐步做到按工程类别成本报价，提高企业的竞争能力，在计价定额的表现形式上，实行工程实体性消耗和施工措施消耗相分离的做法。

2. 节约社会劳动

节约社会劳动是合理利用资源和资金的一个极其重要的方面，是提高公路工程建设投资效益的标志和主要途径。公路建设中劳动的投入数量大、周期长，资源使用紧张、资金短缺。节约社会劳动，不仅给一个项目或一个企业带来经济效益，而且会从宏观上给国民经济的发展带来积极影响。通过定额的制定、执行和调整，可达到控制工程建设的耗费、节约社会劳动的目的。

3. 缩短建设工期和施工工期

公路建设工期长、规模大，由于体制和管理等方面的原因，拖长施工工期的现象十分普遍，从而造成资源浪费和投资效益降低。如果我国在现有建设规模的基础上，平均建设工期每5年缩短1年，就能增加国民经济收入500亿元左右；相反，工期延长1年，国民经济收入将减少300亿元，并且多支出管理费等100亿元左右。通过对定额的管理，找到缩短工期的考核标准和评价尺度，可使施工企业的施工工期得以有效控制，并对施工单位形成有效的工期约束。

4. 协调公路施工中各方面的经济利益关系

公路施工中，密切相关的单位和个人有国家、建设单位(业主)、施工企业和生产工人、监理和监督管理单位等，其中国家是投资主体，建设单位是筹建者或筹资者，施工企业是工程施工的承包者，工人是生产者，工程监理工程师是项目实施的管理者。在市场经济的条件下，各方面都存在相互的经济利益关系和矛盾，定额的管理就是要维护各方面的正当利益，正确处理各方面的经济关系。定额是中立者，也是执法者。

5. 促进公路建设中两个转变的实现

两个根本转变指经济体制从传统的计划经济向市场经济体制的转变，以及经济增长方式从粗放型向集约型转变。定额管理的任务就是要在定额的指导下，引导公路建设的体制逐步向市场经济的轨道迈进，提高劳动生产率，向集约型经济增长模式靠拢，在公路工程建设领域内赶上或超过世界发达国家的建设水平。

2.4.2 定额管理的内容

定额管理的内容从操作过程来看，大致分为三个方面，即定额的编制修订、定额的贯彻执行和定额的信息反馈。从市场的信息流程来看，定额管理的主要内容有信息的采集、加工、传递和反馈，其相互关系如图2-5所示。

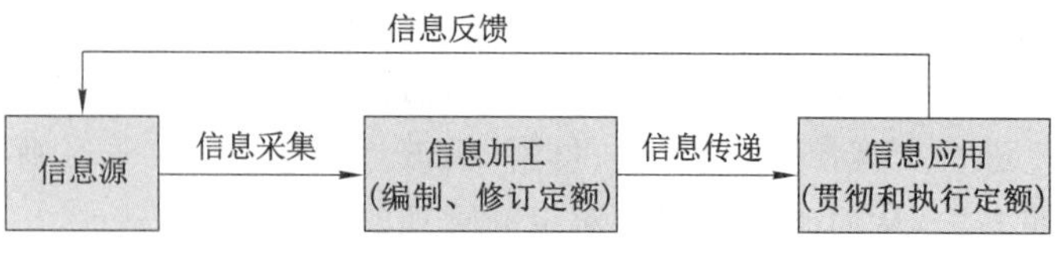

图2-5 定额管理信息流程图

定额管理工作的具体内容如下：

(1) 制订定额的编制计划和方案。

(2) 积累、收集、整理和分析基础资料。

(3) 编制、修订定额。

(4) 审批、发布各省区补充定额。

(5) 组织新编定额的征询意见。

(6) 整理和分析意见、建议，诊断新编定额中存在的问题。

(7) 对新编定额进行必要的调整和修改。

(8) 组织新定额交底及一定范围的宣传、解释和答疑。

(9) 从各方面为现行定额的贯彻执行创造条件，积极推行新定额。

(10) 监督、检查定额的执行，主持定额纠纷的仲裁。

(11) 收集、储存定额的执行情况，反馈信息。

2.4.3　定额管理的组织机构

建立定额管理机构的目的就在于在公路系统内组织各方面力量，调动各方面的积极性，快速、准确收集各地方的定额资料、信息，并发动专家优势制定补充定额，以快速跟上新技术、新工艺的发展步伐。

从管理机构权限的划分来看，住房和城乡建设部标准定额司是归口领导机构，它主要负责制定和颁布有关定额的政策、法规、发展规划，组织颁发定额，委托研究机构测定、修订定额，规划专业定额人才的培训工作，制定造价工程师执业资格制度等工作。交通运输部定额站具体负责交通系统内各项定额、造价的管理工作。

定额管理属于政府职能，是国家管理和控制工程造价的有效工具。在深化经济体制改革的形势下，定额仍然是国家对公路建设进行预测、决策、宏观调控的手段。当然，定额在贯彻执行中还需公路设计单位、建设单位、施工单位及监理单位的大力宣传和运用推广。

在贯彻执行定额过程中要抓好以下几件事：

(1) 加强思想政治工作。

(2) 及时地将定额下达到班组和个人，做到工人知定额、干活依标准、考核有依据。

(3) 创造完成定额的必要条件，例如加强生产准备、做好机器维修保养、合理安排生产任务，保证材料、动力、工具的供应等。

(4) 将定额的贯彻执行与技术革新和技术改造、开展合理化建议活动、组织社会主义劳动竞赛、总结推广先进经验等工作紧密结合。

(5) 加强培训，提高工人的文化和技术水平。

(6) 正确贯彻按劳分配的原则，把完成定额的情况作为奖励、调资、评比先进的依据之一。

(7) 加强定额执行情况的统计、检查和分析。

(8) 建立健全定额管理机构，配备必要的定额工作人员，加强定额的管理。

定额执行一段时间以后，由于施工中新结构、新材料的采用，以及新的施工方法的推广和劳动生产率的提高等原因，就会逐渐地不再适应生产力发展水平，因而成为落后、陈旧的定额。一般表现为:① 定额项目的水平明显地落后于现有的生产力水平;② 缺少某些反映新结构、新材料和新工艺的定额项目;③ 一些在实际工作中失去存在意义的定额项目仍未淘汰。

陈旧的、落后的定额不仅使定额应有的作用发挥不出来,而且如果长期允许这种情况存在,就会导致建设费用增加、企业经营管理水平下降、劳动纪律松弛、材料物资浪费、机械利用效率降低等一系列不良后果。当定额逐渐成为生产力进一步发展的障碍时,定额就应当重新修订了。但是,修订定额的间隔时间既不宜过长,也不宜过短。间隔时间过长将使定额脱离生产实际,不利于生产的发展;间隔时间过短,将使定额失去必要的稳定性。因此从长远来看,定额需要一次又一次地修订,而从某一个阶段来看,定额又要相对稳定,如果没有一个稳定的定额,就确立不了定额的权威,就不能使定额在企业和广大职工中赢得信任,也就失去了定额的作用。而且,修订定额的工作繁重,工作周期很长,修订定额间隔时间过短,在技术上也几乎是不可能的。修订定额视需要可以是局部修订,也可以是全面修订,两者在方法上基本是相同的,仅在工作范围和工作量上不一样。

重新修编定额,须经主管机关批准方可执行。中华人民共和国成立以来,公路工程概预算定额在交通运输部领导下经过了几次修订,1954 年开始编制第一套公路基本建设预算定额;1978 年开始第一次修订;1990 年开始第二次修订并于 1992 年实施;1996 年在 1992 定额的基础上对定额计价进行了修订;在 1992 定额的基础上进行第三次全面修订补充,并于 2007 年出版发行,自 2008 年 1 月实施;在 2008 定额的基础上进行第四次全面修订补充,并于 2018 年出版发行,自 2019 年 5 月实施。

第 3 章　公路工程定额的应用

【本章提要】 定额表的构成及概预算定额说明的使用。

【学习要求】 通过本章学习了解定额表的构成、概预算定额说明的使用，以及定额运用中的直接套用方法和定额的补充。掌握定额运用中定额的调整与抽换、基本定额的运用。

【基本概念】 基价，基本定额，定额抽换。

3.1　公路工程定额应用概述

3.1.1　应用定额的步骤

所谓应用定额，就是平时所说的“查定额”，是根据编制概、预算的具体条件和目的，查得需要的、正确的定额的过程。为了正确地应用定额，首先，必须反复学习定额、熟练地掌握定额；其次，必须收集并熟悉国家主管部门有关定额应用方面的文件和规定。以此为前提，应用定额的基本步骤如下：

（1）首先确定所用定额的种类，例如是概算定额还是预算定额。

（2）根据概（预）算项目表，依次按目、节确定要查定额的项目名称，再据以在定额目录中找到所在页次及所需定额表。

（3）查到定额表后需进行以下工作：

① 查看表中“工程内容”与设计要求、施工组织要求是否相适应，若基本相符，则可在表中找到相应的细目，并进一步确定子目（栏目）。

② 检查定额表的计量单位与工程项目取定的计量单位是否一致，是否符合规定的工程量计算规则。

③ 翻阅定额总说明、章说明、节说明以及定额表下的小注是否与所查子目的定额有关，若相关，则需对定额做相应调整。

④ 根据设计图纸和施工组织设计的具体工程内容，检查子目中有无需要抽换或调整的定额消耗量，并再次翻阅定额总说明、章说明、节说明，查看是否允许抽换，若允许则进行具体抽换计算。

⑤ 按照子目各序号确定各项定额值，可直接引用的就直接录入，需计算的则在计算后再录入。

（4）重复上述步骤进行复核工作。

（5）以此类推逐项完成项目的预算编制工作。

3.1.2 定额编号的引用

概预算文件中要列出所有定额表号。一般采用页—章—节—表—栏的编号方法，如预算定额 628—4—5—2—1，表示浆砌片石基础定额。另一种是省去页数，采用章—节—表—栏的方法，如 628 页，4—5—2—1。定额编号在概预算文件中十分重要。首先，可以保证复核、审查人员能利用编号快速查找、核对所用定额的准确性。其次，对繁多的工程细目的工作内容以编号形式建立一一对应的模式，便于计算机处理及修编定额人员的统计工作。最后，在概预算文件的表中，“定额代号”一栏必须填上对应的定额细目代号，不论手工计算，还是计算机处理，都必须保证该栏目的准确性。

3.1.3 定额运用的要点

(1) 正确选择子目，不重不漏。

(2) 子目名称简练直观，尤其在修改子目名称时。

(3) 看清工程量计量单位，特别在抽换、增量计算时更应注意。

(4) 详细阅读总说明、章节说明及小注，熟能生巧。

(5) 设计图纸要求和定额子目或序号是否一致，否则可能要抽换。

(6) 施工方法要根据施工组织设计及现场条件来确定。

(7) 认真核对工程内容，防止漏列或重列，根据施工经验及对定额的了解确定。

(8) 特别强调对附属工程定额的查找、补充。

3.1.4 概、预算定额的组成

现行的《公路工程概算定额》(以下简称《概算定额》)和《公路工程预算定额》(以下简称《预算定额》)的组成部分均包括颁发定额的文件、目录、总说明及各类工程的章说明、节说明、定额表，《预算定额》还包括附录。

《预算定额》包括路基工程、路面工程、隧道工程、桥涵工程、交通工程及沿线设施、绿化及环境保护工程、临时工程、材料采集及加工、材料运输等九章及附录。附录包括路面材料计算基础数据表、基本定额、材料的周转及摊销和定额人工、材料、设备单价表等四项内容。

《概算定额》包括路基工程、路面工程、隧道工程、桥涵工程、交通工程及沿线设施、绿化及环境保护工程、临时工程等七章。

为了正确运用定额，要求使用人员必须耐心、细致、全面地理解和牢记各章说明和各节说明，当然，这需要一个较长的过程，特别需要通过做习题的方式和工作实践来正确掌握。由于各章、节说明内容繁多，无法全部介绍，后面将以示例或重点说明的方式介绍，以说明其重要性。

定额表是各类定额的最基本的组成部分，是定额指标数额的具体表示。概算定额和预算定额的表格形式基本形同，其基本组成有：表号及定额表名称、工程内容、计量单位、顺序号、项目、代号、细目及栏号、小注等。

以《预算定额》第一章中的“1—1—15 控制爆破石方”为例具体介绍定额表的组成，见表 3-1。

表 3-1 1—1—15 控制爆破石方

工程内容：① 开工作面；② 选炮位、打眼、装药；③ 爆破、排险；④ 清理解小；⑤ 安全警戒全部工作。

单位：1 000 m^3 天然密实方

顺序号	项目	单位	代号	控制爆破石方		
				软石	次坚石	坚石
				1	2	3
1	人工	工日	1001001	94.2	133	179.5
2	空心钢钎	kg	2009003	10.8	21.6	32.4
3	ϕ50 mm 以内合金钻头	个	2009004	21	30	39
4	硝铵炸药	kg	5005002	232.2	322.2	410.9
5	非电毫秒雷管	个	5005008	266	351	576
6	导爆索	m	5005009	141	186	226
7	其他材料费	元	7801001	32.2	46.5	59.6
8	9 m^3/min 以内机动空压机	台班	8017049	5.11	7.92	12.27
9	小型机具使用费	元	8099001	280.5	494.6	828.4
10	基价	元	9999001	18 651	26 823	37 455

注：本章定额仅包括爆破石方，如需清运时，可按相关运输定额计算。

1. 表号及定额表名称

为便于编制概预算，定额表除了按章、节分别编号外，对应的细目定额都分别以不同的编号为表现形式。如表的表号为 1—1—15，指的是预算定额第一章第一节中第 15 个表，名称是“控制爆破石方”。

2. 工程内容

在定额表的左上侧，主要说明本定额表所包括的操作内容及对应详细工艺流程。查定额时，将实际发生的操作内容与表中的工程内容进行比较，若不一致，应进行补充或采取其他措施。

3. 工程项目计量单位

在定额表的右上角均规定了定额的单位，如表 3-1 所示定额的单位是 1 000 m^3 天然密实方。

4. 顺序号

表征人、料、机及费用的顺序号，起简化说明的作用。

5. 项目

即本定额表的工程所需人工、材料、机具、费用的名称、规格。

6. 代号

代号也称为数组变量代号。当采用计算机来编制公路工程概、预算时，可引用表中代号作为对工、料、机名称的识别符号。

7. 工程细目

工程细目是指定额表根据不同的工程内容，划分出的不同的定额栏目。

8. 栏号

栏号是指工程细目编号，如预算定额表1—1—15中的“软石”栏号为1，“次坚石”栏号为2，“坚石”栏号为3。

9. 定额值

定额值是指定额表中各种资源的消耗量数值。如果是括号内的数值，是计量不计价的。如预算定额表4—6—3中所示定额中的“C30水泥混凝土”所对应的“(10.2 m^3)”是指现浇10 m^3墩、台帽，需消耗C30水泥混凝土10.2 m^3。注意此值在编制概预算文件时不可直接列入。

10. 基价

基价亦称为定额基价，是指完成定额计量单位工程量，按人工、材料、机械台班基价及定额工、料、机消耗计算出的人工费、材料费和机械使用费之和。

11. 定额表注

有些定额列有“注”，是对本表的特别说明。使用定额时，必须仔细阅读小注，以免发生错误。

3.2 公路工程预算定额的应用

3.2.1 《预算定额》的总说明

定额的总说明是涉及定额使用方面的全面性的规定和解释，它是非常重要的，需要正确理解、切实掌握，而且应当记住，稍有疏忽便会产生错误。预算定额的总说明共有20条，由于篇幅有限，现就其重点内容进行介绍。

(1) 定额中的工程内容。定额中的工程内容，均包括定额项目的全部施工过程。定额内除扼要说明施工的主要操作工序外，均包括准备与结束、场内操作范围内的水平与垂直运输、材料工地小搬运、辅助和零星用工、工具及机械小修、场地清理等工程内容。其中，材料工地小搬运是指将施工材料从工地仓库或存放地点搬到操作现场的二次搬运；辅助和零星用工是指为保证基本工作能顺利完成所做的辅助性和零星工作所消耗的时间；场地清理是指为了便于施工，达到“三通一平”的要求，必须对施工现场进行场地清理，这样既能保证施工质量，又能保证工作人员的人身安全，场地清理的内容包括整平场地和运弃杂物等。

(2) 材料消耗。定额中的材料消耗量系按现行材料标准的合格料和标准规格料计算的。定额内材料、成品、半成品均已包括场内运输及操作损耗，编制预算时，不得另行增加。其场外运输损耗、仓库保管损耗应在材料预算价格内考虑。

(3) 周转性材料说明。定额中周转性的材料、模板、支撑、脚手杆、脚手板和挡土板等的数量，已考虑了材料的正常周转次数并计入定额内。其中，就地筑钢筋混凝土梁用的支架及拱圈用的拱盔、支架，如确因施工安排达不到规定的周转次数时，可根据具体情况进行换算并按规定计算回收，其余工程一般不予抽换。

(4) 混凝土、砂浆的有关规定。定额中列有的混凝土、砂浆的强度等级和用量，其材料用量已按附录二中配合比表规定的数量列入定额，不得重算。如设计采用的混凝土、砂浆强度等级或水泥强度等级与定额所列强度等级不同时，可按配合比表进行换算。但实际施工配合比材料用量与定额配合比表用量不同时，除配合比表说明中允许换算者外，均不得调整。

混凝土、砂浆配合比表的水泥用量，已综合考虑了采用不同品种水泥的因素，实际施工中不论采用何种水泥，均不得调整定额用量。

（5）有关外掺剂费用的规定。定额中各类混凝土均未考虑外掺剂的费用，当设计需要添加外掺剂时，可按设计要求另行计算外掺剂的费用并适当调整定额中的水泥用量。

（6）定额中各类混凝土均按施工现场拌和进行编制；当采用商品混凝土时，可将相关定额中的水泥、中（粗）砂、碎石的消耗量扣除并按定额中所列的混凝土消耗量增加商品混凝土的消耗。

（7）定额中各项目的施工机械种类、规格是按一般合理的施工组织确定的，如施工中实际采用机械的种类、规格与定额规定的不同时一律不得换算。

（8）定额中施工机械的台班消耗，已考虑了工地合理的停置、空转和必要的备用量等因素。编制预算的台班单价，应按《公路工程机械台班费用定额》（JTG/T 3833—2018）分析计算。

（9）定额中只列工程所需的主要材料用量和主要机械台班数量。对于次要、零星材料和小型施工机具均未一一列出，分别列入“其他材料费”及“小型机具使用费”内，以元表示，编制预算即按此计算。

（10）其他未包括的项目，各省级公路造价管理部门可编制补充定额在本地区执行；还缺少的项目，各设计单位可编制补充定额，随同预算文件一并送审。所有补充定额均应按照本定额的编制原则、方法进行编制，并将数据上传至“公路工程造价依据信息管理平台”。

（11）定额表中注明“某某数以内”或“某某数以下”者，均包括某某数本身；而注明“某某数以外”或“某某数以上”者，则不包括某某数本身。定额内数量带“（）”者，则表示基价中未包括其价值。

（12）定额中凡定额名称中带有“※”号者，均为参考定额，使用定额时，可根据情况进行调整。

（13）定额中的“工料机代号”系编制概预算采用电子计算机计算时作为对工、料、机械名称识别的符号，不应随意变动。编制补充定额时，遇有新增材料或机械，编码采用 7 位，第 1、2 位取相近品种的材料或机械代号，第 3、4 位采用偶数编制，后 3 位采用顺序编制。

3.2.2　《预算定额》第一章路基工程的说明与应用

现行《预算定额》中的路基工程，主要包括路基土、石方工程，特殊路基处理工程，排水工程，防护工程四节内容。本章章说明的主要内容是对土壤、岩石类别划分。预算定额按开挖的难易程度将土壤、岩石分为六类，其中土壤分为松土、普通土、硬土三类，岩石分为软石、次坚石、坚石三类。第一节有 8 条说明，第二节有 7 条说明，第三节有 4 条说明，第四节有 7 条说明。现举例说明其使用。

（1）第一节节说明 7：下列数量应由施工组织设计提出，并入路基填方数量内计算。

① 清除表土或零填方地段的基底压实、耕地填前夯（压）实后，回填至原地面高程所需的土、石方数量。

② 因路基沉陷需增加填筑的土、石方数量。

③ 为保证路基边缘的压实度须加宽填筑时，所需的土、石方数量。

相关计算公式

$$h = p/c$$

式中 h——天然土因压实而产生的沉降量，cm；

p——有效作用力，kN/cm^2，一般按 12～15 t 压路机的有效作用力 $p=66\ kN/cm^2$ 计算；

c——土的抗沉陷系数，kN/cm^3，其值见表 3-2。

表 3-2　各种原状土的 c 值参考表

原状土名称	$c/(kN/cm^3)$	原状土名称	$c/(kN/cm^3)$	原状土名称	$c/(kN/cm^3)$
沼泽土	1～1.5	松砂、松湿黏土、耕土	2.5～3.5	坚实的黏土	10.0～12.5
凝滞土、细粒砂	1.8～2.5	大块胶结的砂、潮湿黏土	3.5～6.0	泥灰石	13.0～18.0

碾压天然土地面的面积乘以沉降量就是需增加的填方数量，即

$$Q=Fh$$

式中 Q——增加的填方数量，m^3；

F——填前压(夯)实的天然土的地面面积，m^2；

h——沉降量，m，在实际工作中，耕地土石方一般按 $h=0.15\sim0.20$ m 计算。

【例 3-1】 某高速公路路基工程，全长 28 km，按设计断面计算的填缺压实方为 6 720 000 m^3，无利用方，路基平均填土高度 7.0 m，平均边坡长度 10.5 m，宽填 0.2 m，路基占地为耕地，土质为Ⅲ类土，填前以 15 t 压路机压实耕地，路基底面宽 45 m。请计算填前压实增加的土方量为多少。

解 计算填前压实耕地增加的土方量，由表 3-2 查得 $c=3.5\ kN/cm^3$，15 t 光面压路机的有效应力 $p=66\ kN/cm^2$，则

$$h=p/c=66\div3.5=18.86(cm)$$

$$路基底面面积\ F=28\ 000\times45=1\ 260\ 000(m^2)$$

$$填前压实增加土方量=1\ 260\ 000\times0.188\ 6=237\ 636(m^3)$$

(2) 第一节说明 3：机械施工土、石方，挖方部分机械达不到需由人工完成的工程量由施工组织设计确定。其中，人工操作部分，按相应定额乘以系数 1.15。

【例 3-2】 某路基工程采用挖掘机挖装普通土方，但机械无法操作处需由人工挖装，机动翻斗车运输的工程量为 6 500 m^3，则人工操作的工程量是怎样确定的，实际采用的预算定额值是多少，其所需劳动量是多少？

解 根据《预算定额》第一章第一节说明 3 的规定可知，人工挖装土方的工程量 6 500 m^3 是由施工组织设计提供的，采用的定额为“人工挖运土方、装运石方”(定额表 1—1—6，见表 3-3)的第 2 栏，并查其定额值为 145.5 工日/1 000 m^3 天然密实土，按照该表注 1 的说明要求，其实际采用的计算定额值为(145.5−30.0)×1.15，即 115.5×1.15=132.83 工日/1 000 m^3 天然密实土。其所需总劳动量为 6.5×132.83=863.40(工日)。

表 3-3　1—1—6　人工挖运土方、装运石方

工程内容：人工挖运土方：① 挖松；② 装土；③ 运送；④ 卸除；⑤ 空回。

人工装运石方：① 装石方；② 运送；③ 卸除；④ 空回。

单位：1 000 m^3天然密实方

顺序号	项目	单位	代号	挖运土方				装运石方			
				第一个 20 m			手推车运土每增运 10 m	第一个 20 m			手推车运石每增运 10 m
				松土	普通土	硬土		软石	次坚石	坚石	
				1	2	3	4	5	6	7	8
1	人工	工日	1001001	113.7	145.5	174.6	5.9	167.6	192.8	221.7	7.7
2	基价	元	9999001	12 084	15 464	18 556	627	17 813	20 491	23 562	818

注：1. 当采用人工挖、装土方，机动翻斗车运输时，其挖、装所需的人工按第一个 20 m 挖运定额减去 30.0 工日计算；当采用人工装石方，机动翻斗车运输时，其装石所需的人工按第一个 20 m 装运定额减去 52.0 工日计算。

2. 当采用人工挖、装、卸土方，手扶拖拉机运输时，其挖、装、卸所需的人工按第一个 20 m 挖运定额减去 18.0 工日计算；当采用人工装、卸石方，手扶拖拉机运输时，其装、卸所需的人工按第一个 20 m 装运定额减去 32.0 工日计算。

3. 石方开炸按相应定额计算，本章定额只考虑爆破后的人工装运。

4. 当遇升降坡时，除按水平距离计算运距外，并按表 3-4 增加运距。

表 3-4　运距增加表

项目	升降坡度/%	高度差/m	
		每升高 1	每降低 1
手推车运输	0～5	不增加	不增加
	6～10	15	5
	10 以上	25	8

3.2.3 《预算定额》第二章路面工程的说明与应用

路面工程预算定额包括：路面基层及垫层、路面面层和路面附属工程。路面工程预算定额总说明的主要内容如下：

(1) 本章定额包括各种类型路面以及路槽、路肩、垫层、基层等，除沥青混合料路面、厂拌基层稳定土混合料运输、自卸车运输碾压水泥混凝土以 1 000 m^3 路面实体为计算单位外，其他均以 1 000 m^2 为计算单位。

(2) 路面项目中的厚度均为压实厚度，培路肩厚度为净培路肩的夯实厚度。

(3) 本章定额中混合料系按最佳含水率编制，定额中已包括养护用水并适当扣除材料天然含水率，但山西、青海、甘肃、宁夏、内蒙古、新疆、西藏等省、自治区，由于湿度偏低，用水量可根据实际情况增加。

(4) 本章定额中凡列有洒水汽车的子目，均按 5 km 范围内洒水汽车在水源处自吸水编制，不计水费。如工地附近无天然水源可利用，必须采用供水部门供水（如自来水）时，可根据定额子目中洒水汽车的台班数量，按每台班 35 m^3 计算定额用水量，乘以供水部门规定的水价增列水费。洒水汽车取水的平均运距超过 5 km 时，可按路基工程的洒水汽车洒水定额中的增运定额增加洒水汽车的台班消耗，但增加的洒水汽车台班消耗量不得再计水费。

(5) 本章定额中的水泥混凝土除摊铺机铺筑水泥混凝土路面及碾压混凝土路面外,均已包括其拌和的费用,使用定额时不得再另行计算。

(6) 压路机台班按行驶速度:两轮光轮压路机为 2.0 km/h、三轮光轮压路机为 2.5 km/h、轮胎式压路机为 5.0 km/h、振动压路机为 3.0 km/h 进行编制。如设计为单车道路面宽度时,两轮光轮压路机乘以系数 1.14、三轮光轮压路机乘以系数 1.33、轮胎式压路机和振动压路机乘以系数 1.29。

(7) 自卸汽车运输稳定土混合料、沥青混合料和水泥混凝土定额项目,仅适用于平均运距在 15 km 以内的混合料运输,当运距超过第一个定额运距单位时,其运距尾数不足一个增运定额单位的半数时不计,等于或超过半数时按一个增运定额运距单位计算。当平均运距超过 15 km 时,应按市场运价计其运输费用。

第一节说明 6 条,第二节说明 10 条,第三节说明 3 条,现举例说明。

【例 3-3】 某二级公路厚度 15 cm 的水泥稳定砂砾基层,路拌法,共 80 000 m^2,采用 6 000 L 洒水汽车洒水作业,需在距工地 8 km 处吸取自来水。自来水单价为 1.0 元/m^3,试计算洒水汽车总台班数及需增列的水费。

解 (1) 增列水费

根据《预算定额》第二章说明 4,由《预算定额》定额号 2—1—2—5(见表 3-5)查得 6 000 L 洒水汽车的定额消耗为 0.27 台班/1 000 m^2,故增列的水费:0.27×80 000÷1 000×35×1=756(元)。

(2) 增列洒水汽车定额台班

由路基工程的定额表"1—1—22 洒水汽车洒水"(见表 3-6)中查得:洒水增运定额为每增运 0.5 km,增加 0.63 台班/1 000 m^3。

总用水量:0.27×80 000÷1 000×35=756(m^3)

需增列的洒水台班:756÷1 000×0.63×(8−5)÷0.5=2.86(台班)

洒水汽车总台班: 0.27×80 000÷1 000+2.86=24.46(台班)

表 3-5 2—1—2 路拌法水泥稳定土基层

工程内容:① 清扫整理下承层;② 铺料、铺水泥,洒水,拌和;③ 整形,碾压,找补;④ 初期养护。

Ⅰ. 拖拉机带铧犁拌和

单位:1 000 m^2

顺序号	项目	单位	代号	水泥土		水泥砂		水泥砂砾		水泥碎石	
				水泥剂量 10%		水泥:砂:土 10:83:7		水泥剂量 5%			
				压实厚度 20 cm	每增减 1 cm	压实厚度 20 cm	每增减 1 cm	压实厚度 20 cm	每增减 1 cm	压实厚度 20 cm	每增减 1 cm
				1	2	3	4	5	6	7	8
1	人工	工日	1001001	13.5	0.6	15.1	0.7	10.4	0.4	10.5	0.4
2	土	m^3	5501002	269.61	13.48	24.55	1.23	—	—	—	—
3	砂	m^3	5503004	—	—	239.06	11.95	—	—	—	—
4	砂砾	m^3	5503007	—	—	—	—	265.52	13.28	—	—
5	碎石	m^3	5505016	—	—	—	—	—	—	293.79	14.69
6	32.5 级水泥	t	5509001	32.788	1.639	38.389	1.919	21.906	1.095	22.343	1.117

表 3-5(续)

顺序号	项目	单位	代号	水泥土		水泥砂		水泥砂砾		水泥碎石	
				水泥剂量 10%		水泥：砂：土 10：83：7		水泥剂量 5%			
				压实厚度 20 cm	每增减 1 cm	压实厚度 20 cm	每增减 1 cm	压实厚度 20 cm	每增减 1 cm	压实厚度 20 cm	每增减 1 cm
				1	2	3	4	5	6	7	8
7	其他材料费	元	7801001	301	—	301	—	301	—	301	—
8	设备摊销费	元	7901001	2.1	0.1	2.1	0.1	2.1	0.1	2.1	0.1
9	120 kW 以内自行式平地机	台班	8001058	0.3	—	0.3	—	0.3	—	0.3	—
10	75 kW 以内履带式拖拉机	台班	8001066	0.16	—	0.16	—	0.16	—	0.16	—
11	12～15 t 光轮压路机	台班	8001081	0.25	—	0.25	—	0.25	—	0.25	—
12	18～21 t 光轮压路机	台班	8001083	0.8	—	0.8	—	0.8	—	0.8	—
13	10 000 L 以内洒水汽车	台班	8007043	0.35	0.02	0.33	0.02	0.27	0.02	0.28	0.02
14	基价	元	9999001	16 042	721	34 101	1 627	22 031	1 020	32 062	1 521

表 3-6　1—1—22　洒水汽车洒水

工程内容：① 吸水；② 运水；③ 洒水；④ 空回。

单位：1 000 m³ 水

顺序号	项目	单位	代号	洒水汽车容量/L							
				4 000 以内		6 000 以内		8 000 以内		10 000 以内	
				第一个 1 km	每增 0.5 km	第一个 1 km	每增 0.5 km	第一个 1 km	每增 0.5 km	第一个 1 km	每增 0.5 km
				1	2	3	4	5	6	7	8
1	4 000 L 以内洒水汽车	台班	8007040	14.93	0.95	—	—	—	—	—	—
2	6 000 L 以内洒水汽车	台班	8007041	—	—	12.37	0.63	—	—	—	—
3	8 000 L 以内洒水汽车	台班	8007042	—	—	—	—	9.4	0.4	—	—
4	10 000 L 以内洒水汽车	台班	8007043	—	—	—	—	—	—	7.5	0.26
5	基价	元	9999001	9 360	596	8 633	440	8 501	362	8 287	287

注：水需要计费时，水费另行计算。

【例 3-4】 某级配砾石路面，路面宽度 3.5 m，铺设长度 10 km，设计厚度 8 cm，采用机械摊铺，平地机拌和，计算其劳动量和作业量。

解 根据《预算定额》第二章说明 6、定额号 2—2—3—13，有：

人工：10 000×3.5×2.6÷1 000=91(工日)

平地机：10 000×3.5×0.57÷1 000=20(台班)

12～15 t 压路机：10 000×3.5×0.12×1.14÷1 000=4.8(台班)

18～21 t 压路机：10 000×3.5×0.91×1.14÷1 000=36.3(台班)

洒水汽车：10 000×3.5×0.08÷1 000=2.8(台班)

《预算定额》第二章第一节说明 2：各类稳定土基层定额中的材料消耗系按一定配合比编制的，当设计配合比与定额标明的配合比不同时，有关材料可按下式进行换算：

$$C_i = [C_d + B_d(H - H_0)]L_i/L_d$$

式中 C_i——按设计配合比换算后的材料用量；

C_d——定额中基本压实厚度的材料用量；

B_d——定额中压实厚度每增加或减少 1 cm 的材料数量；

H_0——定额的基本压实厚度；

H——设计的压实厚度；

L_d——定额标明的材料百分率；

L_i——设计配合比的材料百分率。

【例 3-5】 某水泥、石灰稳定土基层工程，采用筛拌法，设计配合比为 5.5∶3.5∶91，厚度18 cm，确定水泥、石灰、土的实用定额值。

解 根据《预算定额》定额号 2—1—6—1、2，通过计算可得：

水泥：[20.392+1.02×(18−15)]×5.5/6=21.50(t)

石灰：[14.943+0.747×(18−15)]×3.5/4=15.04(t)

土：[268.07+13.4×(18−15)]×91/90=311.70(m^3)

3.2.4 《预算定额》第三章隧道工程的说明与应用

本章定额包括按钻爆法施工的开挖、支护、防排水、衬砌、装饰、洞门、辅助坑道以及瓦斯隧道等项目。隧道开挖定额按照一般凿岩机钻爆法施工的开挖方法进行编制。

(1) 本章定额按现行隧道设计、施工技术规范将围岩分为六级，即Ⅰ级～Ⅵ级。

(2) 本章定额混凝土工程均未考虑拌和的费用，应按桥涵工程相关定额另行计算。

(3) 本章开挖定额中已综合考虑超挖及预留变形因素。

(4) 洞内出渣运输定额已综合洞门外 500 m 运距，当洞门外运距超过此运距时，可按照路基工程自卸汽车运输土石方的增运定额加计增运部分的费用。

(5) 本章定额中均未包括混凝土及预制块的运输，需要时应按有关定额另行计算。

(6) 本章定额未考虑地震、坍塌、溶洞及大量地下水处理，以及其他特殊情况所需的费用，需要时可根据实际另行计算。

(7) 隧道工程项目采用其他章节定额的规定：

① 洞门挖基、仰坡及天沟开挖、明洞明挖土石方等，应使用其他章节有关定额计算。

② 洞内工程项目如需采用其他章节定额，所采用定额的人工工日、机械台班数量及小

型机具使用费应乘系数 1.26。

第一节说明 10 条，第二节说明 3 条，第三节说明 4 条，第四节说明 7 条，现举例说明。

【例 3-6】 某隧道工程洞内路面为 26 cm 厚水泥混凝土面层，面积 56 200 m^2，路面拉杆钢筋为 134.56 t，试计算其人工、机械台班的消耗量。

解 根据《预算定额》第三章说明 7(2)可知，洞内路面工程需采用第二章路面工程定额号 2—2—17—3、4、13，因此人工工日、机械台班数量及小型机具使用费应乘系数 1.26。

(1) 水泥混凝土面层

人工：(66.1＋1.8×6)×1.26×56 200÷1 000＝5 445.4(工日)

2.5～4.5 m 轨道式水泥混凝土摊铺机：(0.41＋0.02×6)×1.26×56 200÷1 000＝37.5(台班)

混凝土电动刻纹机：7.22×1.26×56 200÷1 000＝511.3(台班)

混凝土电动切缝机：2.501×1.26×56 200÷1 000＝177.1(台班)

10 000 L 以内洒水汽车：1.48×1.26×56 200÷1 000＝104.8(台班)

(2) 路面拉杆钢筋

人工：6.6×1.26×134.56＝1 119(工日)

32 kV·A 以内交流电弧焊机：0.09×1.26×134.56＝15.3(台班)

小型机具使用费：11×1.26×134.56＝1 865(元)

3.2.5 《预算定额》第四章桥涵工程的说明与应用

桥涵工程包括开挖基坑，围堰、筑岛及沉井，打桩，灌注桩，砌筑，现浇混凝土及钢筋混凝土，预制、安装混凝土及钢筋混凝土构件，构件运输，拱盔、支架，钢结构和杂项工程共 11 项。

1. 混凝土工程

(1) 定额中混凝土强度等级均按一般图纸选用，其施工方法除小型构件采用人拌人捣外，其他均按机拌机捣计算。

(2) 定额中混凝土工程除大型预制构件底座、混凝土搅拌站安装、拆除和钢桁架桥式码头项目中已考虑混凝土的拌和费用外，其他混凝土项目中均未考虑混凝土的拌和费用，应按有关定额另行计算。

(3) 定额中混凝土均按露天养护考虑，如采用蒸汽养护时，应从各有关定额中按每 10 m^3 扣减人工 1.0 个工日及其他材料费 4 元，并按蒸汽养护有关定额计算。

(4) 定额中采用泵送混凝土的项目均已包括水平和向上垂直泵送所消耗的人工、机械，当水平泵送距离超过定额综合范围时，可增列人工及机械消耗量。向上垂直泵送不得调整。

(5) 混凝土中的钢板、型钢、钢管等预埋件，均作为附属材料列入混凝土定额内。连接用的钢板、型钢等则包括在安装定额内。

(6) 大体积混凝土项目必须采用埋设冷却管来降低混凝土水化热时，可根据实际需要另行计算。

(7) 除另有说明外，混凝土定额中均已综合脚手架、上下架、爬梯及安全围护等搭、拆及摊销费用，使用定额时不得另行计算。

2. 钢筋工程

(1) 定额中凡钢筋直径在 10 mm 以上的接头，除注明为钢套筒连接外，均采用电弧搭接焊或电阻对接焊。

(2) 定额中的钢筋按选用图纸分为 HRB300、HRB400;设计中采用 HRB500 时,可将定额中的 HRB400 抽换为 HRB500。当设计图纸的钢筋比例与定额有出入时,可调整钢筋品种的比例。

(3) 定额中的钢筋是按一般定尺长度计算的;当设计提供的钢筋连接用钢套筒数量与定额有出入时,可按设计数量调整定额中的钢套筒消耗,其他消耗不调整。

3. 模板工程

(1) 模板不单列项目。混凝土工程中所需的模板包括钢模板、组合钢模板、木模板,均按其周转摊销量计入混凝土定额中。

(2) 定额中的模板均为常规模板;当设计或施工对混凝土结构的外观有特殊要求需要对模板进行特殊处理时,可根据定额中所列的混凝土模板接触面积增列相应的特殊模板材料的费用。

(3) 定额中所列的钢模板材料指工厂加工的适用于某种构件的定型钢模板,其质量包括立模所需的钢支撑及有关配件;组合钢模板材料指市场供应的各种型号的组合钢模板,其质量仅为组合钢模板的质量,不包括立模所需的支撑、拉杆等配件,定额中已计入所需配件材料的摊销量;木模板按工地制作编制,定额中将制作所需工、料、机械台班消耗按周转摊销量计算。

(4) 定额中均已包括各种模板的维修、保养所需的工、料及费用。

4. 设备摊销费

定额中设备摊销费的设备指属于固定资产的金属设备,包括万能杆件、装配式钢桥桁架及有关配件拼装的金属架桥设备。挂篮、移动模架设备摊销费按设备质量每吨每月 180 元计算,其他设备摊销费按设备质量每吨每月 140 元(除设备本身折旧费用,还包括设备的维修、保养等费用)。各项目中凡注明允许调整的,可按计划使用时间调整。

5. 工程量计算一般规则

(1) 现浇混凝土、预制混凝土、构件安装的工程量为构筑物或预制构件的实际体积,不包括其中空心部分的体积,钢筋混凝土项目的工程量不扣除钢筋(钢丝、钢绞线)、预埋件和预留孔道所占的体积。

(2) 构件安装定额中在括号内所列的构件体积数量,表示安装时需要备制的构件数量。

(3) 钢筋工程量为钢筋的设计质量,定额中已计入施工操作损耗,一般钢筋因接长所需增加的钢筋质量已包括在定额中,不得将这部分质量计入钢筋设计质量内。但对于某些特殊的工程,必须在施工现场分段施工采用搭接接长时,其搭接长度的钢筋质量未包括在定额中,应在钢筋的设计质量内计算。

6. 第四章节说明

第四章包括 11 节,各节又有节说明,需要认真阅读。

第四章第二节说明 2:草土、塑料编织袋、竹笼、木笼铁丝围堰定额中已包括 50 m 以内人工挖运土方的工日数量,定额括号内所列"土"的数量不计价,仅限于取土运距超过 50 m 时,按人工挖运土方的增运定额,增加运输用工。

【例 3-7】 某桥的草袋围堰工程,装草袋的土人工挑抬运距 220 m,围堰高 2.5 m。试确定工程的预算定额值。

解　由《预算定额》定额表 4—2—2 确定草袋围堰的定额如下(每 10 m 围堰)：

人工挖运土方增运定额号为 1—1—6—4。

人工：34.7＋增列超距运输用工＝34.7＋[5.9×(220－50)÷10÷1 000×88.4]＝43.6(工日)

草袋：1 498 个

土：88.4 m^3

《预算定额》第四章第四节说明 1，灌注桩造孔根据造孔的难易程度，将土质分为 8 种：

(1) 砂土：粒径不大于 2 mm 的砂类土，包括淤泥、轻亚黏土。

(2) 黏土：亚黏土、黏土、黄土，包括土状风化。

(3) 砂砾：粒径 2～20 mm 的角砾、圆砾含量(指质量比，下同)小于或等于 50%，包括礓石及粒状风化。

(4) 砾石：粒径 2～20 mm 的角砾、圆砾含量大于 50%，有时还包括粒径 20～200 mm 的碎石、卵石，其含量在 10%以内，包括块状风化。

(5) 卵石：粒径 20～200 mm 的碎石、卵石含量大于 10%，有时还包括块石、漂石，其含量在 10%以内，包括块状风化。

(6) 软石：饱和单轴极限抗压强度在 40 MPa 以下的各类松软的岩石，如盐岩，胶结不紧的砾岩、泥质页岩、砂岩，较坚实的泥灰岩、块石土及漂石土，软而节理较多的石灰岩等。

(7) 次坚石：饱和单轴极限抗压强度在 40～100 MPa 的各类较坚硬的岩石，如硅质页岩，硅质砂岩，白云岩，石灰岩，坚实的泥灰岩，软玄武岩、片麻岩、正长岩、花岗岩等。

(8) 坚石：饱和单轴极限抗压强度在 100 MPa 以上的各类坚硬的岩石，如硬玄武岩，坚实的石灰岩、白云岩、大理岩、石英岩、闪长岩、粗粒花岗岩、正长岩等。

【例 3-8】　某桥桩基础采用回旋钻机钻孔，设计桩长 35 m、直径 100 cm，地层由上至下为黏土 6 m、粒径 2～20 mm 的砂砾 15 m 以及松软的页岩。试确定该项目陆地钻孔预算定额。

解　参照《预算定额》第四章第四节灌注桩工程定额节说明 1，查得钻孔定额号：土质层次黏土 6 m 为 4—4—4—10、砂砾 15 m 为 4—4—4—11、软岩 35－6－15＝14 (m)为 4—4—4—14。

人工：(6.4×6＋9×15＋15.2×14)÷10＝38.6(工日)

材料：

电焊条：(0.2×6＋0.3×15＋1×14)÷10＝1.97(kg)

铁件：(0.1×6＋0.1×15＋0.1×14)÷10＝0.35(kg)

水：(11×6＋17×15＋15×14)÷10＝53.1(m^3)

锯材：(0.005×6＋0.005×15＋0.005×14)÷10＝0.018(m^3)

黏土：(2.98×6＋5.96×15＋5.22×14)÷10＝18.04(m^3)

其他材料费：(0.9×6＋0.9×15＋0.9×14)÷10＝3.15(元)

设备摊销费：(10.7×6＋11.4×15＋24.9×14)÷10＝58.4(元)

机械：

1.0 m^3以内履带式机械单斗挖掘机：(0.02×6＋0.02×15＋0.02×14)÷10＝0.07(台班)

15 t 以内载货汽车：(0.07×6＋0.07×15＋0.07×14)÷10＝0.25(台班)

16 t 以内汽车式起重机：(0.08×6＋0.08×15＋0.08×14)÷10＝0.28(台班)

ϕ1 500 mm 以内回旋钻机:(1.41×6+2.16×15+4.88×14)÷10=10.92(台班)

泥浆分离器:(0.08×6+0.09×15+0.13×14)÷10=0.37(台班)

泥浆搅拌机:(0.24×6+0.24×15+0.24×14)÷10=0.84(台班)

42 kV·A 以内交流电弧焊机:(0.02×6+0.03×15+0.1×14)÷10=0.20(台班)

《预算定额》第四章第七节说明 8:制作、张拉预应力钢筋、钢绞线,是按不同的锚头形式分别编制的;当每吨钢筋的根数或每吨钢绞线的束数有变化时,可根据定额进行抽换。

说明 10:对于钢绞线不同型号的锚具,使用定额时可按表 3-7 规定计算。

表 3-7 锚具型号

设计采用锚具型号/孔	1	4	5	6	8	9	10	14	15	16	17	24
套用定额的锚具型号/孔	3		7				12			19		22

【例 3-9】 某桥上部构造为 20 m 预应力箱梁,设计采用锚具型号、数量及钢绞线质量分别为:3 孔锚具 64 套 2.75 t、4 孔锚具 320 套 18.3 t、5 孔锚具 160 套 4.90 t。试确定钢绞线预算定额消耗。

解 (1) 设计锚具型号 3 孔、4 孔应选用 3 孔定额,而 5 孔应选用 7 孔定额。

(2) 计算对应锚具型号的每吨束数,由已知得:

3 孔锚具 64 套 2.75 t,即对应每吨束数:64÷2÷2.75=11.64(束/t)

4 孔锚具 320 套 18.3 t,即对应每吨束数:320÷2÷18.3=8.74(束/t)

5 孔锚具 160 套 4.90 t,即对应每吨束数:160÷2÷4.90=16.33(束/t)

(3) 由《预算定额》定额号 4—7—19—3、4 查得:

人工:[12.8+0.6×(11.64−18.94)]×2.75=23.16(工日)

材料:

钢绞线:1.04×2.75=2.86(t)

塑料波纹管:291×2.75=800.25(m)

压浆料:0.67×2.75=1.84(t)

钢绞线圆锚(3 孔):[38.26+2.02×(11.64−18.94)]×2.75=64.66(套)

其他材料费:80.9×2.75=222.48(元)

机械:

智能张拉系统:[2.27+0.12×(11.64−18.94)]×2.75=3.83(台班)

智能压浆系统:0.07×2.75=0.19(台班)

小型机具使用费:[154.3+2.4×(11.64−18.94)]×2.75=376.15(元)

(4) 由《预算定额》定额号 4—7—19—3、4 查得:

人工:[12.8+0.6×(8.74−18.94)]×18.3=122.24(工日)

材料:

钢绞线:1.04×18.3= 19.03(t)

塑料波纹管:291×18.3=5 325.3(m)

压浆料:0.67×18.3=12.26(t)

钢绞线圆锚(3 孔):[38.26+2.02×(8.74−18.94)]×18.3=323.10(套)

其他材料费:80.9×18.3=1 480.47(元)

机械:

智能张拉系统:[2.27+0.12×(8.74-18.94)]×18.3=19.14(台班)

智能压浆系统:0.07×18.3=1.28(台班)

小型机具使用费:[154.3+2.4×(8.74-18.94)]×18.3=2 375.71(元)

(5) 由《预算定额》定额号 4—7—19—5、6 查得:

人工:[9.7+0.6×(16.33-8.12)]×4.90=71.67(工日)

材料:

钢绞线:1.04×4.90=5.10(t)

塑料波纹管:125×4.90=612.5(m)

压浆料:0.35×4.90=1.72(t)

钢绞线圆锚(7 孔):[16.4+2.02×(16.33-8.12)]×4.90=161.62(套)

其他材料费:41.9×4.90=205.31(元)

机械:

智能张拉系统:[0.97+0.12×(16.33-8.12)]×4.90=9.58(台班)

智能压浆系统:0.04×4.90=0.20(台班)

小型机具使用费:[89+3.4×(16.33-8.12)]×4.90=572.88(元)

3.2.6 《预算定额》第五至九章的说明与应用

1. 第五章交通工程及沿线设施预算定额总说明

(1) 本章定额包括交通安全设施、监控收费系统、通信管道及通信系统、通风机消防设施、供电照明系统、电缆敷设、配管配线及铁构件制作安装等项目。

(2) 本章定额中均已包括混凝土的拌和费用。

另本章共 7 节,第一节说明 3 条,第二节说明 6 条,第三节说明 8 条,第四节说明 5 条,第五节说明 19 条,第六节说明 2 条,第七节说明 1 条。

2. 第六章绿化及环境保护工程预算定额总说明

(1) 本章定额包括绿化工程及环境保护工程。

(2) 绿化工程栽植子目中均已综合了挖树穴、底肥、1 次浇水费用。

(3) 环境保护工程隔声、吸音板材可依据设计进行调整。

另本章共 2 节,第一节说明 10 条,第二节说明 3 条。

3. 第七章临时工程预算定额总说明

(1) 本章定额包括汽车便道、临时便桥、临时码头、轨道铺设、架设输电线路、人工夯打小圆木桩等 6 个项目。

(2) 汽车便道按路基宽度为 7.0 m 和 4.5 m 分别编制,便道路面宽度按 6.0 m 和 3.5 m 分别编制,路基宽度 4.5 m 的定额中已包括错车道的设置。汽车便道项目中未包括便道使用期内养护所需的工、料、机数量。当便道使用期内需要养护,编制预算时,可根据施工期按相应定额计算。

(3) 临时汽车便桥按桥面净宽 4 m、单孔跨径 21 m 编制;钢栈桥按上、下部编制。

(4) 重力式砌石码头定额中不包括拆除的工程内容,需要时可按“桥涵工程”项目的“拆除旧建筑物”定额另行计算。

(5) 轨道铺设定额中轻轨(11 kg/m、15 kg/m)部分未考虑道碴,轨距为 75 cm,枕距为 80 cm,枕长为 1.2 m;重轨(32 kg/m)部分轨距为 1.435 m,枕距为 80 cm,枕长为 2.5 m,岔枕长为 3.35 m,并考虑了道碴铺筑。

(6) 人工夯打小圆木桩的土质划分及桩入土深度的计算方法与打桩工程相同。圆木桩的体积,根据设计桩长和梢径(小头直径),按木材材积表计算。

(7) 本章定额中便桥,输电线路的木料、电线的材料消耗均按一次使用量计列,编制预算时应按规定计算回收;其他各项定额分不同情况,按其周转次数摊入材料数量。

4. 第八章材料采集及加工预算定额总说明

(1) 本章定额包括人工种植及采集草皮,土、黏土采筛,采筛洗砂及机制砂,采砂砾、碎(砾)石土、砾石、卵石,片石、块石开采,料石、盖板石开采,机械轧碎石,采筛路面用石屑、煤渣、矿渣,人工洗碎(砾、卵)石,堆、码方,碎石破碎设备安、拆等项目。

(2) 本章定额中机制砂、机轧碎石用到的片石均按捡清片石计算。

(3) 本章定额中材料采集及加工定额已包括采、筛、洗、堆及加工等操作损耗。

5. 第九章材料运输预算定额总说明

(1) 本章定额中包括人工挑抬运输、手推车运输、机动翻斗车运输(配合人工装车)、手扶拖拉机运输(配合人工装车)、载货汽车运输(配合人工装卸)、自卸汽车运输(配合装载机装车)、人工装机动翻斗车、人工装卸汽车、装载机装汽车、其他装卸汽车、洒水车运水等项目。

(2) 汽车运输定额中已综合考虑路基不平、土路松软、泥泞、急弯、陡坡等因素增加的消耗。

(3) 载货汽车运输、自卸汽车运输和洒水汽车运水定额项目,仅适用于平均运距在 15 km 以内的运输;当运距超过第一个定额运距单位时,其运距尾数不足一个增运定额单位的半数时不计,等于或超过半数时按一个增运定额运距单位计算。当平均运距超过 15 km 时,应按市场运价计算其运输费用。

(4) 人力装卸船舶可按手推车运输相应项目定额计算。

(5) 所有材料的运输及装卸定额中,均未包括堆、码方工日。

(6) 本章定额中未列名称的材料,可按下列规定执行,其中不是以质量计量的应按单位质量进行换算。

① 与碎石运输定额相同的材料有:天然级配、石渣、风化石。

② 定额中未列的其他材料,一律按水泥运输定额计算。

【例 3-10】 列出下列预算定额:

(1) 装载机装 15 t 以内自卸汽车运土,运距 9 km。

(2) 15 t 以内自卸汽车配合装载机运路基土方,运距 9 km。

(3) 15 t 以内载重汽车运水 9 km,计量单位 100 t。

解 (1) 由《预算定额》第九章材料运输定额号 9—1—6—91、92 查得:

15 t 以内自卸汽车:0.38+0.08×(9−1)=1.02(台班)

基价:352+74×(9−1)=944(元)

(2) 由《预算定额》第一章路基工程定额号 1—1—11—9、10 查得:

15 t 以内自卸汽车：5.01＋0.58×(9－1)×2＝14.29(台班)

基价：4 643＋538×(9－1)×2＝13 251(元)

(1)与(2)所用定额的区别：(1)是材料运输(第九章)，(2)是路基土废方运输(第一章)。

(3) 查《预算定额》定额号 9—1—5—65、66，运水的定额按运输沥青、油料定额乘以 0.85 的系数。

15 t 以内载货汽车运水 100 t：[1.49＋(9－1)×0.05]×0.85＝1.61(台班)

基价：[1 364＋(9－1)×46]×0.85＝1 472.2(元)

3.2.7 《预算定额》附录

《预算定额》附录包括路面材料计算基础数据表，基本定额，材料的周转及摊销，以及定额人工、材料、设备单价表。

1. 路面材料计算基础数据表

附录一路面材料计算基础数据表的作用如下：

(1) 列出路面工程概(预)算定额中各种材料定额消耗量计算所依据的各项基础数据，即路面压实混合料干密度、各种路面材料松方干密度、单一材料结构，以及按压实系数计算时各种材料压实系数和各种沥青混凝土油石比。

(2) 据以计算定额中路面材料消耗量(主要是在抽换计算时用)。

(3) 据以计算定额中没包括的路面结构的各种路面材料的消耗数量。

2. 基本定额

(1) 基本定额的定义

基本定额是指在合理的条件下，为生产单位数量半产品、中间产品所规定的各种资源(工、料、机、费用等)消耗量标准。

(2) 基本定额的组成

① 桥涵模板工作。

② 砂浆及混凝土材料消耗，包括砂浆配合比表和混凝土配合比表。

③ 脚手架、踏步、井子架工料消耗。

④ 基本定额材料规格与质量。

(3) 基本定额的作用

① 进行定额抽换。

所谓定额抽换，就是当设计文件中所规定的工作内容、子目与定额表中某序号所列的规格(如混凝土标号)不符时，则应查用相应定额或基本定额予以替换。

由于定额是按一般合理的施工组织和正常的施工条件编制的，定额中所采用的施工方法和工程质量标准，主要依据国家标准计量而取得，因此，使用定额时不得因具体工程的施工组织、操作方法和材料消耗与定额的规定不同而变更定额。只有以下几种情况才允许对定额中某些项目进行抽换，使定额的使用更符合实际情况：

a. 就地浇筑钢筋混凝土梁用的支架及拱圈用的拱盔、支架，如确因施工安排达不到规定的周转次数时，可根据具体情况进行换算并按规定计算回收。

b. 设计采用的混凝土、砂浆标号或水泥标号与定额所列标号不同时，可按配合比表进行换算。

c. 钢筋工程中，当设计用Ⅰ、Ⅱ级钢筋比例与定额比例不同时，可进行换算。

d. 如施工中必须使用特殊机械时，可按具体情况进行换算。

② 分析分项工程或半成品所需要人工、材料、机械消耗量。如新型结构桥梁中的混凝土构件在定额中查不到，此时即可通过基本定额来计算所需人工、机械、材料数量。

【例3-11】 某浆砌块石拱圈工程，设计采用C10水泥砂浆砌筑，问编制预算时是否要进行定额抽换，如何进行抽换？

解 (1) 查《预算定额》确定定额表号为4—5—3。

(2) 以跨径20 m以内为例，确定定额号为4—5—3—6。

(3) 该定额第四章第五节说明1规定：定额中的M7.5水泥砂浆为砌筑用砂浆，M10水泥砂浆为勾缝用砂浆，所以需进行定额抽换。

(4) 抽换方法：① 由定额号4—5—3—6查得：每10 m^3的实体需M7.5砂浆2.7 m^3、M10水泥砂浆0.11 m^3、32.5级水泥0.752 t、砂3.06 m^3（其余不需抽换）。② 由1 213页基本定额知：1 m^3的M10砂浆需32.5级水泥311 kg，砂1.07 m^3。③ 抽换计算，32.5级水泥：(2.7＋0.11)×0.311＝0.87(t)，中砂：(2.7＋0.11)×1.07＝3.01(m^3)。

【例3-12】 某桥梁的台帽工程设计为C35水泥混凝土（非泵送施工），台帽钢筋设计为HPB300钢筋25 t，HRB400钢筋30 t，确定混凝土及钢筋的预算定额值。

解 (1) 查《预算定额》确定定额号为4—6—3—1、5。

(2) 该定额子目中混凝土配合比与设计配合比不同，HPB300钢筋和HRB400钢筋的比例不同，需进行定额抽换。

(3) 抽换方法：

混凝土：查《预算定额》混凝土配比表（不可作为施工配合比使用）可知，1 m^3 C35混凝土需32.5级水泥418 kg、中粗砂0.45 m^3、碎石0.82 m^3、人工12.4工日、原木0.029 m^3、锯模板0.049 t、螺栓5.91 kg、铁件3.48 kg、水12 m^3。

中粗砂：10.2×0.45＝4.59(m^3)。碎石：10.2×0.82＝8.364(m^3)，32.5级水泥：10.2×0.418＝4.264(t)。其他材料费86.20元，25 t以内汽车式起重机0.66台班，小型机具使用费11.40元。

基价：4 991＋(4.59－4.69)×87.38＋(8.364－8.47)×86.41＋(4.264－3.845)×307.69＝5 102.02(元)。

钢筋：定额中HPB300钢筋和HRB400钢筋比例为1∶5.029，设计比例为1∶1.2，需要换算。

设光圆钢筋为x，带肋钢筋为y，则

$$\frac{x}{y}=\frac{25}{30},\quad x+y=1.025$$

联立上述两式求解得：

$$x=0.466,\quad y=0.559$$

人工6.9工日，HPB300钢筋0.466 t，HRB400钢筋0.559 t，20～22号铁丝2.86 kg，电焊条2.23 kg，32 kV·A以内交流电弧焊机0.32台班，小型机具使用费18.8元。

基价：4 181＋(0.466－0.17)×3 333.33＋(0.559－0.855)×3 247.86＝4 206.30(元)

3. 材料的周转及摊销

附录三材料的周转及摊销的主要用途如下：

(1) 规定各种周转性材料的周转、摊销次数。

(2) 对达不到规定周转次数的材料进行抽换。

【例 3-13】 某跨径 16 m 的石拱桥，制备 1 孔木拱盔，满堂式，周转 2 次。确定其实际周转次数的周转性材料预算定额。

解 (1) 查《预算定额》确定定额号为 4—9—2—2。

(2)《预算定额》总说明 8 规定：就地浇筑钢筋混凝土用的支架及拱圈用的拱盔、支架，如确因施工安排达不到规定的周转次数时，可根据具体的情况换算并按规定计算回收。

(3) 具体计算可按下式进行：

$$E' = EK$$

式中 E'——实际周转次数的周转性材料定额；

E——定额规定的周转性材料定额；

K——系数，$K=n/n'$；

n——定额规定的材料周转次数；

n'——实际的材料周转次数。

计算过程见表 3-8。

表 3-8　周转性材料计算表

序号	材料规格名称	单位	定额值 E	n	n'	K	换算值 E'
1	原木	m^3	0.471	5	2	2.5	1.178
2	锯材	m^3	1.625	5	2	2.5	4.063
3	铁件	kg	41.8	5	2	2.5	104.5
4	铁钉	kg	1.1	4	2	2	2.2

① 材料定额：原木 0.471 m^3，锯材 1.625 m^3，铁件 41.8 kg，铁钉 1.1 kg。

② 由附录三查得木拱盔的周转性材料的规定周转次数是：木材 5 次，铁件 5 次，铁钉 4 次，而实际周转次数为 2 次。

③ 实际定额为：原木：0.471×5/2＝1.18(m^3)，锯材：1.625×5/2＝4.06(m^3)，铁件：41.8×5/2＝104.5(kg)，铁钉：1.1×4/2＝2.2(kg)。

4. 定额人工、材料、设备单价表

附录表中的人工、材料代号与定额表中的代号是一致的，都是采用电子计算机编制概、预算时作为对工、料名称识别的符号，不得随意变动。编制补充定额时，遇到新增材料名称，可取相近品种材料代号间的空号。定额表中各子目基价中的人工、材料单价就是根据该表中的单价计算的。

3.2.8　定额的补充

随着科学技术的发展，新结构、新工艺、新材料、新设备不断涌现。但是，定额的制定必须要有一定的周期，在新定额未颁布以前，为了合理正确地反映工程造价和经济效益，在现行使用的概、预算定额基础上，又编制有部颁补充定额、地区补充定额和个别工程项目的一次性补充定额等。所以在查用现行定额时，应注意定额表左上方的“工程内容”所包含的项目与实际工程项目是否完全一致，结构形式、施工工艺是否相同。根据施工经验、实际的工程内容及对定额了解选用相应的补充定额，做到定额使用不重、不漏，特别应注意在设计资料中工程量计算表不提供的一些工程量和设计内容。

【例 3-14】 某中桥陆上桥墩进行桩基钻孔，桩径 1.5 m，桩长 30 m，黏土地质，采用回旋钻钻孔施工工艺，同时进行桩底压浆，请确定其预算定额。

解 （1）由预算定额目录可知定额表号为 4—4—4。

（2）确定定额号为 4—4—4—42。

（3）该定额表左上角“工程内容”包括：① 安、拆岸上泥浆循环系统并造浆；② 准备钻具，装、拆、移钻架及钻机，安、拆钻杆及钻头；③ 钻进、压泥浆、浮渣、清理泥浆池沉渣；④ 清孔。

（4）根据施工过程和工艺的要求，预算定额中缺少桩底压浆的定额。

（5）应补充的定额内容说明及表号如下：

桩底压浆工程内容：① 注浆管开塞；② 配置水泥浆、注浆泵、注浆管路连接；③ 开始注浆、连续配置水泥浆和注浆、观察注浆压力表、稳压；④ 补充注浆量、注浆结束。

所需工料机：人工、42.5 级水泥、水、400 L 以内灰浆搅拌机、压浆机、32 kV · A 以内交流电弧焊机，还包括其他材料费和小型机具使用费。

定额号为《山东省公路养护工程补充定额预算定额》4—35（鲁交建管〔2019〕41 号）。

【例 3-15】 某桥梁位于沿海，跨径为 30 m 预应力混凝土箱梁，采用双梁式架桥机进行安装，根据环境要求需要对箱梁进行防腐涂装，现确定其定额。

解 （1）查《预算定额》，确定安装箱梁的定额表号为 4—7—15。

（2）确定定额号为 4—7—15—5。

（3）该定额表左上角“工程内容”包括：① 整修构件；② 构件起吊、纵移、落梁、横移就位、校正、锯吊环；③ 双导梁纵移过墩；④ 构件搭接钢板的切割、电焊；⑤ 吊脚手架的安拆、移动；⑥ 现浇接缝混凝土模板工作及混凝土的浇筑、捣固、养护。

（4）根据施工过程和工艺的要求，应补充混凝土防腐涂装定额。

（5）应补充的定额内容说明及表号如下。

混凝土防腐涂装：

工程内容：① 混凝土表面处理、修补；② 涂刷环氧封闭底漆；③ 涂刷中间漆；④ 涂刷面漆。

所需工料机：人工、中间漆、面漆、环氧封闭底漆，还包括其他材料费、小型机具使用费。

定额号为《山东省公路养护工程补充定额预算定额》4—38（鲁交建管〔2019〕41 号）。

第 4 章　公路工程概预算编制

【本章提要】 本章主要介绍人工、材料、机械台班单价的计算，人工费、材料费、机械费、建筑安装工程费以及其他有关费用的计算，概预算文件的编制步骤。

【学习要求】 通过本章学习了解概算、预算的定义，概预算文件的作用；熟悉概预算文件组成，甲组文件、乙组文件的内容；掌握人工、材料、机械台班单价，人工费、材料费、机械费、建筑安装工程费以及其他有关费用的计算，概预算文件的编制步骤。通过本章的学习，应该在掌握概预算各费用计算的基础上，能熟练完成概预算文件的编制。

【基本概念】 建筑安装工程费，定额建筑安装工程费，利润，税金，基本预备费，差价预备费，建设期贷款利息。

工程概预算是决定工程结构物设计价值的造价文件，是基本建设管理工作中的重要环节。概预算文件编制质量的好坏，对国家基本建设资金是否能正确合理地使用有重大的影响，它既是衡量完成国家计划的依据，又是正确组织施工的前提。当基本建设项目确定后，如何将大量的劳动力、材料用好、管好，做到少花钱多办事，是工程组织管理的主要内容，因此，从设计、施工直至投产，都离不开工程概预算。工程概预算是设计文件的组成部分，又是工程管理不可缺少的内容和依据。

4.1　概预算文件的作用及组成

4.1.1　概预算的作用

在第一章已全面介绍了公路工程基本建设投资测算体系，即建设项目从申请立项到竣工验收，其工程投资额的测算与控制一直贯穿于公路基本建设程序的始终，并形成了完整的投资测算体系，即估算→概算→施工图预算→标底→报价→施工预算→结算→决算。在这 8 种测算方式中，工程概预算具有特别重要的意义和作用，它在投资额测算体系中居主导地位，并是其他测算方式的计算基础。其作用归纳如下。

1. 工程概预算是编制基本建设计划，确定和控制基本建设投资额的依据

国家规定，编制年度基本建设计划，确定计划投资额及其构成数额，要以批准的初步设计概算中有关指标为依据，初步设计概算没有批准的建设工程不能列入年度基本建设计划。批准的投资数额，是控制国家投资的最高限额，在工程建设过程中一般不能突破这一限额。

2. 工程概预算是设计与施工方案优选的依据

工程概预算是确定工程价值的造价文件，它不仅反映各项工程的建设规模，并规定了工程经济活动范围，同时也综合体现出各项工程设计与施工方案的合理性（其中包括路线方案、结构形式、材料品种和施工方法等多个方面）。

首先，概预算有货币的指标体系。当建设项目的各个设计方案出来以后，可以利用总概预算造价指标、单位工程概预算造价指标、单位产品成本等指标进行经济比较，从而可以发现问题，促使设计人员进一步改进设计，从而选出最优的设计方案。因为每个方案的设计意图都会通过计算工程量和各项费用全部反映到概预算文件中来，通过这些货币指标的比较，就可以从中选出在各方面均能满足原定要求而又经济的最佳方案，从而促进设计的优化工作。

其次，基本建设概预算文件中的实物指标，如主要材料(钢材、木材、水泥、沥青等)的消耗量，人工、机械台班的消耗量，对于进行技术经济分析与考虑经济效益也有着重要的作用，尤其当需要考虑物价上涨问题时，对不同材料的上涨指数，可通过对实物指标的分析来获得，从而可预测不同设计方案的物价风险。

3. 工程概预算是实行基本建设招投标，签订工程合同，进行工程拨款、贷款和结算的依据

合同制是按照经济规律要求所确定的一种经济管理办法。工程承包合同包括工程范围、施工期限、工程质量、工程造价、材料设备供应和工程结算等内容，所以工程概预算是签订工程承包合同的重要依据之一。

初步设计概算是拨款和贷款的最高限额，对建设项目的全部拨款、贷款或单项、单位工程的拨款、贷款累计总额，不能超过初步设计概算。以批准的初步设计进行施工招标的工程，其单项或单位工程的标底应在批准的总概算范围内。

4. 工程概预算是施工企业加强经营管理，搞好经济核算的基础

公路工程施工企业为了加强经营管理，搞好经济核算，降低工程成本，增加利润，就必须以概预算为基础，制订经营计划，做好施工准备，进行“两算”(“两算”是指施工图预算和施工预算)对比，并考核经营效果和完善经济责任制。

施工企业的经营计划和施工财务计划的组成内容，以及它们的相应指标体系中的部分指标的确定，都必须以施工图预算为依据。例如，实物工程量、工作量、总产值和利润额等指标，其中的总产值应直接按工程承包的施工图预算价格计算。

拟建工程施工准备过程中，依赖于施工图预算提供有关数据的工作主要有：在施工图预算的控制下编制单位工程施工预算；以施工图预算的分部分项工程量、工料分析为依据，编制施工进度计划和劳动力、材料、成品、半成品、构件及施工机械等需要量及供应计划，并落实货源，组织运输，控制消耗；以施工图预算提供的直接费、间接费为依据，对工程施工进度的网络计划进行工期与资源、工期与成本优化等。

施工企业为搞好经济核算，常常通过施工预算与施工图预算的对比，对“施工预算”进行审核，从中发现矛盾并及时分析原因，然后予以纠正。这样既可以防止多算或漏算，有利于企业对单位工程经济收入的预测与控制，又可以使人工、材料、机械台班等资源需要量计划的编制工作准确无误，有利于工料消耗的分析与控制，确保工程施工的顺利进行。

施工企业以施工图预算为依据，实行内部的单位工程、班组和各职能部门的经济核算，从而使企业本身及其内部各部门和全体职工明确自己的经济责任，努力提高劳动生产效率，确保安全施工，大力节约工时和资源，保证每项工程都能达到工期短、质量好、成本低、利润高的目的。

5. 工程概预算是对工程进行成本分析和统计工程进度的重要指标

对基本建设计划完成情况和存在的问题，必须通过基本建设统计分析加以反映。基本建设统计是以货币指标和实物指标反映工程的人工、材料、机械台班的实际消耗，统计的有关科目应和概预算一致，才能对照工程概预算各费用项目进行成本分析。同时，通过对在建项目的概预算完成情况的统计，可以及时了解工程的进度。

必须指出，由于初步设计概算和施工图预算编制的时间、依据和要求不同，它们的作用既有共同点也有不同之处。由于它们都是国家对基本建设进行科学管理和监督的有效手段，所以在编制年度基本建设计划，确定工程造价、方案，签订工程合同，建设银行进行拨款（贷款）和竣工结算等方面有着共同的作用。其不同之处主要表现在：初步设计概算在确定的控制建设项目投资总额等方面的作用最为突出，施工图预算在最终确定和控制单项工程或单位工程的计划价格、施工企业加强经济管理等方面的作用最显著。

4.1.2　概预算的编制依据

公路工程概预算的编制是一项十分细致的工作，编制前应全面了解工程所在地的建设条件，掌握各种基础资料，正确引用规定的定额、取费标准和材料及设备价格；在编制时严格执行国家的方针、政策和有关制度，使之符合公路设计施工技术规范。编制的主要依据如下：

（1）法令性文件。指编制概预算中所必须遵循的国家、交通运输部和地方主管部门颁布的有关法令性文件或规定，如交通运输部颁发的《公路工程建设项目概算预算编制办法》以及《公路工程基本建设项目设计文件编制办法》等。

（2）设计资料。设计概算文件应根据建设项目的初步设计编制，修正概算文件应根据技术设计（或扩大初步设计）编制，施工图预算则应根据施工图设计编制。

编制人员应熟悉设计资料、工程结构特点及设计意图。设计图纸上的工程细目数量往往不能满足概预算编制的要求，还需做出必要的计算或补充，对设计文件上提出的施工方案还需补充和完善。

（3）概预算定额，概算指标，取费标准，材料、设备预算价格等资料。概算文件应根据概算定额、其他工程费标准、计划利润率、税金、材料、设备预算价格等资料进行编制。施工图预算应根据国家或主管部门编制的公路工程预算定额或其他专用定额、省（区、市）编制的补充定额、其他工程费标准、计划利润率、税金、材料、设备预算价格等资料进行编制。

（4）施工组织设计资料。从施工组织设计中可以看出，与概预算编制有关的资料包括：工程的开竣工日期、施工方案、主要工程项目的进度要求、材料开采与堆放地点，以及大型临时设施的规模、建设地点和施工方法等。

（5）当地物资、劳力、动力等资源可利用的情况。本着因地制宜、就地取材的原则，对当地情况应做深入的调查了解，经反复比较后确定最优成果。

物资：外购材料要确定外购的地点、货源、质量和分期到货等情况，自采加工材料要确定开采地点、开采方式、运输条件（道路、运输工具及各种运输工具的比重、运价、装卸费等）和堆放地点等。

劳力：当地各种技工及普工可以提供的数量、劳力分布地点、工资标准及其他要求等。

动力：当地可供利用的电力资源情况，包括提供的数量、单价以及可能出现的输电线路、变压器问题等情况。

运输：向运输部门了解当地各种运输工具可供利用的情况及运价、装卸费等有关规定。

(6) 施工单位的施工能力及潜力。编制概算时，施工单位尚未明确，可按中等施工能力考虑。编制施工图预算时，若已明确施工单位，就应根据施工单位的管理与技术水平，确定新工艺、新技术采用的可能性程度，明确施工单位可以提供的施工机具、劳力、设备以及外部协作关系。

(7) 了解当地自然条件及其变化规律。如气温、雨季、冬季、洪水季节及规律，风雪、冰冻、地质、水源等。

(8) 其他工程及沿线设施。如旧有建筑物的拆迁，与水利、电信、铁路的干扰及解决措施，清除场地、管理养护及服务的设施等。

4.1.3 概预算费用组成

根据交通运输部发布的《公路工程建设项目概算预算编制办法》(JTG 3830)的规定，公路工程概预算费用由建筑安装工程费、土地使用及拆迁补偿费、工程建设其他费、预备费及建设期贷款利息组成，如图 4-1 所示。

4.1.4 公路工程概预算项目

公路工程概预算费用的主要组成部分是建筑安装工程的概预算费用。在一定意义上讲，编制公路工程概预算，主要是编制建筑安装工程概预算，它是编制公路工程概预算的关键。建筑安装工程是由众多数量的分项工程组成的庞大复杂的综合体，直接计算出它的全部人工、材料和机械台班的消耗量及费用，是一项极为困难的工作。为了准确无误地计算和确定建筑安装工程的造价，必须对公路基本建设工程项目进行科学的分析与分解，使之有利于公路工程概预算的编审，以及公路基本建设的计划、统计和基建拨款贷款等各方面的工作，在编制概预算时项目不重不漏，保证工程造价文件的编制质量，因此，必须对概预算项目的划分、排列顺序及内容作出统一规定，这就形成了公路工程概预算项目表。

概预算项目应严格按项目表的序列及内容进行编制，如实际出现的工程和费用项目与项目表的内容不完全相符时，第一、二、三、四、五部分和“项”的序号、内容应保留不变，项目表中的“项”以下的分项在引用时应保持序号、内容不变，缺少的分项内容可随需要就近增加，并按项目表的顺序以实际出现的级别依次排列，不保留缺少的“项”以下的项目序号。

公路工程概预算项目主要包括以下内容：

第一部分　建筑安装工程费

第一项　临时工程

第二项　路基工程

第三项　路面工程

第四项　桥梁涵洞工程

第五项　隧道工程

第六项　交叉工程

第七项　交通工程及沿线设施

第八项　绿化及环境保护工程

- 概(预)算总金额
  - 建筑安装工程费
    - 直接费
      - 人工费
      - 材料费
      - 施工机械使用费
    - 设备购置费
    - 措施费
      - 冬季施工增加费
      - 雨季施工增加费
      - 夜间施工增加费
      - 特殊地区施工增加费
        - 高原地区施工增加费
        - 风沙地区施工增加费
        - 沿海地区施工增加费
      - 行车干扰施工增加费
      - 施工辅助费
      - 工地转移费
    - 企业管理费
      - 基本费用
      - 主副食运费补贴
      - 职工探亲路费
      - 职工取暖补贴
      - 财务费用
    - 规费
      - 养老保险费
      - 失业保险费
      - 医疗保险费
      - 工伤保险费
      - 住房公积金
    - 利润
    - 税金
    - 专项费用
      - 施工场地建设费
      - 安全生产费
  - 土地使用及拆迁补偿费
  - 工程建设其他费
    - 建设项目管理费
      - 建设单位(业主)管理费
      - 建设项目信息化费
      - 工程监理费
      - 设计文件审查费
      - 竣(交)工验收试验检测费
    - 研究试验费
    - 建设项目前期工作费
    - 专项评价(估)费
    - 联合试运转费
    - 生产准备费
      - 工器具购置费
      - 办公和生活用家具购置费
      - 生产人员培训费
      - 应急保通设备购置费
    - 工程保通管理费
    - 工程保险费
    - 其他相关费用
  - 预备费
    - 基本预备费
    - 价差预备费
  - 建设期贷款利息

图 4-1　概预算费用的组成

第九项　其他工程

第十项　专项费用

1. 施工场地建设费

2. 安全生产费

第二部分　土地使用及拆迁补偿费

第三部分　工程建设其他费

第四部分　预备费

第五部分　建设期贷款利息

分项编号采用部分(1 位数)、项(2 位数)、目(2 位数)、节(2 位数)、细目(2 位数)组成，以部、项、目、节、细目等依次逐层展开。例如：1010201，表示第一部分费用(1)中的第一项(01)临时工程的第二目(02)临时便桥、便涵的第一节(01)临时便桥；又如 LM010301，LM 表示第一部分费用的第三项路面工程，LM 后面的 010301 依次表示目、节及细目，即表示路面工程的沥青混凝土路面(目 01)中的路面基层(节 03)的石灰稳定类基层(细目 01)，然后按厚度进行分级和概预算分项编号，具体见《公路工程建设项目概算预算编制办法》(JTG 3830)。

4.1.5　概预算文件组成

概预算文件应由封面、扉页、目录、编制说明及全部计算表格等组成。

1. 封面和扉页

封面和扉页应按现行《公路工程基本建设项目设计文件编制办法》中的规定制作，扉页的次页和目录应按附录 A 的规定制作。

2. 编制说明

(1) 编制建设项目设计文件的依据。

(2) 编制范围、工程概况等。

(3) 采用的定额、费用标准，人工、材料与设备、施工机械台班预算单价的依据或来源，新增工艺的单价分析等。

(4) 有关的协议书、会议纪要的主要内容。

(5) 概预算总金额，人工、钢材、水泥、沥青等的总量。

(6) 各设计方案的经济比较。

(7) 项目综合经济技术指标统计，对比分析本阶段与上阶段工程数量、造价的变化情况。

(8) 其他有关费用计算项及计价依据的说明。

(9) 采用的公路工程造价软件名称及版本号。

(10) 其他需要说明的问题。

3. 概预算表格

概预算文件的主要内容和组成部分是概预算表格，它实际上是由一套规定的表格所组成，并且公路工程概预算应按统一的概预算表格计算。概预算表格是一个有机的整体，它们互相联系，共同反映出工程的费用；概预算的材料和机械台班单价及各项费用的计算都应通过表格反映。各种表格的计算顺序及相互关系如图 4-2 所示。

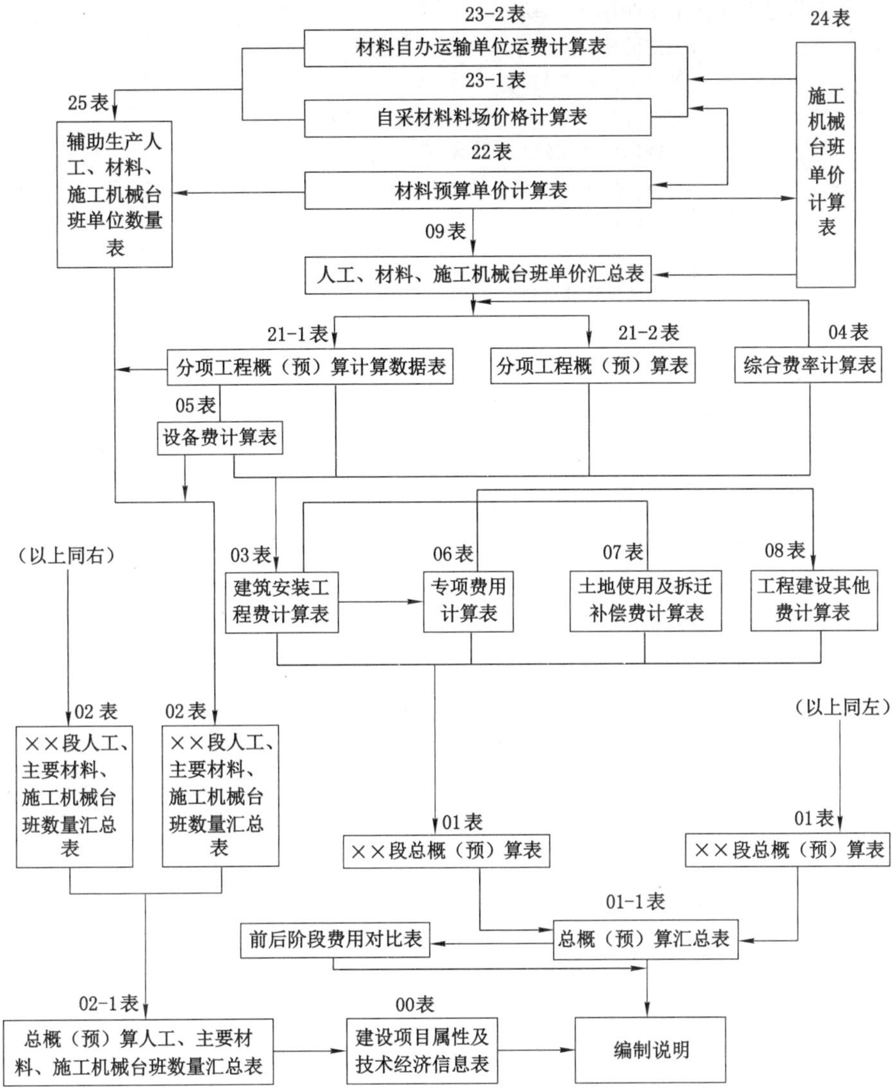

图 4-2　各种表格的计算顺序和相互关系

4. 甲组文件与乙组文件

概预算文件可按不同的需要分为甲、乙组文件，并应符合下列规定：

(1) 甲组文件为各项费用计算表，乙组文件为建筑安装工程费各项基础数据计算表。甲、乙组文件应按《公路工程基本建设项目设计文件编制办法》中关于设计文件报送份数的要求，随设计文件一并报送，并同时提交可计算的造价电子数据文件和新工艺单价分析的详细资料。

(2) 乙组文件中的“分项工程概(预)算表”可只提交电子版，或按需要提交纸质版。

概预算应按一个建设项目[如一条路线或一座独立大(中)桥、隧道等]进行编制。当一个建设项目需要分段或分部编制时，应根据需要分别编制，但必须汇总编制“总概(预)算汇总表”。

甲、乙组文件包括的内容如图 4-3 所示。

甲组文件：
- 编制说明
- 前后阶段费用对比表
- 建设项目属性及技术经济信息表(00 表)
- 总概(预)算汇总表(01-1 表)
- 总概(预)算人工、主要材料、施工机械台班数量汇总表(02-1 表)
- 总概(预)算表(01 表)
- 人工、主要材料、施工机械台班数量汇总表(02 表)
- 甲组文件建筑安装工程费计算表(03 表)
- 综合费率计算表(04 表)
- 综合费用计算表(04-1 表)
- 设备费计算表(05 表)
- 专项费用计算表(06 表)
- 土地使用及拆迁补偿费计算表(07 表)
- 工程建设其他费计算表(08 表)
- 人工、材料、施工机械台班单价汇总表(09 表)

(a) 甲组文件

乙组文件：
- 分项工程概(预)算计算数据表(21-1 表)
- 分项工程概(预)算表(21-2 表)
- 材料预算单价计算表(22 表)
- 乙组文件自采材料料场价格计算表(23-1 表)
- 材料自办运输单位运费计算表(23-2 表)
- 施工机械台班单价计算表(24 表)
- 辅助生产人工、材料、施工机械台班单位数量表(25 表)

(b) 乙组文件

图 4-3 甲、乙组文件包含的内容

4.2 建筑安装工程费用

建筑安装工程费包括直接费、设备购置费、措施费、企业管理费、规费、利润、税金和专项费用。建筑安装工程费除专项费用外,其他均按“价税分离”计价规则计算,即各项费用均以不含增值税可抵扣进项税额的价格(费率)进行计算,具体要素价格适用的增值税税率执行财税部门的相关规定。定额建筑安装工程费包括定额直接费、定额设备购置费的 40%、措施费、企业管理费、规费、利润、税金和专项费用,定额直接费又包括定额人工费、定额材料费和定额施工机械使用费。

定额人工费、定额材料费、定额施工机械使用费以及定额设备购置费均按《公路工程预算定额》(JTG/T 3832)附录四“定额人工、材料、设备单价表”及现行《公路工程机械台班费用定额》(JTG/T 3833)中规定的人工、材料、设备、机械的相应基价计算定额费用。

4.2.1 直接费

直接费指施工过程中耗费的构成工程实体和有助于工程形成的各项费用,包括人工费、材料费和施工机械使用费。

1. 人工费

人工费指列入概预算定额的直接从事建筑安装工程施工的生产工人开支的各项费用。

(1) 人工费的内容

① 基本工资。系指发放给生产工人的基本工资、流动施工津贴和生产工人劳动保护费，以及为职工缴纳的养老、失业、医疗保险费和住房公积金等。

生产工人劳动保护费系指按国家有关部门规定标准发放的劳动保护用品的购置费及修理费，徒工服装补贴，防暑降温费，在有碍身体健康环境中施工的保健费用等。

② 工资性补贴。系指按规定标准发放的物价补贴，煤、燃气补贴，交通费补贴，地区津贴等。

③ 生产工人辅助工资。系指生产工人年有效施工天数以外非作业天数的工资，包括开会和执行必要的社会义务时间的工资，职工学习、培训期间的工资，调动工作、探亲、休假期间的工资，因气候影响停工期间的工资，女工哺乳期间的工资，病假在 6 个月以内的工资及产、婚、丧假期的工资。

④ 职工福利费。系指按国家规定标准计提的职工福利费。

(2) 人工费的计算

某分项工程的人工费可根据该分项工程的工程量和相应的定额值、人工单价(元/工日)按下式计算：

$$\text{人工费} = \sum(\text{分项工程数量} \times \text{相应项目定额单位工日数} \times \text{人工工日单价}) \tag{4-1}$$

公式中各项内容的规定和计算如下：

① 分项工程数量。由设计图纸按工程量计算规则计算的定额单位工程数量。

② 相应项目定额单位工日数。指完成一定数量单位的分项工程量定额规定所需人工工日，可由定额直接查得。

③ 人工工日单价。由省级交通运输主管部门制定发布，并适时进行动态调整。人工工日单价仅作为编制概预算的依据，不作为施工企业实发工资的依据。

2. 材料费

材料费系指施工过程中耗用的构成工程实体的原材料、辅助材料、构(配)件、零件、半成品、成品的用量和周转材料的摊销量，按工程所在地的材料预算价格计算的费用。

$$\text{材料费} = \sum(\text{分项工程数量} \times \text{相应项目定额单位材料消耗量} \times \text{材料预算价格}) \tag{4-2}$$

式中，分项工程数量同前；相应项目定额单位材料消耗量由定额查得；这里关键的是材料预算价格的计算，即按工程所在地的材料价格计算的费用。

材料预算价格由材料原价、运杂费、场外运输损耗、采购及保管费组成。

$$\begin{aligned}\text{材料预算价格} = &(\text{材料原价} + \text{运杂费}) \times (1 + \text{场外运输损耗率}) \times \\ &(1 + \text{采购及保管费率}) - \text{包装品回收价值}\end{aligned} \tag{4-3}$$

(1) 材料原价

各种材料原价按以下规定计算。

外购材料：外购材料价格参照本行政区域内交通运输主管部门发布的价格和按调查的市场价格进行综合取定。

自采材料：自采的砂、石、黏土等材料，按定额中开采单价加辅助生产间接费和矿产资源税（如有）计算。

（2）运杂费

运杂费系指材料自供应地点至工地仓库（施工地点存放材料的地方）的运杂费用，包括装卸费和运费，如果发生还应计囤存费及其他杂费（如过磅、标签、支撑加固、路桥通行等费用）。

通过雇佣汽车运输的材料，按当地交通部门的规定计算运杂费。

$$运杂费=运费+装卸费+杂费 \tag{4-4}$$

$$运费=(运价率\times运距)\times单位毛重 \tag{4-5}$$

$$装卸费=装卸费率\times毛重\times装卸次数 \tag{4-6}$$

运价率：材料每吨每千米的运费。

运距：运输距离。

单位毛重：计算单位×毛重系数。

杂费：囤存费、过磅费、捆绑费等。

通过铁路、水路运输部门运输的材料，按铁路、航运部门的规定计算运杂费。

施工单位自办的运输，单程运距在 15 km 以上的长途汽车运输按当地交通部门规定的统一运价计算运费；单程运距在 5～15 km 的汽车运输按当地交通部门规定的统一运价计算运费，当工程所在地交通不便、社会运输力量缺乏时，如边远地区和某些山岭区，允许按当地交通部门规定的统一运价加 50%计算运费；单程运距在 5 km 及以内的汽车运输以及人力场外运输，按预算定额计算运费，其中人力装卸和运输另按人工费加计辅助生产间接费计算。

一种材料如有两个以上的供应点时，都应根据不同的运距、运量、运价采用加权平均的方法计算运费。

由于预算定额中汽车运输台班已考虑工地便道特点，以及定额中已计入了“工地小搬运”项目，因此平均运距中汽车运输便道里程不得乘以调整系数，也不得在工地仓库或堆料场之外再加场内运距或二次倒运的运距。

有容器或包装的材料及长大轻浮材料，应按表 4-1 规定的毛重计算。桶装沥青、汽油、柴油按每吨摊销一个旧汽油桶计算包装费（不计回收）。

表 4-1　材料毛重系数及单位毛量表

材料名称	单位	毛重系数	单位毛重
爆破材料	t	1.35	—
水泥、块状沥青	t	1.01	—
铁钉、铁件、焊条	t	1.10	—
液体沥青、液体燃料、水	t	桶装 1.17，油罐车装 1.00	—
木料	m^3	—	1.000 t
草袋	个	—	0.004 t

（3）场外运输损耗

场外运输损耗系指有些材料在正常的运输过程中发生的损耗，这部分损耗应摊入材料单价内。场外运输损耗费，以材料的原价加运杂费的合计数为基数，乘以材料场外运输操作损耗率。材料场外运输操作损耗率见表 4-2。

表 4-2　材料场外运输操作损耗率表　　单位：%

材料名称		场外运输（包括一次装卸）	每增加一次装卸
块状沥青		0.5	0.2
石屑、碎砾石、砂砾、煤渣、工业废渣、煤		1.0	0.4
砖、瓦、桶装沥青、石灰、黏土		3.0	1.0
草皮		7.0	3.0
水泥（袋装、散装）		1.0	0.4
砂	一般地区	2.5	1.0
	多风地区	5.0	2.0

注：汽车运水泥，当运距超过 500 km 时，袋装水泥损耗率增加 0.5%。

(4) 采购及保管费

材料采购及保管费是指在组织采购、保管过程中，所需的各项费用及工地仓库的材料储存损耗。

材料采购及保管费，以材料的原价加运杂费及场外运输损耗的合计数为基数，乘以采购保管费费率计算。钢材的采购及保管费费率为 0.75%，燃料、爆破材料为 3.26%，其余材料为 2.06%。商品水泥混凝土、沥青混合料和各类稳定土混合料，外购的构件、成品及半成品的预算价格计算方法与材料相同。商品水泥混凝土、沥青混合料和各类稳定土混合料不计采购及保管费，外购的构件、成品及半成品的采购及保管费费率为 0.42%。

3. 施工机械使用费

施工机械使用费是指列入概预算定额的工程机械和工程仪器仪表台班数量，按相应的施工机械台班费用定额计算的费用等。

(1) 工程机械使用费。机械台班预算价格应按现行《公路工程机械台班费用定额》(JTG/T 3833)计算。机械台班单价由不变费用和可变费用组成，不变费用包括折旧费、检修费、维护费、安拆辅助费等；可变费用包括机上人员人工费、动力燃料费、车船税。可变费用中的人工工日数及动力燃料消耗量，应以机械台班费用定额中的数值为准。台班人工费工日单价同生产工人人工费单价，动力燃料费用则按材料费的计算规定计算。

(2) 工程仪器仪表使用费。机电工程施工作业所发生的仪器仪表使用费，以施工仪器仪表台班耗用量乘以施工仪器仪表台班单价计算。工程仪器仪表台班预算价格应按现行《公路工程机械台班费用定额》(JTG/T 3833)计算。台班人工费工日单价同生产工人人工费单价，动力燃料费用则按材料费的计算规定计算。

当工程用电为自行发电时，电动机械每千瓦时电的单价可由下式计算：

$$A=0.15K/N \tag{4-7}$$

式中　A——每千瓦时电单价，元；

K——发电机组的台班单价，元；

N——发电机组的总功率，kW。

4.2.2 设备购置费

设备购置费是指为满足公路初期运营、管理需要购置的构成固定资产标准的设备和虽低于固定资产标准但属于设计明确列入设备清单的设备的费用,包括渡口设备,隧道照明、消防、通风的动力设备,公路收费、监控、通信、路网运行监测、供配电及照明设备等。设备购置费应列出计划购置的清单(包括设备的规格、型号、数量),以设备预算价计入。设备购置费包括设备原价、运杂费、运输保险费、采购及保管费,各种税费按编制期有关部门规定计算。

需要安装的设备,按建筑安装工程费的有关规定计算设备的安装工程费。

1. 国产设备原价的构成及计算

国产设备的原价一般是指设备制造厂的交货价,即出厂价或订货合同价。它一般根据生产厂或供应商的询价、报价、合同价确定,或采用一定的方法计算确定。其内容包括按专业标准规定的在运输过程中不受损失的一般包装费,及按产品设计规定配带的工具、附件和易损件的费用。即:

设备原价=出厂价(或供货地点价)+包装费+手续费 (4-8)

2. 进口设备原价的构成及计算

进口设备的原价是指进口设备的抵岸价,即抵达买方边境港口或边境车站,且交完关税为止形成的价格。即:

进口设备原价=货价+国际运费+运输保险费+银行财务费+外贸手续费+关税+增值税+消费税+商检费+检疫费+车辆购置附加费 (4-9)

(1) 货价:一般指装运港船上交货价(free on board,简称 FOB,习惯称离岸价)。设备货价分为原币货价和人民币货价,原币货价一律折算为美元表示,人民币货价按原币货价乘以外汇市场美元兑换人民币的中间价确定。进口设备货价按有关生产厂商询价、报价、订货合同价计算。

(2) 国际运费:即从装运港(站)到达我国抵达港(站)的运费。即:

国际运费=原币货价(FOB 价)×运费费率 (4-10)

我国进口设备大多采用海洋运输,小部分采用铁路运输,个别采用航空运输。运费费率参照有关部门或进出口公司的规定执行,海运费费率一般为 6%。

(3) 运输保险费:对外贸易货物运输保险是由保险人(保险公司)与被保险人(出口人或进口人)订立保险契约,在被保险人交付议定的保险费后,保险人根据保险契约的规定对货物在运输过程中发生的承保责任范围内的损失给予经济上的补偿。这是一种财产保险,其计算公式为:

运输保险费=[原币货价(FOB 价)+国际运费]÷(1-保险费费率)×保险费费率 (4-11)

保险费费率按保险公司规定的进口货物保险费费率计算,一般为 0.35%。

(4) 银行财务费:一般指中国银行手续费。其可按下式简化计算:

银行财务费=人民币货价(FOB 价)×银行财务费费率 (4-12)

银行财务费费率一般为 0.4%~0.5%

(5) 外贸手续费:指按规定计取的外贸手续费,计算公式为:

外贸手续费=[人民币货价(FOB 价)+国际运费+运输保险费]×外贸手续费费率 (4-13)

外贸手续费费率一般为 1%～1.5%。

(6) 关税：指海关对进出国境或关境的货物和物品征收的一种税。其计算公式为：

$$关税=[人民币货价(FOB价)+国际运费+运输保险费]×进口关税税率 \tag{4-14}$$

进口关税税率按我国海关总署发布的进口关税税率计算。

(7) 增值税：是指对从事进口贸易的单位和个人，在进口商品报关进口后征收的税种。按《中华人民共和国增值税暂行条例》的规定，进口应税产品均按组成计税价格和增值税税率直接计算应纳税额。即：

$$增值税=[人民币货价(FOB价)+国际运费+运输保险费+关税+消费税]×增值税税率 \tag{4-15}$$

增值税税率根据规定的税率计算。

(8) 消费税：对部分进口设备(如轿车、摩托车等)征收。其计算公式为：

$$应纳消费税额=[人民币货价(FOB价)+国际运费+运输保险费+关税]÷(1-消费税税率)×消费税税率 \tag{4-16}$$

消费税税率根据规定的税率计算。

(9) 商检费：指进口设备按规定付给商品检查部门的进口设备检验鉴定费。其计算公式为：

$$商检费=[人民币货价(FOB价)+国际运费+运输保险费]×商检费费率 \tag{4-17}$$

商检费费率一般为 0.8%。

(10) 检疫费：指进口设备按规定付给商品检疫部门的进口设备检验鉴定费。其计算公式为：

$$检疫费=[人民币货价(FOB价)+国际运费+运输保险费]×检疫费费率 \tag{4-18}$$

检疫费费率一般为 0.17%。

(11) 车辆购置附加费：指进口车辆需缴纳的进口车辆购置附加费，计算公式为：

$$进口车辆购置附加费=[人民币货价(FOB价)+国际运费+运输保险费+关税+消费税+增值税]×进口车辆购置附加费费率 \tag{4-19}$$

在计算进口设备原价时，应注意工程项目的性质，考虑有无按国家有关规定减免进口环节税的可能。

3. 设备运杂费的构成及计算

国产设备运杂费指由设备制造厂交货地点起至工地仓库(或施工组织设计指定的需要安装设备的堆放地点)止所发生的运费和装卸费，进口设备运杂费指由我国到岸港口或边境车站起至工地仓库(或施工组织设计指定的需要安装设备的堆放地点)止所发生的运费和装卸费。其计算公式为：

$$运杂费=设备原价×运杂费费率 \tag{4-20}$$

设备运杂费费率见表 4-3。

表 4-3　设备运杂费费率表

运输里程/km	100以内	101～200	201～300	301～400	401～500	501～750	751～1 000	1 001～1 250	1 251～1 500	1 501～1 750	1 751～2 000	2 000 以上每增 250
费率/%	0.8	0.9	1.0	1.1	1.2	1.5	1.7	2.0	2.2	2.4	2.6	0.2

4. 设备运输保险费的构成及计算

设备运输保险费指国内运输保险费。其计算公式为:

运输保险费=设备原价×保险费费率 (4-21)

设备运输保险费费率一般为1%。

5. 设备采购及保管费的构成及计算

设备采购及保管费指采购、验收、保管和收发设备所发生的各种费用,包括设备采购人员、保管人员和管理人员的工资、工资附加费、办公费、差旅交通费,设备供应部门办公和仓库所占固定资产使用费、工具用具使用费、劳动保护费、检验试验费等。其计算公式为:

采购及保管费=设备原价×采购及保管费费率 (4-22)

需要安装的设备的采购及保管费费率为2.4%,不需要安装的设备的采购及保管费费率为1.2%。

4.2.3 措施费

措施费包括冬季施工增加费、雨季施工增加费、夜间施工增加费、特殊地区施工增加费、行车干扰施工增加费、施工辅助费和工地转移费。

购买的路基填料、绿化苗木、商品水泥混凝土、商品沥青混合料和各类稳定土混合料、外购混凝土构件不作为措施费及企业管理费的计算基数。

措施费的取费费率需按工程类别来取,工程类别划分如下。

① 土方:指人工及机械施工的土方工程、路基掺灰、路基换填及台背回填。

② 石方:指人工及机械施工的石方工程。

③ 运输:指用汽车、拖拉机、机动翻斗车、船舶等运送土石方、路面基层和面层混合料、水泥混凝土和预制构件及绿化苗木等。

④ 路面:指路面所有结构层工程、路面附属工程、便道以及特殊路基处理(不含特殊路基处理中的圬工构造物)。

⑤ 隧道:指隧道土建工程(不含隧道的钢材及钢结构)。

⑥ 构造物Ⅰ:指砍树挖根、拆除工程、排水、防护、特殊路基处理中的圬工构造物、涵洞、交通安全设施、拌和站(楼)安拆工程、便桥、便涵、临时电力和电信设施、临时轨道、临时码头、绿化工程等工程。

⑦ 构造物Ⅱ:指小桥、中桥、大桥、特大桥工程。

⑧ 构造物Ⅲ:指商品水泥混凝土的浇筑、商品沥青混合料和各类商品稳定土混合料的铺筑、外购混凝土构件、设备安装工程等。

⑨ 技术复杂大桥:指钢管拱桥、斜拉桥、悬索桥、单孔跨径在120 m以上(含120 m)和基础水深在10 m以上(含10 m)的大桥主桥部分的基础、下部和上部工程(不含桥梁的钢材及钢结构)。

⑩ 钢材及钢结构:指所有工程的钢材及钢结构等工程。

1. 冬季施工增加费

冬季施工增加费系指按照公路施工及验收规范所规定的冬季施工要求,为保证工程质量和安全生产所需采取的防寒保温设施、工效降低和机械作业率降低以及技术操作过程的改变等所增加的有关费用。

冬季施工增加费的内容包括：

① 因冬季施工所需增加的一切人工、机械与材料的支出。

② 施工机具所需修建的暖棚(包括拆、移)，增加油脂及其他保温设备费用。

③ 因施工组织设计确定，需增加的一切保温、加温及照明等有关支出。

④ 与冬季施工有关的其他各项费用，如清除工作地点的冰雪等费用。

冬季气温区的划分是根据气象部门提供的满 15 年以上的气温资料确定的。每年秋冬第一次连续 5 天出现室外日平均温度在 5 ℃以下、日最低温度在－3 ℃以下的第一天算起，至第二年春夏最后一次连续 5 天出现同样温度的最末一天为冬季期。冬季期内平均气温在－1 ℃以上为冬一区，－4～－1 ℃为冬二区，－7～－4 ℃为冬三区，－10～－7 ℃为冬四区，－14～－10 ℃为冬五区，－14 ℃以下为冬六区。冬一区内平均气温低于 0 ℃的连续天数在 70 天以内的为Ⅰ副区，70 天以上的为Ⅱ副区；冬二区内平均气温低于 0 ℃的连续天数在 100 天以内的为Ⅰ副区，100 天以上的为Ⅱ副区。

气温高于冬一区，但砖石、混凝土工程施工须采取一定措施的地区为准冬季区，准冬季区分两个副区，简称准一区和准二区。凡一年内日最低气温在 0 ℃以下的天数多于 20 天的，日平均气温在 0 ℃以下的天数少于 15 天的为准一区，多于 15 天的为准二区。

若当地气温资料与规定的冬季气温区划分有较大出入时，可按当地气温资料及相关标准确定工程所在地的冬季气温区。

冬季施工增加费的计算方法，是根据各类工程的特点，规定各气温区的取费标准。为了简化计算手续，采用全年平均摊销的方法，即不论是否在冬季施工，均按规定的取费标准计取冬季施工增加费。一条路线穿过两个以上的气温区时，可分段计算或按各区的工程量比例求得全线的平均增加率，计算冬季施工增加费。

冬季施工增加费以各类工程的定额人工费和定额施工机械使用费之和为基数，按工程所在地的气温区选用表 4-4 的费率计算。

表 4-4　冬季施工增加费费率表

单位：%

工程类别	冬季期平均温度/℃									
	－1 以上		－4～－1		－7～－4	－10～－7	－14～－10	－14 以下	准一区	准二区
	冬一区		冬二区		冬三区	冬四区	冬五区	冬六区		
	Ⅰ	Ⅱ	Ⅰ	Ⅱ						
人工土方	0.28	0.44	0.59	0.76	1.44	2.05	3.07	4.61	—	—
机械土方	0.43	0.67	0.93	1.17	2.21	3.14	4.71	7.07	—	—
汽车运输	0.08	0.12	0.17	0.21	0.40	0.56	0.84	1.27	—	—
人工石方	0.06	0.10	0.13	0.15	0.30	0.44	0.65	0.98	—	—
机械石方	0.08	0.13	0.18	0.21	0.42	0.61	0.91	1.37	—	—
高级路面	0.37	0.52	0.72	0.81	1.48	2.00	3.00	4.50	0.06	0.16
其他路面	0.11	0.20	0.29	0.37	0.62	0.80	1.20	1.80	—	—
构造物Ⅰ	0.34	0.49	0.66	0.75	1.36	1.84	2.76	4.14	0.06	0.15
构造物Ⅱ	0.42	0.60	0.81	0.92	1.67	2.27	3.40	5.10	0.08	0.19

表 4-4(续)

工程类别	冬季期平均温度/℃									
	-1 以上		-4～-1		-7～-4	-10～-7	-14～-10	-14 以下	准一区	准二区
	冬一区		冬二区		冬三区	冬四区	冬五区	冬六区		
	Ⅰ	Ⅱ	Ⅰ	Ⅱ						
构造物Ⅲ	0.83	1.18	1.60	1.81	3.29	4.46	6.69	10.03	0.15	0.37
技术复杂大桥	0.48	0.68	0.93	1.05	1.91	2.58	3.87	5.81	0.08	0.21
隧道	0.10	0.19	0.27	0.35	0.58	0.75	1.12	1.69	—	—
钢材及钢结构	0.02	0.05	0.07	0.09	0.15	0.19	0.29	0.43	—	—

注：绿化工程不计冬季施工增加费。

2. 雨季施工增加费

雨季施工增加费系指雨季期间施工为保证工程质量和安全生产所需采取的防雨、排水、防潮和防护措施，工效降低和机械作业率降低以及技术作业过程的改变等，所需增加的有关费用。

雨季施工增加费的内容包括：

(1) 因雨季施工所需增加的工、料、机费用的支出，包括工作效率的降低及易被雨水冲毁的工程所增加的工作内容等(如基坑坍塌、排水沟等堵塞的清理，以及路基边坡冲沟的填补等)。

(2) 路基土方工程的开挖和运输，因雨季施工(非土壤中水影响)而影响的黏附工具、降低工效所增加的费用。

(3) 因防止雨水必须采取的防护措施的费用，如挖临时排水沟、防止基坑坍塌所需的支撑和挡板等的费用。

(4) 材料因受潮、受湿的耗损费用。

(5) 增加防雨、防潮设备的费用。

(6) 其他有关雨季施工所需增加的费用，如因河水高涨致使工作困难而增加的费用等。

雨量区和雨季期的划分，是根据气象部门提供的满 15 年以上的降雨资料确定的。凡月平均降雨天数在 10 天以上，月平均日降雨量在 3.5～5 mm 之间者为Ⅰ区，月平均日降雨量在 5 mm 以上者为Ⅱ区。若当地气象资料与规定的雨量区及雨季期出入较大时，可按当地气象资料及相关标准确定工程所在地的雨量区及雨季期。

雨季施工增加费的计算方法，是将全国划分为若干雨量区和雨季期，并根据各类工程的特点规定各雨量区和雨季期的取费标准，采用全年平均摊销的方法，即不论是否在雨季施工，均按规定的取费标准计取雨季施工增加费。

一条路线通过不同的雨量区和雨季期时，应分别计算雨季施工增加费或按工程量比例求得平均的增加率，计算全线雨季施工增加费。

雨季施工增加费以各类工程的定额人工费和定额施工机械使用费之和为基数，按工程所在地的雨量区、雨季期选用表 4-5 的费率计算。

表 4-5　雨季施工增加费费率表　　单位：%

工程类别	雨季期/月																			
	1	1.5	2		2.5		3		3.5		4		4.5		5		6		7	8
	雨量区																			
	Ⅰ	Ⅰ	Ⅰ	Ⅱ	Ⅰ	Ⅱ	Ⅰ	Ⅱ	Ⅰ	Ⅱ	Ⅰ	Ⅱ	Ⅰ	Ⅱ	Ⅰ	Ⅱ	Ⅰ	Ⅱ	Ⅱ	Ⅱ
土方	0.140	0.175	0.245	0.385	0.315	0.455	0.385	0.525	0.455	0.595	0.525	0.700	0.595	0.805	0.665	0.939	0.764	1.114	1.289	1.499
石方	0.105	0.140	0.212	0.349	0.280	0.420	0.349	0.491	0.418	0.563	0.487	0.667	0.555	0.772	0.626	0.876	0.701	1.018	1.194	1.373
运输	0.142	0.178	0.249	0.391	0.320	0.462	0.391	0.568	0.462	0.675	0.533	0.781	0.604	0.888	0.675	0.959	0.781	1.136	1.314	1.527
路面	0.115	0.153	0.230	0.366	0.306	0.480	0.366	0.557	0.425	0.634	0.501	0.710	0.578	0.825	0.654	0.940	0.749	1.093	1.267	1.459
隧道	—	—	—	—	—	—	—	—	—	—	—	—	—	—	—	—	—	—	—	—
构造物Ⅰ	0.098	0.131	0.164	0.262	0.196	0.295	0.229	0.360	0.262	0.426	0.327	0.491	0.393	0.557	0.458	0.622	0.524	0.753	0.884	1.015
构造物Ⅱ	0.106	0.141	0.177	0.282	0.247	0.353	0.282	0.424	0.318	0.494	0.388	0.565	0.459	0.636	0.530	0.742	0.600	0.883	1.059	1.201
构造物Ⅲ	0.200	0.266	0.366	0.565	0.466	0.699	0.565	0.832	0.665	0.998	0.765	1.164	0.898	1.331	1.031	1.497	1.164	1.730	1.996	2.295
技术复杂大桥	0.109	0.181	0.254	0.363	0.290	0.435	0.363	0.508	0.435	0.580	0.508	0.689	0.580	0.798	0.653	0.907	0.725	1.052	1.233	1.414
钢材及钢结构	—	—	—	—	—	—	—	—	—	—	—	—	—	—	—	—	—	—	—	—

注：室内和隧道内工程及设备安装工程不计雨季施工增加费。

3. 夜间施工增加费

夜间施工增加费指根据设计、施工技术规范和合理的施工组织要求，必须在夜间施工或必须昼夜连续施工而发生的夜班补助费、夜间施工降效、施工照明设备摊销及照明用电等费用。夜间施工增加费以夜间施工工程项目的定额人工费与定额施工机械使用费之和为基数，按表 4-6 的费率计算。

表 4-6　夜间施工增加费费率表　　单位：%

工程类别	费率	工程类别	费率
构造物Ⅱ	0.903	构造物Ⅲ	1.702
技术复杂大桥	0.928	钢材及钢结构	0.874

注：设备安装工程及金属标志牌、防撞钢护栏、防眩板(网)、隔离栅、防护网等不计夜间施工增加费。

4. 特殊地区施工增加费

特殊地区施工增加费包括高原地区施工增加费、风沙地区施工增加费和沿海地区施工增加费三项。

(1) 高原地区施工增加费指在海拔高度 2 000 m 以上地区施工，由于受气候、气压的影响，致使人工、机械效率降低而增加的费用。

一条路线通过两个以上(含两个)不同的海拔高度分区时，应分别计算高原地区施工增加费或按工程量比例求得平均的增加率，计算全线高原地区施工增加费。

高原地区施工增加费以各类工程的定额人工费与定额施工机械使用费之和为基数，按表 4-7 的费率计算。

表 4-7 高原地区施工增加费费率表 单位:%

工程类别	海拔高度/m						
	2 001~2 500	2 501~3 000	3 001~3 500	3 501~4 000	4 001~4 500	4 501~5 000	5 000 以上
土方	13.295	19.709	27.455	38.875	53.102	70.162	91.853
石方	13.711	20.358	29.025	41.435	56.875	75.358	100.223
运输	13.288	19.666	26.575	37.205	50.493	66.438	85.040
路面	14.572	21.618	30.689	45.032	59.615	79.500	102.640
隧道	13.364	19.850	28.490	40.767	56.037	74.302	99.259
构造物Ⅰ	12.799	19.051	27.989	40.356	55.723	74.098	95.521
构造物Ⅱ	13.622	20.244	29.082	41.617	57.214	75.874	101.408
构造物Ⅲ	12.786	18.985	27.054	38.616	53.004	70.217	93.371
技术复杂大桥	13.912	20.645	29.257	41.670	57.134	75.640	100.205
钢材及钢结构	13.204	19.622	28.269	40.492	55.699	73.891	98.930

(2) 风沙地区施工增加费指在沙漠地区施工时,由于受风沙影响,按照施工及验收规范的要求,为保证工程质量和安全生产而增加的有关费用。其内容包括防风、防沙及气候影响的措施费,人工、机械效率降低增加的费用,以及积沙、风蚀的清理修复费用等。

风沙地区的划分,根据《公路自然区划标准》(JTJ 003)和《沙漠地区公路建设成套技术研究》的公路自然区划和沙漠公路区划,结合风沙地区的气候状况分为三区九类:半干旱、半湿润沙地为风沙一区,干旱、极干旱寒冷沙漠地区为风沙二区,极干旱炎热沙漠地区为风沙三区;根据覆盖度(沙漠中植被、戈壁等覆盖程度)又将每区分为固定沙漠(覆盖度>50%)、半固定沙漠(覆盖度 10%~50%)和流动沙漠(覆盖度<10%)三类,覆盖度由工程勘探设计人员在公路工程勘察设计时确定。

若当地气象资料及自然特征与规定的风沙地区划分有较大的出入时,由项目所在省、自治区、直辖市公路(交通)工程造价(定额)管理站按当地气象资料和自然特征及相关划分标准确定工程所在地的风沙区划,并抄送交通运输部公路司备案。

一条路线穿过两个以上(含两个)不同风沙区,按路线长度经过不同的风沙区加权计算项目全线风沙地区施工增加费。

风沙地区施工增加费以各类工程的定额人工费和定额施工机械使用费之和为基数,根据工程所在地的风沙区划及类别,按表 4-8 的费率计算。

表 4-8 风沙地区施工增加费费率表 单位:%

工程类别	风沙一区			风沙二区			风沙三区		
	沙漠类型								
	固定	半固定	流动	固定	半固定	流动	固定	半固定	流动
土方	4.558	8.056	13.674	5.618	12.614	23.426	8.056	17.331	27.507
石方	0.745	1.490	2.981	1.014	2.236	3.959	1.490	3.726	5.216
运输	4.304	8.608	13.988	5.38	12.912	19.368	8.608	18.292	27.976

表 4-8(续)

工程类别	风沙一区			风沙二区			风沙三区		
	沙漠类型								
	固定	半固定	流动	固定	半固定	流动	固定	半固定	流动
路面	1.364	2.727	4.932	2.205	4.932	7.567	3.365	7.137	11.025
隧道	0.261	0.522	1.043	0.355	0.783	1.386	0.522	1.304	1.826
构造物Ⅰ	3.968	6.944	11.904	4.960	10.912	16.864	6.944	15.872	23.808
构造物Ⅱ	3.254	5.694	9.761	4.067	8.948	13.828	5.694	13.015	19.523
构造物Ⅲ	2.976	5.208	8.928	3.720	8.184	12.648	5.208	11.904	17.226
技术复杂大桥	2.778	4.861	8.333	3.472	7.638	11.805	8.861	11.110	16.077
钢材及钢结构	1.035	2.070	4.140	1.409	3.105	5.498	2.070	5.175	7.245

(3) 沿海地区施工增加费指工程项目在沿海地区施工受海风、海浪和潮汐的影响，致使人工、机械效率降低等所需增加的费用。本项费用，由沿海各省级交通运输主管部门制定具体的适用范围(地区)。沿海地区施工增加费以各类工程的定额人工费和定额施工机械使用费之和为基数，按表 4-9 的费率计算。

表 4-9　沿海地区施工增加费费率表　　单位：%

工程类别	费率	工程类别	费率
构造物Ⅱ	0.207	构造物Ⅲ	0.195
技术复杂大桥	0.212	钢材及钢结构	0.200

注：1. 表中的构造物Ⅲ系指桥梁工程所用的商品水泥混凝土浇筑及混凝土构件、钢构件的安装。
2. 表中的钢材及钢结构系桥梁工程所用的钢材及钢结构。

5. 行车干扰施工增加费

行车干扰施工增加费指由于边施工边维持通车，受行车干扰的影响，致使人工、机械效率降低而增加的行车干扰施工增加费费用。该费用以受行车影响部分的工程项目的定额人工费和定额施工机械使用费之和为基数，按表 4-10 的费率计算。

表 4-10　行车干扰施工增加费费率表　　单位：%

工程类别	施工期间平均每昼夜双向行车次数(机动车、非机动车合计)							
	51～100	101～500	501～1 000	1 001～2 000	2 001～3 000	3 001～4 000	4 001～5 000	5 000 以上
土方	1.499	2.343	3.194	4.118	4.775	5.314	5.885	6.468
石方	1.279	1.881	2.618	3.479	4.035	4.492	4.973	5.462
运输	1.451	2.230	3.041	4.001	4.641	5.164	5.719	6.285
路面	1.390	2.098	2.802	3.487	4.046	4.496	4.987	5.475
隧道	—	—	—	—	—	—	—	—
构造物Ⅰ	0.924	1.386	1.858	2.320	2.693	2.988	3.313	3.647
构造物Ⅱ	1.007	1.516	2.014	2.512	2.915	3.244	3.593	3.943

表 4-10(续)

工程类别	施工期间平均每昼夜双向行车次数(机动车、非机动车合计)							
	51～100	101～500	501～1 000	1 001～2 000	2 001～3 000	3 001～4 000	4 001～5 000	5 000 以上
构造物Ⅲ	0.948	1.417	1.896	2.365	2.745	3.044	3.373	3.713
技术复杂大桥	—	—	—	—	—	—	—	—
钢材及钢结构	—	—	—	—	—	—	—	—

注:新建工程、中断交通进行封闭施工或为保证交通正常通行而修建保通便道的改(扩)建工程,不计行车干扰施工增加费。

6. 施工辅助费

施工辅助费包括生产工具用具使用费、检验试验费及工程定位复测、工程点交、场地清理等费用。生产工具用具使用费是指施工所需不属于固定资产的生产工具、检验用具、试验用具及仪器、仪表等的购置、摊销和维修费,以及支付给工人自备工具的补贴费。检验试验费是指对建筑材料、构件和建筑安装工程进行一般鉴定、检查所发生的费用,包括自设试验室进行试验所耗用的材料和化学药品的费用,以及技术革新和研究试验费,但不包括新结构、新材料的试验费和建设单位要求对具有出厂合格证明的材料进行检验、对构件破坏性试验及其他特殊要求检验的费用。

高填方和软基沉降监测、高边坡稳定监测、桥梁施工监测、隧道施工监控量测和超前地质预报等施工监控费含在施工辅助费中,不得另行计算。

施工辅助费以各类工程的定额直接费为基数,按表 4-11 的费率计算。

表 4-11　施工辅助费费率表

单位:%

工程类别	费率	工程类别	费率
土方	0.521	构造物Ⅰ	1.201
石方	0.470	构造物Ⅱ	1.537
运输	0.154	构造物Ⅲ	2.729
路面	0.818	技术复杂大桥	1.677
隧道	1.195	钢材及钢结构	0.564

7. 工地转移费

工地转移费是指施工企业迁至新工地的搬迁费用。工地转移费包括以下内容:

(1) 施工单位职工及随职工迁移的家属向新工地转移的车费、家具行李运费、途中住宿费、行程补助费和杂费等。

(2) 公物、工具、施工设备器材、施工机械的运杂费,外租机械的往返费,以及施工机械、设备、公物、工具的转移费等。

(3) 非固定工人进退场的费用。

工地转移费以各类工程的定额人工费和定额施工机械使用费之和为基数,按表 4-12 的费率计算。

表 4-12　工地转移费费率表　　单位:%

工程类别	工地转移距离/km					
	50	100	300	500	1 000	每增加 100
土方	0.224	0.301	0.470	0.614	0.815	0.036
石方	0.176	0.212	0.363	0.476	0.628	0.030
运输	0.157	0.203	0.315	0.416	0.543	0.025
路面	0.321	0.435	0.682	0.891	1.191	0.062
隧道	0.257	0.351	0.549	0.717	0.959	0.049
构造物Ⅰ	0.262	0.351	0.552	0.720	0.963	0.051
构造物Ⅱ	0.333	0.449	0.706	0.923	1.236	0.066
构造物Ⅲ	0.622	0.841	1.316	1.720	2.304	0.119
技术复杂大桥	0.389	0.523	0.818	1.067	1.430	0.073
钢材及钢结构	0.351	0.473	0.737	0.961	1.288	0.063

高速公路、一级公路及独立大桥、独立隧道项目转移距离按省会城市至工地的里程计算,二级及二级以下公路项目转移距离按地级城市所在地至工地的里程计算。

工地转移里程数在表列里程之间时,费率可内插计算。工地转移距离在 50 km 以内的工程按 50 km 计算。

8. 辅助生产间接费

辅助生产间接费指由施工单位自行开采加工的砂、石等自采材料及施工单位自办的人工、机械装卸和运输的间接费。

辅助生产间接费按定额人工费的 3%计算。该项费用并入材料预算单价内构成材料费,不直接出现在概(预)算中。

高原地区施工单位的辅助生产,可按高原地区施工增加费费率,以定额人工费与施工机械费之和为基数计算高原地区施工增加费(其中:人工采集、加工材料,人工装卸、运输材料按土方费率计算;机械采集、加工材料按石方费率计算,机械装卸、运输材料按运输费率计算)。辅助生产高原地区施工增加费不作为辅助生产间接费的计算基数。

4.2.4　企业管理费

企业管理费由基本费用、主副食运费补贴、职工探亲路费、职工取暖补贴和财务费用五项组成。

1. 基本费用

基本费用指建筑安装企业组织施工生产和经营管理所需的费用。基本费用包括以下内容。

(1) 管理人员工资:管理人员的基本工资、绩效工资、津贴补贴及特殊情况下支付的工资,以及缴纳的养老、医疗、失业、工伤保险费和住房公积金等费用。

(2) 办公费:企业管理办公用的文具、纸张、账表、印刷、通信、网络、书报、办公软件、会议、水电、烧水和集体取暖降温(包括现场临时宿舍取暖降温)用煤(电、气)等费用。

(3) 差旅交通费:职工因公出差、调动工作的差旅费、住勤补助费,市内交通费和误餐补助费,劳动力招募费,职工退休、退职一次性路费,工伤人员就医路费,以及管理部门使用的交通工具的油料、燃料等费用。

(4) 固定资产使用费:管理部门及附属生产单位使用的属于固定资产的房屋、设备等的折旧、大修、维修或租赁费。

(5) 工具用具使用费:企业管理使用的不属于固定资产的工具、器具、家具、交通工具和检验、试验、测绘、消防用具等的购置、维修和摊销费。

(6) 劳动保险费:企业支付的离退休职工的异地安家补助费、职工退职金、6 个月以上的病假人员工资、职工死亡丧葬补助费、抚恤费、按规定支付给离休干部的各项经费。

(7) 职工福利费:按国家规定标准计提的职工福利费。

(8) 劳动保护费:企业按国家有关部门规定标准发放的劳动保护用品的购置费及修理费、防暑降温费、在有碍身体健康环境中施工的保健费用等。

(9) 工会经费:指企业根据《中华人民共和国工会法》的规定按全部职工工资总额比例计提的工会经费。

(10) 职工教育经费:按职工工资总额的规定比例计提,企业为职工进行专业技术和职业技能培训,专业技术人员继续教育、职工职业技能鉴定、职业资格认定以及根据需要对职工进行各类文化教育所发生的费用,不含职工安全教育、培训费用。

(11) 保险费:企业财产保险、管理用及生产用车辆等的保险及人身意外伤害险的费用。

(12) 工程排污费:施工现场按规定缴纳的排污费用。

(13) 税金:企业按规定缴纳的城市维护建设税、教育费附加、地方教育附加、房产税、车船使用税、土地使用税和印花税等。

(14) 其他:上述项目以外的其他必要的费用支出,包括技术转让费、技术开发费、竣(交)工文件编制费、招投标费、业务招待费、绿化费、广告费、公证费、定额测定费、法律顾问费、审计费、咨询费,以及施工标准化、规范化、精细化管理等费用。

基本费用以各类工程的定额直接费为基数,按表 4-13 的费率来计算。

表 4-13 基本费用费率表

单位:%

工程类别	费率	工程类别	费率
土方	2.747	构造物Ⅰ	3.587
石方	2.792	构造物Ⅱ	4.726
运输	1.374	构造物Ⅲ	5.976
路面	2.427	技术复杂大桥	4.143
隧道	3.569	钢材及钢结构	2.242

2. 主副食运费补贴

主副食运费补贴指施工企业在远离城镇及乡村的野外施工购买生活必需品所需增加的费用。该费用以各类工程的定额直接费为基数,按表 4-14 的费率计算。

表 4-14　主副食运费补贴费率表　　单位：%

工程类别	综合里程/km										
	3	5	8	10	15	20	25	30	40	50	每增加 10
土方	0.122	0.131	0.164	0.191	0.235	0.284	0.322	0.377	0.444	0.519	0.070
石方	0.108	0.117	0.149	0.175	0.218	0.261	0.293	0.346	0.405	0.473	0.063
运输	0.118	0.130	0.166	0.192	0.233	0.285	0.322	0.379	0.447	0.519	0.073
路面	0.066	0.088	0.119	0.130	0.165	0.194	0.224	0.259	0.308	0.356	0.051
隧道	0.096	0.104	0.130	0.152	0.185	0.229	0.260	0.304	0.359	0.418	0.054
构造物 Ⅰ	0.114	0.120	0.145	0.167	0.207	0.254	0.285	0.338	0.394	0.463	0.062
构造物 Ⅱ	0.126	0.140	0.168	0.196	0.242	0.292	0.338	0.394	0.467	0.540	0.073
构造物 Ⅲ	0.225	0.248	0.303	0.352	0.435	0.528	0.599	0.705	0.831	0.969	0.132
技术复杂大桥	0.101	0.115	0.143	0.165	0.205	0.245	0.280	0.325	0.389	0.452	0.063
钢材及钢结构	0.104	0.113	0.146	0.168	0.207	0.247	0.281	0.331	0.387	0.449	0.062

注：综合里程＝粮食运距×0.06＋燃料运距×0.09＋蔬菜运距×0.15＋水运距×0.70，粮食、燃料、蔬菜、水的运距均为全线平均运距；如综合里程数在表列里程之间时，费率可内插，综合里程在 3 km 以内的工程，按 3 km 计取本项费用。

3. 职工探亲路费

职工探亲路费指按照有关规定发放给施工企业职工在探亲期间发生的往返交通费和途中住宿费等费用。该费用以各类工程的定额直接费为基数，按表 4-15 的费率计算。

表 4-15　职工探亲路费费率表　　单位：%

工程类别	费率	工程类别	费率
土方	0.192	构造物 Ⅰ	0.274
石方	0.204	构造物 Ⅱ	0.348
运输	0.132	构造物 Ⅲ	0.551
路面	0.159	技术复杂大桥	0.208
隧道	0.266	钢材及钢结构	0.164

4. 职工取暖补贴

职工取暖补贴指按规定发放给施工企业职工的冬季取暖费和为职工在施工现场设置的临时取暖设施的费用。该费用以各类工程的定额直接费为基数，按工程所在地的气温区选用表 4-16 的费率来计算。

表 4-16　职工取暖补贴费率表　　单位：%

工程类别	气温区						
	准二区	冬一区	冬二区	冬三区	冬四区	冬五区	冬六区
土方	0.060	0.130	0.221	0.331	0.436	0.554	0.663
石方	0.054	0.118	0.183	0.279	0.373	0.472	0.569

表 4-16(续)

工程类别	气温区						
	准二区	冬一区	冬二区	冬三区	冬四区	冬五区	冬六区
运输	0.065	0.130	0.228	0.336	0.444	0.552	0.671
路面	0.049	0.086	0.155	0.229	0.302	0.376	0.456
隧道	0.045	0.091	0.158	0.249	0.318	0.409	0.488
构造物Ⅰ	0.065	0.130	0.206	0.304	0.390	0.499	0.607
构造物Ⅱ	0.070	0.153	0.234	0.352	0.481	0.598	0.727
构造物Ⅲ	0.126	0.264	0.425	0.643	0.849	1.067	1.297
技术复杂大桥	0.059	0.120	0.203	0.310	0.406	0.501	0.609
钢材及钢结构	0.047	0.082	0.141	0.222	0.293	0.363	0.433

5. 财务费用

财务费用指施工企业为筹集资金提供投标担保、预付款担保、履约担保、职工工资支付担保等所发生的各种费用,包括企业经营期间发生的短期贷款利息净支出、汇兑净损失、调剂外汇手续费、金融机构手续费,以及企业筹集资金发生的其他财务费用。

财务费用以各类工程的定额直接费为基数,按表 4-17 的费率计算。

表 4-17 财务费用费率表

单位:%

工程类别	费率	工程类别	费率
土方	0.271	构造物Ⅰ	0.466
石方	0.259	构造物Ⅱ	0.545
运输	0.264	构造物Ⅲ	1.094
路面	0.404	技术复杂大桥	0.637
隧道	0.513	钢材及钢结构	0.653

4.2.5 规费

规费指按法律、法规、规章、规程规定施工企业必须缴纳的费用。规费包含以下内容:

(1) 养老保险费:施工企业按规定标准为职工缴纳的基本养老保险费。

(2) 失业保险费:施工企业按规定标准为职工缴纳的失业保险费。

(3) 医疗保险费:施工企业按规定标准为职工缴纳的医疗保险费(含生育保险费)。

(4) 工伤保险费:施工企业按规定标准为职工缴纳的工伤保险费。

(5) 住房公积金:施工企业按规定标准为职工缴纳的住房公积金。

各项规费以各类工程的人工费之和为基数,按国家或工程所在地法律、法规、规章、规程规定的标准计算。

4.2.6 利润

利润指施工企业完成所承包工程获得的盈利,按定额直接费及措施费、企业管理费之和的 7.42%计算。

4.2.7　税金

税金指国家税法规定应计入建筑安装工程造价的增值税销项税额。

税金=(直接费+设备购置费+措施费+企业管理费+规费+利润)×10%　(4-23)

4.2.8　专项费用

专项费用包括施工场地建设费和安全生产费。

1. 施工场地建设费

(1) 按照工地建设标准化要求进行承包人驻地、工地试验室建设,钢筋集中加工、混合料集中拌制、构件集中预制等所需的办公、生活居住房屋(包括职工家属房屋及探亲房屋),公用房屋(如广播室、文体活动室、医疗室等)和生产用房屋(如仓库、加工厂、加工棚、发电站、变电站、空压机站、停机棚、值班室等)等的费用。

(2) 包括场区平整(山岭重丘区的土石方工程除外)、场地硬化、排水、绿化、标志、污水处理设施、围墙隔离设施等的费用,不包括钢筋加工的机械设备、混合料拌和设备及安拆、预制构件台座、预应力张拉设备、起重及养护设备,以及概算、预算定额中临时工程的费用。

(3) 包括以上范围内的各种临时工作便道(包括汽车、人力车道)、人行便道,工地临时用水、用电的水管支线和电线支线,临时构筑物(如水井、水塔等)、其他小型临时设施等的搭设或租赁、维修、拆除、清理的费用,但不包括红线范围内贯通便道、进出场的临时道路、保通便道。

(4) 工地试验室所发生的属于固定资产的试验设备和仪器等折旧、维修或租赁费用。

(5) 施工扬尘污染防治措施费:指裸露的施工场地覆盖防尘网、施工便道和施工场地洒水或喷洒抑尘剂,运输车辆的苫盖和冲洗,环境敏感区设置围挡,设置防尘标识,环境监控与检测等所需要的费用。

(6) 文明施工、职工健康生活的费用。

施工场地建设费以施工场地计费基数,按表 4-18 的费率,以累进法计算。施工场地计费基数为定额建筑安装工程费减去专项费用。

表 4-18　施工场地建设费费率表

施工场地计费基数/万元	费率/%	算例/万元	
		施工场地计费基数	施工场地建设费
500 及以下	5.338	500	500×5.338%=26.69
500~1 000	4.228	1 000	26.69+(1 000−500)×4.228%=47.83
1 000~5 000	2.665	5 000	47.83+(5 000−1000)×2.665%=154.43
5 000~10 000	2.222	10 000	154.43+(10 000−5 000)×2.222%=265.53
10 000~30 000	1.785	30 000	265.53+(30 000−10 000)×1.785%=622.53
30 000~50 000	1.694	50 000	622.53+(50 000−30 000)×1.694%=961.33
50 000~100 000	1.579	100 000	961.33+(100 000−50 000)×1.579%=1 750.83

表 4-18(续)

施工场地计费基数/万元	费率/%	算例/万元	
		施工场地计费基数	施工场地建设费
100 000～150 000	1.498	150 000	1 750.83+(150 000−100 000)×1.498%=2 499.83
150 000～200 000	1.415	200 000	2 499.83+(200 000−150 000)×1.415%=3 207.33
200 000～300 000	1.348	300 000	3 207.33+(300 000−200 000)×1.348%=4 555.33
300 000～400 000	1.289	400 000	4 555.33+(400 000−300 000)×1.289%=5 844.33
400 000～600 000	1.235	600 000	5 844.33+(600 000−400 000)×1.235%=8 314.33
600 000～800 000	1.188	800 000	8 314.33+(800 000−600 000)×1.188%=10 690.33
800 000～1 000 000	1.149	1 000 000	10 690.33+(1 000 000−800 000)×1.149%=12 988.33
1 000 000 以上	1.118	1 200 000	12 988.33+(1 200 000−1 000 000)×1.118%=15 224.33

2. 安全生产费

安全生产费包括完善、改造和维护安全设施设备费用，配备、维护、保养应急救援器材、设备费用，开展重大危险源和事故隐患评估和整改费用，安全生产检查、评价、咨询费用，配备和更新现场作业人员安全防护用品支出，安全生产宣传、教育、培训费用，安全设施及特种设备检测检验费用，施工安全风险评估、应急演练等有关工作及其他与安全生产直接相关的费用。

安全生产费按建筑安装工程费乘以安全生产费费率计算，费率按不少于 1.5%计取。

4.2.9 定额建筑安装工程费

定额建筑安装工程费是取费基数，包括定额直接费、定额设备购置费、措施费、企业管理费、规费、利润、税金和专项费用。

定额直接费是定额人工费、定额材料费、定额施工机械使用费之和，按工程量乘以现行《公路工程概算定额》(JTG/T 3831)或《公路工程预算定额》(JTG/T 3832)中的基价进行计算。

定额人工费是指按《公路工程预算定额》(JTG/T 3832)附录四“定额人工、材料、设备单价表”和现行《公路工程机械台班费用定额》(JTG/T 3833)规定的人工工日基价计算的费用，即定额中人工消耗量乘以人工工日基价计算的费用。

定额材料费是指按《公路工程预算定额》(JTG/T 3832)附录四“定额人工、材料、设备单价表”中规定的材料基价计算的费用，即定额中材料消耗量乘以材料基价计算的费用。

定额施工机械使用费是指按《公路工程机械台班费用定额》(JTG/T 3833) 中规定的施工机械台班基价计算的费用，即定额中施工机械消耗量乘以施工机械台班基价计算的费用。

定额设备购置费均按《公路工程预算定额》(JTG/T 3832)附录四“定额人工、材料、设备单价表”中规定的设备基价计算费用的 40%，即设备数量乘以设备基价计算费用的 40%。

4.3 其他有关费用

4.3.1 土地使用及拆迁补偿费

土地使用及拆迁补偿费包含永久占地费、临时占地费、拆迁补偿费、水土保持补偿费和其他费用。

1. 永久占地费

永久占地费包括土地补偿费、征用耕地安置补助费、耕地开垦费、森林植被恢复费和失地农民养老保险费。

(1) 土地补偿费包括征地补偿费，被征用土地上的青苗补偿费，征用城市郊区的菜地等缴纳的菜地开发建设基金，耕地占用税，用地图编制费及勘界费等。

(2) 征用耕地安置补助费指征用耕地需要安置农业人口的补助费。

(3) 耕地开垦费指公路建设项目占用耕地的，应由建设项目法人(业主)负责补充耕地所发生的费用；没有条件开垦或者开垦的耕地不符合要求的，按规定缴纳的耕地开垦费。公路建设项目发生跨省域补充耕地国家统筹的，应执行《关于印发跨省域补充耕地国家统筹管理办法和城乡建设用地增减挂钩节余指标跨省域调剂管理办法的通知》(国办发〔2018〕16 号)的规定；发生省(自治区、直辖市)内跨区域补充耕地的，执行本省(自治区、直辖市)相关规定。

(4) 森林植被恢复费指公路建设项目需要占用、征用林地的，经县级以上林业主管部门审核同意或批准，建设项目法人(业主)单位按照省级人民政府有关规定向县级以上林业主管部门预缴的森林植被恢复费。

(5) 失地农民养老保险费指根据国家规定为保障依法被征地农民养老而缴纳的保险费用。失地农民养老保险费按项目所在地省级人民政府的相关规定进行计算。

2. 临时占地费

临时占地费包括临时征地使用费和复耕费。

(1) 临时征地使用费指为满足施工所需的承包人驻地、预制场、拌和场、仓库、加工厂(棚)、堆料场、取弃土场、进出场便道、便桥等所有的临时用地及其附着物的补偿费用。

(2) 复耕费指临时占用的耕地、鱼塘等，在工程交工后将其恢复到原有标准所发生的费用。

3. 拆迁补偿费

拆迁补偿费指被征用或占用土地地上、地下的房屋及附属构筑物，公用设施、文物等的拆除、发掘及迁建补偿费和拆迁管理费等。

4. 水土保持补偿费

水土保持补偿指根据《中华人民共和国水土保持法》《水土保持补偿费征收使用管理办法》等相关法律、法规的规定征收的水土保持补偿费。

5. 其他费用

其他费用指国务院行政主管部门及省级人民政府规定的与征地拆迁相关的费用。

6. 土地使用及拆迁补偿费计算方法

(1) 土地使用及拆迁补偿费应根据设计文件确定的建设工程用地和临时用地面积及其附着物的情况，以及实际发生的费用项目，按国家有关规定及工程所在地的省(自治区、直辖市)颁布的有关规定和标准计算。

(2) 森林植被恢复费应根据审批单位批准的建设工程占用林地的类型及面积，按国家有关规定及工程所在地的省(自治区、直辖市)颁布的有关规定和标准计算。

(3) 当与原有的电力电信设施、管线、水利工程、铁路及铁路设施互相干扰时，应与有关部门联系，商定合理的解决方案和补偿金额，也可由这些部门按规定编制费用以确定补偿金额。

(4) 水土保持补偿费按各省(自治区、直辖市)制定的水土保持补偿费收费标准进行计算。

4.3.2 工程建设其他费

工程建设其他费包括建设项目管理费、研究试验费、建设项目前期工作费、专项评价(估)费、联合试运转费、生产准备费、工程保通管理费、工程保险费和其他相关费用。

1. 建设项目管理费

建设项目管理费包括建设单位(业主)管理费、建设项目信息化费、工程监理费、设计文件审查费和竣(交)工验收试验检测费。其中建设单位(业主)管理费、建设项目信息化费和工程监理费均为实施建设项目管理的费用,可根据建设单位(业主)、施工单位和监理单位所实际承担的工作内容和工作量统筹使用。

(1) 建设单位(业主)管理费

建设单位(业主)管理费指建设单位(业主)为进行建设项目的立项、筹建、建设、竣(交)工验收、总结等工作所发生的费用。

建设单位(业主)管理费包括工作人员的工资、工资性津贴、施工现场津贴、社会保险费用(基本养老、基本医疗、失业、工伤保险)、住房公积金、职工福利费、工会经费、劳动保护费,办公费、会议费、差旅交通费、固定资产使用费(包括办公及生活房屋折旧、维修或租赁费,车辆折旧、维修、使用或租赁费,通信设备购置、使用费,测量、试验设备仪器折旧、维修或租赁费,其他设备折旧、维修或租赁费等)、零星固定资产购置费、招募生产工人费,技术图书资料费、职工教育培训经费,招标管理费,合同契约公证费、法律顾问费、咨询费,建设单位的临时设施费、完工清理费、竣(交)工验收费[含其他行业或部门要求的竣工验收费用、建设单位负责的竣(交)工文件编制费],各种税费(包括房产税、车船使用税、印花税等),对建设项目前期工作、项目实施及竣工决算等全过程进行审计所发生的审计费用,境内外融资费用(不含建设期贷款利息)、业务招待费及工程质量、安全生产管理费和其他管理性开支。

建设单位(业主)管理费以定额建筑安装工程费为基数,按表 4-19 的费率以累进方法计算。

表 4-19 建设单位(业主)管理费费率表

定额建筑安装工程费/万元	费率/%	算例/万元	
		定额建筑安装工程费	建设单位(业主)管理费
500 及以下	4.858	500	500×4.858%=24.29
500~1 000	3.813	1 000	24.29+(1 000-500)×3.813%=43.355
1 000~5 000	3.049	5 000	43.355+(5 000-1 000)×3.049%=165.315
5 000~10 000	2.562	10 000	165.315+(10 000-5 000)×2.562%=293.415
10 000~30 000	2.125	30 000	293.415+(30 000-10 000)×2.125%=718.415
30 000~50 000	1.773	50 000	718.415+(50 000-30 000)×1.773%=1 073.015
50 000~100 000	1.312	100 000	1 073.015+(100 000-50 000)×1.312%=1 729.015
100 000~150 000	1.057	150 000	1 729.015+(150 000-100 000)×1.057%=2 257.515
150 000~200 000	0.826	200 000	2 257.515+(200 000-150 000)×0.826%=2 670.515
200 000~300 000	0.595	300 000	2 670.515+(300 000-200 000)×0.595%=3 265.515

表 4-19(续)

定额建筑安装工程费/万元	费率/%	算例/万元	
		定额建筑安装工程费	建设单位(业主)管理费
300 000～400 000	0.498	400 000	3 265.515+(400 000−300 000)×0.498%=3 763.515
400 000～600 000	0.450	600 000	3 763.515+(600 000−400 000)×0.450%=4 663.515
600 000～800 000	0.400	800 000	4 663.515+(800 000−600 000)×0.400%=5 463.515
800 000～1 000 000	0.375	1 000 000	5 463.515+(1 000 000−800 000)×0.375%=6 213.515
1 000 000 以上	0.350	1 200 000	6 213.515+(1 200 000−1 000 000)×0.350%=6 913.515

双洞长度超过 5 000 m 的独立隧道，水深大于 15 m、跨径大于或等于 400 m 的斜拉桥和跨径大于或等于 800 m 的悬索桥等独立特大型桥梁工程的建设单位(业主)管理费，按表 4-19 中的费率乘以系数 1.3 计算；海上工程[指由于风浪影响，工程施工期(不包括封冻期)全年月平均工作日少于 15 d 的工程]的建设单位(业主)管理费，按表 4-19 中的费率乘以系数 1.2 计算。

(2) 建设项目信息化费

建设项目信息化费指建设单位(业主)和各参建单位用于建设项目的质量、安全、进度、费用等方面的信息化建设、运维及各种税费等费用，包括建设项目全寿命周期的建筑信息模型(building information modeling，BIM)等相关费用。建设项目信息化费以定额建筑安装工程费为基数，按表 4-20 的费率以累进方法计算。

表 4-20　建设项目信息化费费率表

定额建筑安装工程费/万元	费率/%	算例/万元	
		定额建筑安装工程费	建设项目信息化费
500 及以下	0.600	500	500×0.6%=3
500～1 000	0.452	1 000	3+(1 000−500)×0.452%=5.26
1 000～5 000	0.356	5 000	5.26+(5 000−1 000)×0.356%=19.5
5 000～10 000	0.285	10 000	19.5+(10 000−5 000)×0.285%=33.75
10 000～30 000	0.252	30 000	33.75+(30 000−10 000)×0.252%=84.15
30 000～50 000	0.224	50 000	84.15+(50 000−30 000)×0.224%=128.95
50 000～100 000	0.202	100 000	128.95+(100 000−50 000)×0.202%=229.95
100 000～150 000	0.171	150 000	229.95+(150 000−100 000)×0.171%=315.45
150 000～200 000	0.160	200 000	315.45+(200 000−150 000)×0.160%=395.45
200 000～300 000	0.142	300 000	395.45+(300 000−200 000)×0.142%=537.45
300 000～400 000	0.135	400 000	537.45+(400 000−300 000)×0.135%=672.45
400 000～600 000	0.131	600 000	672.45+(600 000−400 000)×0.131%=934.45
600 000～800 000	0.127	800 000	934.45+(800 000−600 000)×0.127%=1 188.45
800 000～1 000 000	0.125	1 000 000	1 188.45+(1 000 000−800 000)×0.125%=1 438.45
1 000 000 以上	0.122	1 200 000	1 438.45+(1 200 000−1 000 000)×0.122%=1 682.45

(3) 工程监理费

工程监理费指建设单位(业主)委托具有监理资格的单位,按施工监理规范进行全面的监督和管理所发生的费用。

工程监理费内容包括工作人员的工资、工资性津贴、施工现场津贴、社会保险费用(基本养老、基本医疗、失业、工伤保险)、住房公积金、职工福利费、工会经费、劳动保护费,办公费、会议费、差旅交通费,办公、试验固定资产使用费(包括办公及生活房屋折旧、维修或租赁费,车辆折旧、维修、使用或租赁费,通信设备购置、使用费,测量、试验、检测设备仪器折旧、维修或租赁费,其他设备折旧、维修或租赁费等)、零星固定资产购置费、招募生产工人费,技术图书资料费、职工教育经费,投标费用,合同契约公证费、法律顾问费、咨询费、业务招待费,财务费用、监理单位的临时设施费、完工清理费、竣(交)工验收费、各种税费、安全生产管理费和其他管理性开支。

工程监理费以定额建筑安装工程费为基数,按表 4-21 的费率以累进方法计算。

表 4-21　工程监理费费率表

定额建筑安装工程费/万元	费率/%	算例/万元	
		定额建筑安装工程费	工程监理费
500 及以下	3.00	500	500×3.00%=15
500~1 000	2.40	1 000	15+(1 000−500)×2.40%=27
1 000~5 000	2.10	5 000	27+(5 000−1 000)×2.10%=111
5 000~10 000	1.94	10 000	111+(10 000−5 000)×1.94%=208
10 000~30 000	1.87	30 000	208+(30 000−10 000)×1.87%=582
30 000~50 000	1.83	50 000	582+(50 000−30 000)×1.83%=948
50 000~100 000	1.78	100 000	948+(100 000−50 000)×1.78%=1 838
100 000~150 000	1.72	150 000	1 838+(150 000−100 000)×1.72%=2 698
150 000~200 000	1.64	200 000	2 698+(200 000−150 000)×1.64%=3 518
200 000~300 000	1.55	300 000	3 518+(300 000−200 000)×1.55%=5 068
300 000~400 000	1.49	400 000	5 068+(400 000−300 000)×1.49%=6 558
400 000~600 000	1.45	600 000	6 558+(600 000−400 000)×1.45%=9 458
600 000~800 000	1.42	800 000	9 458+(800 000−600 000)×1.42%=12 298
800 000~1 000 000	1.37	1 000 000	12 298+(1 000 000−800 000)×1.37%=15 038
1 000 000 以上	1.33	1 200 000	15 038+(1 200 000−1 000 000)×1.33%=17 698

(4) 设计文件审查费

设计文件审查费指在项目审批前,建设单位(业主)为保证勘察设计工作的质量,组织有关专家或委托有资质的单位,对提交的建设项目可行性研究报告和勘察设计文件进行审查所需要的相关费用。设计文件审查费以定额建筑安装工程费为基数,按表 4-22 的费率以累进方法计算。

表 4-22　设计文件审查费费率表

定额建筑安装工程费/万元	费率/%	算例/万元	
		定额建筑安装工程费	设计文件审查费
5 000 以下	0.077	5 000	5 000×0.077%=3.85
5 000～10 000	0.072	10 000	3.85+(10 000—5 000)×0.072%=7.45
10 000～30 000	0.069	30 000	7.45+(30 000—10 000)×0.069%=21.25
30 000～50 000	0.066	50 000	21.25+(50 000—30 000)×0.066%=34.45
50 000～100 000	0.065	100 000	34.45+(100 000—50 000)×0.065%=66.95
100 000～150 000	0.061	150 000	66.95+(150 000—10 000)×0.061%=97.45
150 000～200 000	0.059	200 000	97.45+(200 000—150 000)×0.059%=126.95
200 000～300 000	0.057	300 000	126.95+(300 000—200 000)×0.057%=183.95
300 000～400 000	0.055	400 000	183.95+(400 000—300 000)×0.055%=238.95
400 000～600 000	0.053	600 000	238.95+(600 000—400 000)×0.053%=344.95
600 000～800 000	0.052	800 000	344.95+(800 000—600 000)×0.052%=448.95
800 000～1 000 000	0.051	1 000 000	448.95+(1 000 000—800 000)×0.051%=550.95
1 000 000 以上	0.050	1 200 000	550.95+(1 200 000—1 000 000)×0.050%=650.95

建设项目若有地质勘察监理，其费用在此项目内开支。

建设项目若有设计咨询(或称设计监理、设计双院制)，其费用在此项目内开支。

(5) 竣(交)工验收试验检测费

竣(交)工验收试验检测费指在公路建设项目竣(交)工验收前，由建设单位(业主)或工程质量监督机构委托有资质的公路工程质量检测单位按照有关规定对建设项目的工程质量进行检测并出具检测试验意见，以及进行桥梁动(静)载试验或其他特殊检测等所需的费用。

竣(交)工验收试验检测费按表 4-23 规定的费率计算。道路工程按主线路基长度计算，桥梁工程以主线桥梁、分离式立交、匝道桥的长度之和进行计算，隧道按单洞长度计算。

表 4-23　竣(交)工验收试验检测费

<table>
<tr><th colspan="3">检测项目</th><th>竣(交)工验收试验检测费</th><th>备注</th></tr>
<tr><td colspan="2" rowspan="4">道路工程/(元/千米)</td><td>高速公路</td><td>23 500</td><td rowspan="4">包括路基、路面、涵洞、通道、路段安全设施和机电、房建、绿化、环境保护及其他工程</td></tr>
<tr><td>一级公路</td><td>17 000</td></tr>
<tr><td>二级公路</td><td>11 500</td></tr>
<tr><td>三级及三级以下公路</td><td>5 750</td></tr>
<tr><td rowspan="5">桥梁工程</td><td>一般桥梁/(元/延米)</td><td>—</td><td>40</td><td rowspan="5">包括桥梁范围内的所有土建、安全设施和机电、声屏障等环境保护工程及必要的动(静)载试验</td></tr>
<tr><td rowspan="4">技术复杂桥梁/(元/延米)</td><td>钢管拱</td><td>750</td></tr>
<tr><td>连续刚构</td><td>500</td></tr>
<tr><td>斜拉桥</td><td>600</td></tr>
<tr><td>悬索桥</td><td>560</td></tr>
<tr><td colspan="2">隧道工程/(元/延米)</td><td>单洞</td><td>80</td><td>包括隧道范围内的所有土建、安全设施、机电、消防设施等</td></tr>
</table>

道路工程，高速公路、一级公路按四车道计算，二级及二级以下公路按两车道计算，每增加一个车道，按表 4-23 的费用增加 10%。桥梁和隧道按双向四车道计算，每增加一个车道费用增加 15%。二级及二级以下公路的桥隧工程，按表 4-23 费用的 40%计算。

2. 研究试验费

研究试验费指按项目特点和有关规定，在建设过程中必须进行的研究和试验所需的费用，以及支付科技成果、专利、先进技术的一次性技术转让费。

研究试验费不包括：

(1) 应由前期工作费(为建设项目提供或验证设计数据、资料等专题研究)开支的项目。

(2) 应由科技三项费用(即新产品试制费、中间试验费和重要科学研究补助费)开支的项目。

(3) 应由施工辅助费开支的施工企业对建筑材料、构件和建筑物进行一般鉴定、检查所发生的费用及技术革新研究试验费。

计算方法：按设计提出的研究试验内容和要求进行编制。

3. 建设项目前期工作费

建设项目前期工作费指委托勘察设计单位、咨询单位对建设项目进行可行性研究、工程勘察设计，以及设计、监理、施工招标文件及招标标底或造价控制值文件编制时，按规定应支付的费用。

建设项目前期工作费包括：

(1) 编制项目建议书(或预可行性研究报告)、可行性研究报告、投资估算，以及相应的勘察、设计等所需的费用。

(2) 通过风洞试验、地震动参数、索塔足尺模型试验、桥墩局部冲刷试验、桩基承载力试验等为建设项目提供或验证设计数据所需的专题研究费用。

(3) 初步设计和施工图设计的勘察费、设计费、概预算编制及调整概算编制费用等。

(4) 设计、监理、施工招标及招标标底(或造价控制值或清单预算)文件编制费等。

计算方法：前期工作费以定额建筑安装工程费为基数，按表 4-24 的费率以累进方法计算。

表 4-24　建设项目前期工作费费率表

定额建筑安装工程费/万元	费率/%	算例/万元	
		定额建筑安装工程费	建设项目前期工作费
500 及以下	3.00	500	500×3.00%=15
500～1 000	2.70	1 000	15+(1 000−500)×2.70%=28.5
1 000～5 000	2.55	5 000	28.5+(5 000−1 000)×2.55%=130.5
5 000～10 000	2.46	10 000	130.5+(10 000−5 000)×2.46%=253.5
10 000～30 000	2.39	30 000	253.5+(30 000−10 000)×2.39%=731.5
30 000～50 000	2.34	50 000	731.5+(50 000−30 000)×2.34%=1 199.5
50 000～100 000	2.27	100 000	1 199.5+(100 000−50 000)×2.27%=2 334.5

表 4-24(续)

定额建筑安装工程费/万元	费率/%	算例/万元	
		定额建筑安装工程费	建设项目前期工作费
100 000～150 000	2.19	150 000	2 334.5+(150 000－100 000)×2.19%=3 429.5
150 000～200 000	2.08	200 000	3 429.5+(200 000－150 000)×2.08%=4 469.5
200 000～300 000	1.99	300 000	4 469.5+(300 000－200 000)×1.99%=6 459.5
300 000～400 000	1.94	400 000	6 459.5+(400 000－300 000)×1.94%=8 399.5
400 000～600 000	1.86	600 000	8 399.5+(600 000－400 000)×1.86%=12 119.5
600 000～800 000	1.80	800 000	12 119.5+(800 000－600 000)×1.80%=15 719.5
800 000～1 000 000	1.76	1 000 000	15 719.5+(1 000 000－800 000)×1.76%=19 239.5
1 000 000 以上	1.72	1 200 000	19 239.5+(1 200 000－1 000 000)×1.72%=22 679.5

4. 专项评价(估)费

专项评价(估)费指依据国家法律、法规规定进行评价(评估)、咨询,按规定应支付的费用。

专项评价(估)费包括环境影响评价费、水土保持评估费、地震安全性评价费、地质灾害危险性评价费、压覆重要矿床评估费、文物勘察费、通航论证费、行洪论证(评估)费、使用林地可行性研究报告编制费、用地预审报告编制费、项目风险评估费、节能评估费、社会风险评估费、放射性影响评估费和规划选址意见书编制费等费用。

计算方法:依据委托合同,或参照类似工程已发生的费用进行计列。

5. 联合试运转费

联合试运转费指建设项目的机电工程,按照有关规定标准,需要进行整套设备带负荷联合试运转所需的全部费用,不包括应由设备安装工程费中开支的调试费用。

费用包括:联合试运转期间所需的材料、燃料和动力的消耗,机械和检测设备使用费,工具用具和低值易耗品费,参加联合试运转的人员工资及其他费用等。

计算方法:联合试运转费以定额建筑安装工程费为基数,按 0.04%费率计算。

6. 生产准备费

生产准备费指为保证新建、改扩建项目交付使用后满足正常的运行、管理发生的工器具购置、办公和生活用家具购置、生产人员培训、应急保通设备购置等费用。

(1) 工器具购置费指建设项目交付使用后为满足初期正常运营必须购置的第一套不构成固定资产的设备、仪器、仪表、工卡模具、器具、工作台(框、架、柜)等的费用,不包括构成固定资产的设备、工器具和备品、备件及已列入设备费中的专用工具和备品、备件。工器具购置费由设计单位列出计划购置清单(包括规格、型号、数量),计算方法同设备购置费。

(2) 办公和生活用家具购置费指新建、改扩建工程项目,为保证初期正常生产、使用和管理所购置的办公和生活用家具、用具的费用,包括行政、生产部门的办公室、会议室、资料档案室、阅览室、宿舍及生活福利设施等的家具、用具。办公和生活用家具购置费按表 4-25 的规定计算。

表 4-25　办公和生活用家具购置费标准表

工程所在地	路线/(元/公路千米)				单独管理或单独收费的桥梁、隧道/(元/座)		
	高速公路	一级公路	二级公路	三、四级公路	特大桥、大桥		特长隧道
					一般桥梁	技术复杂大桥	
内蒙古、黑龙江、青海、新疆、西藏	21 500	15 600	7 800	4 000	24 000	60 000	78 000
其他省、自治区、直辖市	17 500	14 600	5 800	2 900	19 800	49 000	63 700

注：改扩建工程按表列费用的 70%计。

(3) 生产人员培训费指为保证生产的正常运行，在工程交工验收交付使用前对运营部门生产人员和管理人员进行培训所需的费用，包括培训人员的工资、工资性津贴、职工福利费、差旅交通费、劳动保护费、培训及教学实习费等。该费用按设计定员和 3 000 元/人的标准计算。

(4) 应急保通设备购置费指新建、改扩建工程项目，为满足初期正常营运，购置保障抢修保通、应急处置，且构成固定资产的设备所需的费用。该费用由设计单位列出计划购置清单，计算方法同设备购置费。

7. 工程保通管理费

工程保通管理费指新建或改扩建工程需边施工边维持通车或通航的建设项目，为保证公(铁)路运营安全、船舶航行安全及施工安全而进行交通(公路、航道、铁路)管制、交通(铁路)与船舶疏导所需的费用，媒体、公告等宣传费用及协管人员经费等。

工程保通管理费应按设计需要进行列支。

8. 工程保险费

工程保险费指在合同执行期内，施工企业按合同条款要求办理保险的费用，包括建筑工程一切险和第三者责任险。

建筑工程一切险是为永久工程、临时工程和设备及已运至施工工地用于永久工程的材料和设备所投的保险。

第三者责任险是对因实施合同工程而造成的财产(本工程除外)损失或损害，或人员(业主和承包人雇员除外)的死亡或伤残所投的保险。

工程保险费以建筑安装工程费(不含设备费)为基数，按 0.4%费率计算。

9. 其他相关费用

其他相关费用指国务院行政主管部门及省级人民政府规定的其他与公路建设相关的费用，按其相关规定计算。

4.3.3　预备费与建设期贷款利息

1. 预备费

预备费由基本预备费和价差预备费两部分组成。

(1) 基本预备费系指在初步设计和概算、施工图设计和施工图预算中难以预料的工程费用。基本预备费包括：

① 在进行技术设计、施工图设计和施工过程中，在批准的初步设计和概算范围内所增

加的工程费用。

② 在设备订货时，由于规格、型号改变的价差，材料货源变更、运输距离或方式的改变以及因规格不同而代换使用等原因发生的价差。

③ 在项目主管部门组织竣(交)工验收时，验收委员会(或小组)为鉴定工程质量必须开挖和修复隐蔽工程的费用。

基本预备费以建筑安装工程费、土地使用及拆迁补偿费、工程建设其他费之和为基数，按下列费率计算：

① 设计概算按 5%计列。

② 修正概算按 4%计列。

③ 施工图预算按 3%计列。

(2) 价差预备费系指设计文件编制年至工程交工年期间，建筑安装工程费用的人工费、材料费、设备费、施工机械使用费、措施费、企业管理费等由于政策、价格变化可能发生上浮而预留的费用，以及外资贷款汇率变动部分的费用。

计算方法：价差预备费以建筑安装工程费总额为基数，按设计文件编制年始至建设项目工程交工年终的年数和年工程造价增长率计算。计算公式如下：

$$\text{价差预备费} = P[(1+i)^{n-1} - 1] \tag{4-24}$$

式中　P——建筑安装工程费总额，元；

i——年工程造价增长率，%；

n——设计文件编制年至建设项目开工年＋建设项目建设期限，年。

注：① 年工程造价增长率按有关部门公布的工程投资价格指数计算。

② 设计文件编制至工程交工在 1 年以内的工程，不列此项费用。

2. 建设期贷款利息

建设期贷款利息系指工程项目使用的贷款部分在建设期内应计取的贷款利息，包括各种金融机构贷款、建设债券和外汇贷款等利息。

利息计算方法：根据不同的资金来源分年度投资计算所需支付的利息，计算公式如下：

$$\text{建设期贷款利息} = \sum(\text{上年末付息贷款本息累计} + \text{本年度付息贷款额} \div 2) \times \text{年利率} \tag{4-25}$$

即

$$S = \sum_{n=1}^{N}(F_{n-1} + b_n \div 2)i \tag{4-26}$$

式中　S——建设期贷款利息；

N——项目建设期，年；

n——施工年度；

F_{n-1}——建设期第 $n-1$ 年末需付息贷款本息累计；

b_n——建设期第 n 年度付息贷款额；

i——中国人民银行公布的贷款基准年利率。

【例 4-1】　某工程计划贷款 5 亿元，贷 3 年，第一年贷 2 亿元，第二年贷 2 亿元，第三年贷 1 亿元，贷款利率为 7%，计算建设期贷款利息。

解　$n=1, F_{n-1}=0, b_1=2$

$A_1=(2\div2)\times7\%=0.07$(亿元)

$n=2, F_{n-1}=2+A_1=2.07, b_2=2$

$A_2=(2.07+2\div2)\times7\%=0.2149$(亿元)

$n=3, F_{n-1}=2+A_1+2+A_2=4.2849, b_3=1$

$A_3=(4.2849+1\div2)\times7\%=0.3349$(亿元)

$S=A_1+A_2+A_3=0.07+0.2149+0.3349=0.6198$(亿元)

4.4 概预算文件的编制

4.4.1 编制步骤

概预算文件的编制是一项十分严肃的工作,编制质量的高低及各项计算的准确与否直接关系着国家的经济利益。为了确保概预算文件的编制质量,必须根据工程概预算内在的规律和国家的有关规定,按一定的步骤来进行。

1. 熟悉设计图纸和资料

编制项目建议书投资估算、可行性研究报告投资估算、概算、修正概算和施工图预算等文件前,应对相应阶段的项目建议书、工程可行性研究、初步设计、技术设计和施工图设计内容进行检查和整理,认真阅读和核对设计图纸及有关表格,如工程一览表、工程数量表等,若图纸中所用材料规格或要求不清时,要核对查实。

2. 准备概预算资料

概预算资料包括外业调查资料、指标、定额、补充指标、补充定额、各部位及地方主管部门的有关文件等。在编制概预算前,应将公路行业的有关文件(如《公路工程基本建设项目设计文件编制办法》《公路工程建设项目概算预算编制办法》《公路工程建设项目投资估算编制办法》)、地方和中央的有关文件(如《公路基本建设工程概预算编制办法补充规定》等)准备好,同时,也应将定额如《概算定额》《预算定额》及各类补充定额等准备齐全。

3. 分析外业调查资料及施工方案

(1) 概预算调查资料分析

概预算资料的调查工作是一项关系到概预算文件质量的基础工作,一般在公路工程外业勘察时同时进行。调查的内容很广,原则上凡对施工生产有影响的一切因素都必须调查,主要是筑路材料的来源(沿线料场及有无自采材料),材料运输方式及运距,运费标准,占用土地的补偿费、安置费及拆迁补偿费,沿线可利用房屋及劳动力供应情况等。对这些调查资料应进行分析,若有不明确或不全的部分,应另行调查,以保证概预算的准确和合理。

(2) 施工方案的分析

对与相应设计阶段配套的施工组织设计文件(尤其是施工方案)应认真分析其可行性、合理性、经济性。因为施工方案将直接影响概预算金额的高低和定额、指标的查用,因此编制概预算时,重点应对施工方案进行认真分析。

① 施工方法:同一工程内容,可以采用不同的施工方法来完成,如土方施工,有人工

挖土方和机械挖土方两种方法；钢筋混凝土工程既可以采用现浇施工，也可以采用预制安装等。因此，应根据工程设计的意图和要求同工程实际相结合，选择最经济的施工方法。

② 施工机械：施工机械选择也将直接影响施工费用，因此，应根据选定的施工方法选配相应的施工机械，如挖填土方，既可以采用铲运机，又可以采用挖掘机配自卸汽车；又如混凝土预制构件安装，也可采用多种机械施工等。

③ 其他方面：运距远近的选择（如土方中取土坑、弃土堆的位置）、材料堆放的位置及仓库的设置、人员高峰期等。

4. 分项

公路工程概预算是以分项工程概预算表为基础计算和汇总而来的，所以工程分项是概、预算工作中的一项重要基础工作。一般公路工程分项时必须满足以下三个方面的要求：

(1) 按照概预算项目表的要求分项，这是基本要求。概预算项目表实质上是将一个复杂的建设项目分解成许多分项工程的一种科学划分方法。

(2) 符合定额项目表的要求。定额项目表是定额的主体内容，分项后的分项工程必须能够在定额项目表中直接查到。

(3) 符合费率的要求。措施费和间接费都是按不同工程类别确定的费率定额，因此，所分的项目应满足其要求。

5. 计算工程量

在编制概预算时，应对各分项工程量按工程量计算原则进行计算。一是对设计中已有的工程量进行核对，二是对设计文件中缺少或未列的工程量进行补充计算，计算时应注意计算单位和计算规则与指标、定额的计量单位及计算规则一致。

6. 查定额

概(预)算定额是编制概预算的主要计价依据，按照分项工程选用的施工方法，所使用的材料、结构构件规格，工程地质等因素合理选用定额。并注意定额的说明、工程量计算规则等，对定额进行调整，保证定额运用合理。

7. 基础单价的计算

编制概预算的另一项重要工作便是确定基础单价。基础单价是人工工日单价、材料预算单价和施工机械台班单价的统称。定额中除基价和小额零星材料及小型机具用货币指标外，其他均是资源消耗的实物指标。要以货币来表现消耗，就必须计算各种资源的单价。

8. 计算建筑安装工程费

有了各分项工程的资源消耗数量及基础单价，便可计算其直接费、措施费、企业管理费、规费、利润、税金。根据具体的设备购置清单计算设备购置费，按编制办法的规定计算专项费用。总计各单位工程的建筑安装工程费，得到工程项目的建筑安装工程费。

9. 实物指标计算

概预算还必须编制工程项目的实物消耗量指标，可通过 02 表的计算完成。

10. 计算其他有关费用

按规定计算土地使用及拆迁补偿费、工程建设其他费用等费用，即编制 07 表和 08 表。

11. 编制总概预算表并进行造价分析

(1) 编制总概预算表:将03、06、07、08表中的各项填入01表中相应栏目,并计算各项技术经济指标。

(2) 造价分析:根据概算总金额、各单位工程或分项工程的费用比值和各项技术经济指标进行全面分析,对设计提出修改建议和从经济角度对设计是否合理予以评价,找出挖潜措施。

12. 编制综合概预算

根据建设项目要求,当分段或分部编制01表和02表时,需要汇总编制综合概预算。

(1) 汇总各种概预算表,编制“总概(预)算汇总表”(01-1表)

(2) 汇总各段的02表,编制“总概(预)算人工、主要材料、施工机械台班数量汇总表”(02-1表)。

13. 编制说明

概预算表格计算并编制完后,必须编制概预算说明。它主要说明概预算的编制依据,编制中存在的问题,工程总造价的货币和实物量指标,以及其他与概预算有关但不能在表格中反映的事项。

4.4.2 公路工程建设项目各项费用计算程序及计算方式

公路工程建设项目各项费用计算程序及计算方式见表4-26。

表4-26 公路工程建设各项费用的计算程序及计算方式

序号	项目	说明及计算式
(一)	定额直接费	∑(人工消耗量×人工基价)+∑(材料消耗量×材料基价+机械台班消耗量×机械台班基价)
(二)	定额设备购置费	∑(设备购置数量×设备基价)
(三)	直接费	∑(人工消耗量×人工单价)+∑(材料消耗量×材料预算单价+机械台班消耗量×机械台班预算单价)
(四)	设备购置费	∑(设备购置数量×预算单价)
(五)	措施费	(一)×施工辅助费费率+定额人工费和定额施工机械使用费之和×其余措施费综合费率
(六)	企业管理费	(一)×企业管理费综合费率
(七)	规费	各类工程人工费(含施工机械人工费)×规费综合费率
(八)	利润	[(一)+(五)+(六)]×利润率
(九)	税金	[(三)+(四)+(五)+(六)+(七)+(八)]×10%
(十)	专项费用	
	施工场地建设费	[(一)+(五)+(六)+(七)+(八)+(九)]×累进费率
	安全生产费	建筑安装工程费(不含安全生产费本身)×(≥1.5%)
(十一)	定额建筑安装工程费	(一)+(二)×40%+(五)+(六)+(七)+(八)+(九)+(十)

表 4-26(续)

序号	项目	说明及计算式
(十二)	建筑安装工程费	(三)+(四)+(五)+(六)+(七)+(八)+(九)+(十)
(十三)	土地使用及拆迁补偿费	按规定计算
(十四)	工程建设其他费	
	建设项目管理费	
	建设单位(业主)管理费	(十一)×累进费率
	建设项目信息化费	(十一)×累进费率
	工程监理费	(十一)×累进费率
	设计文件审查费	(十一)×累进费率
	竣(交)工验收试验检测费	按规定计算
	研究试验费	
	建设项目前期工作费	(十一)×累进费率
	专项评价(估)费	按规定计算
	联合试运转费	(十一)×费率
	生产准备费	
	工具器购置费	按规定计算
	办公和生活用家具购置费	按规定计算
	生产人员培训费	按规定计算
	应急保通设备购置费	
	工程保通管理费	按规定计算
	工程保险费	[(十二)-(四)]×费率
	其他相关费用	
(十五)	预备费	
	基本预备费	[(十二)+(十三)+(十四)]×费率
	价差预备费	(十二)×费率
(十六)	建设期贷款利息	按实际贷款额度及利率计算
(十七)	公路基本造价	(十二)+(十三)+(十四)+(十五)+(十六)

4.4.3　施工图预算编制案例

1. 工程内容

(1) 互通方案

山东某地北环设置分离立交上跨 GX 高速,导致济青高铁某地北站周边路网无法与周边高速公路形成快速交通转换,严重制约了该高铁站对区域经济辐射带动作用的发挥。为进一步完善区域路网布局,加强周边路网与高速公路的快速连接,缓解区域路网交通压力,同时构建多式联运现代交通体系,打通“高速+高铁”联运通道,实现公路和铁路运输无缝衔接,最大限度发挥高铁的辐射带动作用,亟须建设该项目。项目建成后,可将周边路网接入高速公路网络，实现济青高铁某地北站旅客运输公铁“零换乘”，对发挥交通基础设施在全省新旧动能转换中的支撑和先导作用具有重要意义。在互通方面提出了比较方案：方案一采用部分苜蓿叶形，被交路上跨GX高速，匝道与被交路采用平面交叉方式。该方案设置两处匝道收费站，位于东北、西北象限，收费车道均为3进3出。方案二采用匝道上跨主线、被交路上跨主线的A型单喇叭，收费站设置在东北象限，收费车道为3进4出。审查认为，方案一、方案二设计基本合理，综合考虑建设用地、工程造价等因素，同意方案一作为推荐方案。

(2) 技术标准

根据该项目在路网中的功能定位、沿线的地形条件、区域路网情况，结合交通量预测的结果，该项目互通式立交设计按照现行行业标准《公路工程技术标准》(JTG B01—2014)、《公路路线设计规范》(JTG D20—2017)，同时参照《公路立体交叉设计细则》(JTG/T D21—2014)执行，技术标准见表4-27。

表4-27　主要技术标准

序号	技术指标名称	单位	指标值	
			主线	互通立交
1	等级	—	高速公路	一般互通式立体交叉
2	设计速度	km/h	100	40
3	路基宽度	m	24.5	9.0/16.5
4	桥梁宽度	m	—	—
5	路基、桥涵设计洪水频率	—	1/100	1/100
6	桥涵设计汽车荷载等级	—	公路-Ⅰ级	公路-Ⅰ级
7	交通工程及沿线设施	—	按相关规定执行	按相关规定执行

(3) 施工方案

施工组织宜采用专业化的流水作业法，以加快施工进度和确保工程质量。

该项目主要工程有路基工程、路面工程、桥涵工程、交通工程及沿线设施和临时工程等。建设单位应组建强有力的组织领导指挥机构，负责工程建设期间的工程管理、计量支付和关系协调等工作。

① 路基工程

a. 土石方工程。该项目老路边沟长期有水，存在一定的淤泥层，填筑质量要求高，特别要确保路基的压实度，加强分层检验。为确保施工质量和进度，必须严格按照路基施工规范进行，并采用机械化施工。

b. 防护工程。路基防护工程与路基土石方工程结合起来安排，并穿插在土石方工程中进行施工。

c. 排水工程。路基排水主要由边沟、排水沟、泄水槽等组成。排水边沟的开挖及整修，同路基土石方工程一并进行，并注意与涵洞等构造物的衔接，尽量抢在雨季前完成排水系统，以减少雨水对已建路基的浸泡和对边坡的冲刷。

② 路面工程

路面工程开工前，要检查路基工程质量，合格后才能进行路面施工。路基竣工后，开始铺筑路面，路面施工过程中要严格按路面施工技术规范进行，保证路面底基层、基层材料拌和、摊铺、碾压质量。

③ 桥涵工程

本项目新建涵洞应配合路基同时施工。

④ 交通工程及沿线设施

该部分需与公路主体部分有机结合，充分考虑相互之间的工序关系，根据图纸设置相应设施。

⑤ 临时工程

临时工程主要包括施工便道和临时电力、电信线等。临时工程对施工的顺利进行起着重要作用，应尽早安排。该项目沿线为内陆平原区，沿线等级道路较少，乡村道路较为发达，局部交通不便路段考虑施工便道、便桥及地方村道的改建利用。布设施工便道时，要通过实地踏勘，并征求地方群众的意见、建议后，针对不同的主体工程，设置必要的便道、便桥等临时工程；另外，在修建便道时，要综合考虑永久性、临时性问题，可以留做地方道路的，或工程完工后要求复垦、绿化等情况时要分别处理与对待。该地区电力供应较充足，施工用电容易解决，工程用电只需在电力部门办理相关手续即可与电网连通，但因供电存在季节性紧张，需要自备发电机，以防电力供应不足给工程带来影响。沿线通信网络发达，可与电信部门联系联网即可。为便于项目的统一管理，沿线临时电力、电信全线贯通。

(4) 施工期交通组织方案

本工程为互通接入项目，为不阻断交通，施工期间采用“封闭硬路肩，行车道限速通行”的方案。在进入施工路段前一路口设置临时提示标志，逐级限速。

① 沿硬路肩内侧设置防撞桶和移动式防撞护栏及锥形标，并粘贴反光标志，将施工区和通行区严格分离。在移动式隔离护栏上悬挂减速慢行、注意安全等标志，在施工段安置限速标志，确保行车安全和施工安全。

② 加强对施工人员的安全教育，施工人员必须经过安全培训，并持有上岗证。提前了解 GX 高速行车限界，确保各施工机械不侵限。严禁施工人员在既有道路上行走或停留。交通量较大路段，需设置保通人员 24 h 现场值班指挥车辆、行人按交通标志指示方向安全通过作业区。

③ 在施工用地范围以内，所有作业、保通人员必须穿戴反光标志服，作业机械必需按照标准涂以橘黄色，并按标准安装黄色警示灯。施工区与通行区采用移动式隔离护栏、围挡板以及锥形标进行严格分离，摆放防撞桶，防止车辆不慎闯入，保证施工安全和交通安全。夜间设置频闪灯，以示警示。

(5) 工程规模

主要工程规模见表 4-28。

表 4-28　主要工程规模

项目	单位	数量	备注
主线长度	m	834.257	已建
匝道长度	m	2 264.269	

表 4-28(续)

项目	单位	数量	备注
新增占地	公顷	9.852 3	—
拆迁大棚	m^2	76 853	—
土石方(挖/填)	m^3	27 204/140 585	—
路面工程	1 000 m^2	29.602	—
防护排水	m^3	3 898.3	—
匝道桥	m/座	—	—
涵洞	道	13	—
通道	道	—	—

2. 预算说明

(1) 编制依据

① 交通运输部2018年12月17日发布的《公路工程建设项目概算预算编制办法》(JTG 3830—2018);

② 交通运输部2018年12月17日发布的《公路工程预算定额》(JTG/T 3832—2018);

③ 交通运输部2018年12月17日发布的《公路工程机械台班费用定额》(JTG/T 3833—2018);

④ 财政部、税务总局《财政部税务总局关于调整增值税税率的通知》(财税〔2018〕32号);

⑤ 外业勘测调查资料及设计工程量等。

(2) 编制范围

GX高速A互通立交工程一处。

(3) 费率及单价

① 人工费。根据有关文件规定,本项目人工单价按111.23元/工日取定。

② 材料费。根据山东省定额站工程材料价信息(2019年7月),结合外业勘测期间的调查资料,按公路工程材料规格确定材料工地价格。其中材料原价、运杂费按不含增值税的价格确定。

③ 施工机械使用费。机械台班费按交通运输部2018年12月17日发布的《公路工程机械台班费用定额》(JTG/T 3833—2018)及地方补充规定计算。

④ 全部费率取自编制依据的相关指标或办法的规定。

⑤ 征地补偿费按A市国土局有关文件计算。

3. 案例文件

计算案例见下列表格。

表 A.0.2-3 总预算汇总表

建设项目名称:GX高速A互通立交工程　　　　第1页 共1页　　01-1表

分项编号	工程或费用名称	单位	总数量	K1409+305~K1410+139						总金额/元	全路段技术经济指标	各项费用比例/%
				数量	金额/元	技术经济指标	数量	金额/元	技术经济指标			
1	第一部分 建筑安装工程费	公路千米	0.834	0.834	94 407 032	113 197 879.62				94 407 031.60	113 197 880.10	51.45
101	临时工程	公路千米	0.834	0.834	3 418 192	4 098 551.52				3 418 191.97	4 098 551.56	1.86
106	交叉工程	处	5.000	5.000	35 925 497	7 185 099.36				35 925 496.78	7 185 099.40	19.58
107	交通工程及沿线设施	公路千米	0.834	0.834	48 954 819	58 698 823.48				48 954 818.78	58 698 823.74	26.68
108	绿化及环境保护工程	公路千米	0.834	0.834	26 64 212	3 194 498.79				2 664 211.99	3 194 498.80	1.45
110	专项费用	元			3 444 312					3 444 312.08		1.88
2	第二部分 土地征用及拆迁补偿费	公路千米	0.834	0.834	73 914 470	88 626 462.70				73 914 469.89	88 626 462.83	40.28
201	土地使用费	亩	147.785	147.785	11 714 801	79 269.48				11 714 801.20	79 269.48	6.38
202	拆迁补偿费	公路千米	0.834	0.834	36 916 341	44 264 197.36				36 916 340.60	44 264 197.84	20.12
203	其他补偿费	公路千米	0.834	0.834	25 283 328	30 315 741.12				25 283 328.09	30 315 741.01	13.78
3	第三部分 工程建设其他费	公路千米	0.834	0.834	9 823 485	11 778 758.62				9 823 484.69	11 778 758.99	5.35
301	建设项目管理费	公路千米	0.834	0.834	4 287 564	5 140 963.96				4 287 563.94	5 140 964.03	2.34
303	建设项目前期工作费	公路千米	0.834	0.834	1 948 638	2 336 495.83				1 948 637.52	2 336 496.40	1.06
304	专项评价(估)费	公路千米	0.834	0.834	2 099 760	2 517 697.84				2 099 760.00	2 517 697.84	1.14
306	生产准备费	公路千米	0.834	0.834	224 595	269 298.56				224 595.00	269 298.56	0.12
308	工程保险费	公路千米	0.834	0.834	333 721	400 145.35				333 721.22	400 145.08	0.18
309	其他相关费用	公路千米			929 207					929 207.01		0.51
4	第四部分 预备费	公路千米	0.834	0.834	5 344 350	6 408 093.03				5 344 349.59	6 408 093.53	2.91
401	基本预备费	元			5 344 350					5 344 349.59		2.91
402	价差预备费	元										
5	第一至四部分合计	公路千米	0.834	0.834	183 489 336	220 011 193.97				183 489 335.77	220 011 194.24	100.00
6	建设期贷款利息	公路千米	0.834	0.834								
7	公路基本造价	公路千米	0.834	0.834	183 489 336	220 011 193.97				183 489 335.77	220 011 194.24	100.00

编制:　　　　复核:

表 A.0.2-6　人工、主要材料、施工机械台班数量汇总表

编制范围：互通立交工程　　　　第 1 页　共 1 页　　02 表

代号	规格名称	单位	单价/元	总数量	分项统计/元										场外运输损耗	
					临时工程	交叉工程	交通工程及沿线设施	绿化及环境保护工程	专项费用					辅助生产	%	数量
1001001	人工	工日	111.23	46 048.113	3 537.000	26 483.001	12 232.764	3 795.348								
1051001	机械工	工日	111.23	7 309.981	305.916	5 647.105	1 312.636	44.324								
2001001	HPB300 钢筋	t	4 061.65	132.739		74.649	58.090									
2001002	HRB400 钢筋	t	4 008.85	103.922		96.058	7.865									
2001019	钢丝绳(股丝 6-7×19，绳径 7.1～9 mm；股丝 6×37，绳径 14.1～15.5 mm)	t	6 263.72	1.797		0.473	1.324									
2001021	8～12 号铁丝(镀锌铁丝)	kg	4.36	313.720	168.000	74.496	70.682	0.542								
2001022	20～22 号铁丝(镀锌铁丝)	kg	6.20	912.328		613.242	299.086									
2001024	电焊网排	m^2	77.88	5 114.340			5 114.340									
2003004	型钢(工字钢、角钢)	t	4 035.40	7.700	0.744	2.001	4.954									
2003005	钢板(A3，δ=5～40 mm)	t	4 017.70	32.217	2.000	0.028	30.188									
2003008	钢管(无缝钢管)	t	5 212.39	35.591		1.801	33.791									
2003009	镀锌钢管(外径 15～20 mm，壁厚 2.7～4.5 mm)	t	5 601.77	51.613			51.613									
2003012	镀锌钢板(δ＝1 mm、1.5 mm、3 mm)	t	5 210.62	3.438			3.438									
2003015	钢管立柱	t	5 796.46	244.578			244.578									
2003017	波形钢板(镀锌，包括端头板、撑架)	t	5 796.46	193.568			193.568									
2003025	钢模板(各类定型大块钢模板)	t	5 747.79	25.380		19.460	5.920									
2003026	组合钢模板	t	5 747.79	5.005	0.309	3.489	1.197	0.010								
2003027	门式钢支架	t	5 747.79	0.066			0.066									
2003040	铸铁	kg	2.22	5 420.000			5 420.000									
2003047	可挠金属管(LV-5/50 号)	m	22.22	60.000			60.000									
2005001	不锈钢管(混合规格)	kg	15.00	0.506		0.506										

编制：　　　　复核：

表 A. 0. 2-7　建筑安装工程费计算表

编制范围:互通立交工程　　　　第 1 页　共 2 页　　　03 表

序号	分项编号	工程名称	单位	工程量	定额直接费/元	定额设备购置费/元	直接费/元				设备购置费/元	措施费/元	企业管理费/元	规费/元	利润/元	税金/元	金额合计/元	
							人工费	材料费	施工机械使用费	合计					费率 7.42%	税率 9.0%	合计	单价
1	2	3	4	5	6	7	8	9	10	11	12	13	14	15	16	17	18	19
1	1010101	临时便道(修建、拆除与维护)	km	2.000	241 302		42 712	448 343	35 165	526 220		5 782	11 044	19 012	19 153	52 309	633 522	316 760.79
2	10104	临时供电设施	总额		196 858		10 011	174 481		184 492		2 720	9 010	3 594	15 477	19 376	234 670	
3	10105	临时电信设施	总额		196 858		10 011	174 481		184 492		2 720	9 010	3 594	15 477	19 376	234 670	
4	1010601	基层拌和站	座	1.000	231 362		69 408	256 124	71 067	396 598		7 919	10 589	27 722	18 540	41 523	502 892	502 892.01
5	1010602	面层拌和站	座	1.000	663 604		223 194	892 882	124 340	1 240 417		20 584	30 373	85 297	53 020	128 672	1 558 363	1 558 362.96
6	1 010 603	混凝土拌和站	座	1.000	85 720		38 085	51 183	6 547	95 815		3 559	5 068	14 235	7 000	11 311	136 988	136 988.19
7	10107	交通安全维护费			100 000			100 000		100 000					7 420	9 668	117 088	
8	LJ0302	借土方填筑	m^3	240.000	9 501		145	3 780	5 264	9 189		310	137	326	738	963	11 663	48.59
9	LM01020201	18 cm 水泥稳定碎石(低剂量)	m^2	3 863.400	121 883		2 063	225 926	19 132	247 120		2 033	3 729	1 653	9 471	23 761	287 768	74.49
10	LM01030201	18 cm 水泥稳定碎石下基层	m^2	3 748.900	122 574		2 002	223 701	18 957	244 659		2 029	3 755	1 627	9 524	23 543	285 137	76.06
11	LM01030202	18 cm 水泥稳定碎石上基层	m^2	3 917.100	12 8074		2 091	233 737	19 808	255 636		2 120	3 923	1 700	9 952	24 600	297 931	76.06
12	LM01030203	16 cm 水泥稳定碎石下基层(低剂量)	m^2	455.000	12 921		248	23 668	2 114	26 029		222	396	194	1 005	2 506	30 351	66.71
13	LM01030204	16 cm 水泥稳定碎石上基层	m^2	455.000	13 341		248	24 150	2 114	26 511		225	409	194	1 037	2 554	30 930	67.98
14	LM010401	透层	m^2	3 917.100	17 288		87	18 641	449	19 178		169	547	58	1 336	1 916	23 204	5.92
15	LM010402	黏层	m^2	4 087.000	7 963			6 845	70	6 915		69	252	3	615	707	8 561	2.09
16	LM01040301	热沥青预拌碎石封层	m^2	4 372.100	70 307		4 036	45 447	19 163	68 646		1 807	2 225	1 980	5 516	7 216	87 389	19.99
17	LM01050201	6 cm 中粒式沥青混凝土	m^2	4 087.000	200 147		1 170	187 556	28 316	217 043		3 201	6 273	980	15 554	21 875	264 925	64.82
18	LM01050301	4 cm 细粒式沥青混凝土	m^2	442.000	15 039		86	14 004	2 038	16 128		236	472	71	1 168	1 627	19 702	44.57
19	LM01050501	4 cm 沥青玛蹄脂碎石混合料	m^2	4 087.000	222 673		849	198 361	20 886	220 096		2 979	7 006	697	17 263	22 324	270 364	66.15
20	LM040201	培路肩	m^3	1 749.300	44 160		39 888		6 118	46 006		2 603	1 397	15 787	3 573	6 243	75 609	43.22

表 A.0.2-7 建筑安装工程费计算表

编制范围:互通立交工程　　　　第 2 页　共 2 页　　　03 表

序号	分项编号	工程名称	单位	工程量	定额直接费/元	定额设备购置费/元	直接费/元				设备购置费/元	措施费/元	企业管理费/元	规费/元	利润/元	税金/元	金额合计/元	
							人工费	材料费	施工机械使用费	合计					费率 7.42%	税率 9.0%	合计	单价
1	2	3	4	5	6	7	8	9	10	11	12	13	14	15	16	17	18	19
21	LM040202	路缘石	m^3	38.000	25 079		13 581	16 788	2 074	32 443		924	824	5 073	1 991	3 713	44 968	1 183.37
22	LM07	实体岛	处	4.000	38 295		14 298	29 106	5 064	48 468		1 150	1 065	5 436	3 006	5 321	64 445	16 111.34
23	LJ0302	借土方填筑	m^3	90.000	3 563		55	1 418	1 974	3 446		116	51	122	277	361	4 373	48.59
24	LM0301	20 cm 填隙碎石	m^2	80.000	1 770		36	4 062	108	4 205		22	56	20	137	400	4 840	60.50
25	LM01030201	16 cm 水泥稳定碎石下基层(低剂量)	m^2	833.600	23 674		454	43 361	3 873	47 688		406	725	355	1 840	4 591	55 606	66.71
26	LM01030202	16 cm 水泥稳定碎石上基层	m^2	818.000	23 985		446	43 417	3 800	47 663		405	735	349	1 864	4 591	55 606	67.98
27	LM01040301	热沥青预拌碎石封层	m^2	818.000	13 154		755	8 503	3 585	12 843		338	416	370	1 032	1 350	16 350	19.99
28	LM01050301	4 cm 细粒式沥青混凝土	m^2	784.000	26 680		153	24 843	3 615	28 611		418	837	127	2 073	2 886	34 951	44.58
29	LJ010101	清除表土	m^3	2 990.200	33 240		4 656		27 044	31 700		1 905	916	3 000	2 676	3 618	43 814	14.65
30	LJ010102	伐树、挖根	棵	1 400.000	32 044		18 687		13 596	32 283		1 577	1 467	7 491	2 604	4 088	49 509	35.36
31	LJ01020201	挖除沥青面层	m^3	191.063	17 564		8 142		9 081	17 223		1 024	538	3 016	1 419	2 090	25 309	132.47
32	LJ01020202	挖除水稳碎石基层	m^3	96.336	2 121		107		1 909	2 016		118	57	137	170	225	2 724	28.27
33	LJ01020203	挖除水泥稳定砂砾	m^3	37.170	819		41		737	778		46	22	53	66	87	1 051	28.28
34	LJ010301	拆除钢筋混凝土结构	m^3	17.500	4 325		2 589	111	1 613	4 313		209	193	939	351	540	6 546	374.04
35	LJ010303	拆除砖石及其他砌体	m^3	20.900	967		721		261	981		48	38	271	78	127	1 543	73.84
36	LJ0201	挖土方	m^3	11 641.000	25 762		3 367		21 386	24 753		1 638	894	2 334	2 099	2 855	34 573	2.97
37	LJ0301	利用土方填筑	m^3	10 035.000	45 087		2 344		40 387	42 731		2 867	1 565	3 398	3 674	4 881	59 116	5.89
38	LJ0302	借土方填筑	m^3	33 933.300	1 500 031		21 850	590 444	837 215	1 449 509		49 443	21 989	49 335	116 603	151 819	1 838 697	54.19
39	LJ030701	40 cm 石灰(8%)土	m^2	9 880.100	187 490		22 331	224 122	9 759	256 213		2 831	6 508	8 430	14 605	25 973	314 559	31.84

编制：　　　　　　　　复核：

表 A.0.2-8　综合费率计算表

编制范围：互通立交工程　　　　第 1 页　共 1 页　　　04 表

序号	工程类别	措施费/%									综合费率		企业管理费/%						规费/%					
		冬季施工增加费	雨季施工增加费	夜间施工增加费	高原地区施工增加费	风沙地区施工增加费	沿海地区施工增加费	行车干扰施工增加费	施工辅助费	工地转移费	Ⅰ	Ⅱ	基本费用	主副食运费补贴	职工探亲路费	职工取暖补贴	财务费用	综合费率	养老保险费	失业保险费	医疗保险费	工伤保险费	住房公积金	综合费率
1	2	3	4	5	6	7	8	9	10	11	12	13	14	15	16	17	18	19	20	21	22	23	24	25
01	土方	0.84	0.53					4.12	0.52	0.36	5.84	0.52	2.75	0.13	0.19	0.13	0.27	3.47	16.00	0.70	6.50	0.70	12.00	35.90
02	石方	0.16	0.49					3.48	0.47	0.26	4.39	0.47	2.79	0.12	0.20	0.12	0.26	3.49	16.00	0.70	6.50	0.70	12.00	35.90
03	运输	0.17	0.53					4.00	0.15	0.24	4.94	0.15	1.37	0.13	0.13	0.13	0.26	2.03	16.00	0.70	6.50	0.70	12.00	35.90
04	路面	0.57	0.50					3.49	0.82	0.52	5.08	0.82	2.43	0.09	0.16	0.09	0.40	3.16	16.00	0.70	6.50	0.70	12.00	35.90
05	隧道	0.20							1.20	0.42	0.62	1.20	3.57	0.10	0.27	0.09	0.51	4.54	16.00	0.70	6.50	0.70	12.00	35.90
06	构造物Ⅰ	0.65	0.33					2.32	1.20	0.42	3.72	1.20	3.59	0.12	0.27	0.13	0.47	4.58	16.00	0.70	6.50	0.70	12.00	35.90
06-1	构造物Ⅰ(绿化)		0.33					2.32	1.20	0.42	3.07	1.20	3.59	0.12	0.27	0.13	0.47	4.58	16.00	0.70	6.50	0.70	12.00	35.90
07	构造物Ⅱ	0.87	0.39	0.90				2.51	1.54	0.54	5.21	1.54	4.73	0.14	0.35	0.15	0.55	5.91	16.00	0.70	6.50	0.70	12.00	35.90
08	构造物Ⅲ(一般)	1.62	0.77	1.70				2.37	2.73	1.01	7.46	2.73	5.98	0.25	0.55	0.26	1.09	8.13	16.00	0.70	6.50	0.70	12.00	35.90
08-1	构造物Ⅲ(室内)	1.62		1.70				2.37	2.73	1.01	6.69	2.73	5.98	0.25	0.55	0.26	1.09	8.13	16.00	0.70	6.50	0.70	12.00	35.90
08-2	构造物Ⅲ(桥梁)	1.62	0.77	1.70				2.37	2.73	1.01	7.46	2.73	5.98	0.25	0.55	0.26	1.09	8.13	16.00	0.70	6.50	0.70	12.00	35.90
08-3	构造物Ⅲ(设备安装)	1.62						2.37	2.73	1.01	4.99	2.73	5.98	0.25	0.55	0.26	1.09	8.13	16.00	0.70	6.50	0.70	12.00	35.90
09	技术复杂大桥	1.02	0.51	0.93					1.68	0.63	3.08	1.68	4.14	0.12	0.21	0.12	0.64	5.22	16.00	0.70	6.50	0.70	12.00	35.90
10	钢材及钢结构(一般)	0.04		0.87					0.56	0.57	1.48	0.56	2.24	0.11	0.16	0.08	0.65	3.25	16.00	0.70	6.50	0.70	12.00	35.90
10-1	钢材及钢结构(桥梁)	0.04		0.87					0.56	0.57	1.48	0.56	2.24	0.11	0.16	0.08	0.65	3.25	16.00	0.70	6.50	0.70	12.00	35.90
10-2	钢材及钢结构(金属标志牌等)	0.04							0.56	0.57	0.61	0.56	2.24	0.11	0.16	0.08	0.65	3.25	16.00	0.70	6.50	0.70	12.00	35.90

编制：　　　　　　　　　　复核：

表 A.0.2-10　设备费计算表

建设项目名称：GX 高速 A 互通立交工程　　　　第 1 页　共 1 页　　05 表

代号	设备名称	规格型号	单位	数量	基价/元	定额设备购置费/元	单价/元	设备购置费/元	税金/元	定额设备费/元	设备费/元
7501001	车道控制器		套	14.00	18 376.07	257 264.98	18 376.07	257 264.98	23 153.85	280 418.83	280 418.83
7501002	收费员终端		套	12.00	2 564.10	30 769.20	2 564.10	30 769.20	2 769.23	33 538.43	33 538.43
7501003	复合卡读写器		套	8.00	3 418.80	27 350.40	3 418.80	27 350.40	2 461.54	29 811.94	29 811.94
7501007	雾灯		套	12.00	1 367.52	16 410.24	1 367.52	16 410.24	1 476.92	17 887.16	17 887.16
7501008	黄色声光报警器		套	12.00	211.97	2 543.64	211.97	2 543.64	228.93	2 772.57	2 772.57
7501009	入口语音报读设备		套	4.00	85.47	341.88	85.47	341.88	30.77	372.65	372.65
7501010	手动栏杆		套	12.00	1 538.46	18 461.52	1 538.46	18 461.52	1 661.54	20 123.06	20 123.06
7501011	雨棚信号灯		套	12.00	4 957.26	59 487.12	4 957.26	59 487.12	5 353.84	64 840.96	64 840.96
7501012	通行信号灯		套	12.00	1 538.46	18 461.52	1 538.46	18 461.52	1 661.54	20 123.06	20 123.06
7501014	车牌自动识别系统		套	12.00	23 076.92	276 923.04	23 076.92	276 923.04	24 923.07	301 846.11	301 846.11
7501015	双通道车辆检测器		套	12.00	1 709.40	20 512.80	1 709.40	20 512.80	1 846.15	22 358.95	22 358.95
7501016	检测线圈(收费车道)		套	12.00	427.35	5 128.20	427.35	5 128.20	461.54	5 589.74	5 589.74
7501018	拾音器		套	12.00	55.56	666.72	55.56	666.72	60.00	726.72	726.72
7501022	OBU 识别器		套	8.00	17 094.02	136 752.16	17 094.02	136 752.16	12 307.69	149 059.85	149 059.85
7501025	称重费额显示器		套	12.00	4 461.54	53 538.48	4 461.54	53 538.48	4 818.46	58 356.94	58 356.94
7501026	收据打印机		套	2.00	2 777.78	5 555.56	2 777.78	5 555.56	500.00	6 055.56	6 055.56
7501031	高速自动栏杆		套	16.00	27 777.78	444 444.48	27 777.78	444 444.48	40 000.00	484 444.48	484 444.48
7501033	称重控制器及机箱(含软件)		套	6.00	41 880.34	251 282.04	41 880.34	251 282.04	22 615.38	273 897.42	273 897.42
7501034	称重传感器		套	6.00	102 564.10	615 384.60	102 564.10	615 384.60	55 384.61	670 769.21	670 769.21
7501036	检测线圈(计重车道)		套	2.00	2 136.75	4 273.50	2 136.75	4 273.50	384.62	4 658.12	4 658.12
7501038	收费广场摄像机		套	6.00	17 094.02	102 564.12	17 094.02	102 564.12	9 230.77	111 794.89	111 794.89
7501040	投包室、机房摄像机		套	19.00	2 991.45	56 837.55	2 991.45	56 837.55	5 115.38	61 952.93	61 952.93
7501042	车型分类及客货自动识别装置		套	4.00	72 649.57	290 598.28	72 649.57	290 598.28	26 153.85	316 752.13	316 752.13
7501047	高清网络摄像机		套	7.00	25 641.03	179 487.21	25 641.03	179 487.21	16 153.85	195 641.06	195 641.06
7501049	RSU		套	16.00	153 846.15	2 461 538.40	153 846.15	2 461 538.40	221 538.46	2 683 076.86	2 683 076.86

编制：　　　　复核：

表 A. 0. 2-11　专项费用计算表

建设项目名称:GX 高速 A 互通立交工程　　　　第 1 页　共 1 页　　06 表

序号	工程或费用名称	说明及计算式	金额/元	备注
11001	施工场地建设费	[部颁 2018 施工场地建设费]	2 049 134	2 049 134
11002	安全生产费	[A]×1.5%	1 395 178	1 395 178

编制:　　　　复核:

表 A. 0. 2-12　土地使用及拆迁补偿费计算表

建设项目名称:GX 高速 A 互通立交工程　　　　第 1 页　共 2 页　　07 表

序号	费用名称	单位	数量	单价/元	金额/元	说明及计算式	备注
201	土地使用费	亩	147.785	79 269.48	11 714 801	147.784 5(亩)×79 269.484 96	
20101	永久征用土地	亩	147.785	69 600.00	10 285 801	147.784 5(亩)×69 600	
1	永久占地(农用地)	亩	147.785	69 600.00	10 285 801	147.784 5(亩)×69 600	
20102	租赁用地	亩	40.000	35 725.00	1 429 000	40(亩)×35 725	
1	租赁用地(便道)	亩	10.000	2 500.00	25 000	10(亩)×2 500	
2	租赁用地(预制场、拌和站)	亩	30.000	44 800.00	1 344 000	30(亩)×44 800	
3	租赁用地青苗补偿费	亩	40.000	1 500.00	60 000	40(亩)×1 500	
202	拆迁补偿费	公路千米	0.834	44 264 197.36	36 916 341	$4.426\ 419\ 736\ 211\times10^{7}\times0.834$	
1	砖房	m^2	139.000	1 000.00	139 000	139(m^2)×1 000	
2	彩钢房	m^2	365.000	300.00	109 500	365(m^2)×300	
3	大棚	m^2	76 853.000	253.00	19 443 809	76 853(m^2)×253	
4	栅栏	m	1 700.000	100.00	170 000	1 700(m)×100	
5	坟	个	9.000	1 500.00	13 500	9(个)×1 500	
6	泵房	处	4.000	10 000.00	40 000	4(处)×10 000	
7	供水管线	m	2 002.000	1 000.00	2 002 000	2 002(m)×1 000	

表 A. 0. 2-12　土地使用及拆迁补偿费计算表

建设项目名称:GX 高速 A 互通立交工程　　　　第 2 页　共 2 页　　07 表

序号	费用名称	单位	数量	单价/元	金额/元	说明及计算式	备注
8	高压电杆(35 kV)	根	9.000	50 000.00	450 000	9(根) × 50 000	
9	高压电杆(10 kV)	根	17.000	10 000.00	170 000	17(根) ×10 000	
10	低压及通信线杆	根	23.000	1 500.00	34 500	23(根) × 1 500	
11	角钢电塔	根	1.000	1 000 000.00	1 000 000	1(根) × 1 000 000	
12	变压器	处	2.000	20 000.00	40 000	2(处) × 20 000	
13	乔木(胸径 5～10 cm)	棵	37.000	50.00	1 850	37(棵) × 50	
14	乔木(胸径 10～20 cm)	棵	1 129.000	70.00	79 030	1 129(棵) × 70	
15	乔木(胸径 20 cm 以上)	棵	280.000	100.00	28 000	280(棵) ×100	
16	地下电缆	m	1 600.000	2 000.00	3 200 000	1 600(m)×2 000	
17	代征地	亩	143.609	69 600.00	9 995 152	143.608 5(亩) × 69 600	
203	其他补偿费	公路千米	0.834	30 315 741.11	25 283 328	$3.031\ 574\ 111\ 391 \times 10^7 \times 0.834$	
1	耕地开垦费	亩	147.785	150 000.00	22 167 675	147.784 5(亩)×150 000	
2	青苗补偿费	亩	147.785	3 000.00	443 354	147.784 5(亩)×3 000	
3	耕地占有税	亩	147.785	1 333.00	196 997	147.784 5(亩)×1 333	
4	社会保障补助费	亩	147.785	15 000.00	2 216 768	147.784 5(亩)×15 000	
5	用地图编制及勘界费	亩	147.785	300.00	44 335	147.784 5(亩)×300	
6	水土保持补偿费	元	1.000	214 200.00	214 200	1(元)×214 200	

编制:　　　　　　　　复核:

表 A.0.2-13　工程建设其他费计算表

建设项目名称:GX 高速 A 互通立交工程　　　　第 1 页　共 1 页　　08 表

序号	费用名称及项目	说明及计算式	金额/元	备注
301	建设项目管理费		4 287 564	
30101	建设单位(业主)管理费	0.030 506 158 7×[定额建筑安装工程费(不含专项费用)+专项费用]	2 323 475	$ {部颁 2018 建设单位(业主)管理费}
30102	建设项目信息化费	0.003 539 301 0×[定额建筑安装工程费(不含专项费用)+专项费用]	269 568	$ {部颁 2018 建设项目信息化费}
30103	工程监理费	0.021 238 135 8×[定额建筑安装工程费(不含专项费用)+专项费用]	1 617 584	$ {部颁 2018 工程监理费}
30104	设计文件审查费	0.000 752 824 0×[定额建筑安装工程费(不含专项费用)+专项费用]	57 338	$ {部颁 2018 设计文件审查费}
30105	竣(交)工验收试验检测费	{部颁 2018 竣(交)工验收试验检测费}	19 599	19 599
303	建设项目前期工作费		1 948 638	$ null
30301	设计咨询费	1(元) × 300 000	300 000	
30302	勘察设计费	1(元)×5 000 000	5 000 000	
30303	招标文件及标底编制费	1(元)×150 000	150 000	
30304	工程可行性研究编制费	1(元)×770 900	770 900	
304	专项评价(估)费		2 099 760	
1	环境影响评价费	1(元)×148 000	148 000	
2	社会稳定风险分析、评估费	1(元)×355 000	355 000	
3	交通工程安全评估费	1(元)×215 000	215 000	
4	文物勘察费	1(元)×400 260	400 260	
5	水土保持评估费	1(元)×240 000	240 000	
6	规划选址意见书编制费	1(元)×250 000	250 000	
7	土地利用规划费	1(元)×143 600	143 600	
8	项目申请报告编制费	1(元)×277 900	277 900	
9	压覆重要矿床评估费	1(元)×20 000	20 000	
10	地质灾害危险性评价费	1(元)×50 000	50 000	
306	生产准备费		224 595	
30602	办公和生活用家具购置费	{部颁 2018 办公及生活用家具购置费}	14 595	14 595
30603	生产人员培训费	3 000×70	210 000	
308	工程保险费	(建安工程费－设备费)×0.4%	333 721	
309	其他相关费用		929 207	
30901	第三方检测费	92 920 701×0.01	929 207	

编制:　　　　　　　　复核:

表 A.0.3-2　分项工程预算表

编制范围：互通立交方案

分项编号：LM01050201　　工程名称：6 cm 中粒式沥青混凝土　　单位：m^2　　数量：4 087.0　　单价：64.82 元/m^2　　第 1 页　共 6 页　　21-2 表

代号	工程项目			改性沥青混凝土			沥青混合料运输			沥青混合料路面铺筑			合计	
	工程细目			生产能力 240 t/h 以内设备拌和改性沥青混凝土(中粒式)			装载质量 15 t 以内自卸汽车运输沥青混合料 15 km			生产能力 240 t/h 以内设备拌和，机械摊铺沥青混凝土混合料(中粒式)				
	定额单位			1 000 m^3 路面实体			1 000 m^3			1 000 m^3 路面实体				
	工程数量			0.245			0.245			0.245				
	定额表号			2—2—11—31 改			2—2—13—7 改			2—2—14—47				
	工、料、机名称	单位	单价/元	定额	数量	金额/元	定额	数量	金额/元	定额	数量	金额/元	数量	金额/元
1001001	人工	工日	111.23	24.800	6.081	676.44				18.100	4.438	493.69	10.520	1 170.13
3001001	石油沥青	t	3 863.72	116.277	28.513	110 167.97							28.513	110 167.97
5503006	路面用机制砂	m^3	165.05	406.730	99.738	16 461.81							99.738	16 461.81
5503013	矿粉粒径<0.007 4 cm，质量比>70%	t	252.43	124.450	30.518	7 703.57							30.518	7 703.57
5505017	路面用碎石(1.5 cm)最大粒径 1.5 cm 堆方	m^3	194.47	662.930	162.564	31 613.76							162.564	31 613.76
5505018	路面用碎石(2.5 cm)最大粒径 2.5 cm 堆方	m^3	194.47	440.030	107.904	20 984.12							107.904	20 984.12
7801001	其他材料费	元	1.00	223.300	54.758	54.76							54.758	54.76
7901001	设备摊销费	元	1.00	2 387.900	585.561	585.56							585.561	585.56
8001047	斗容量 2.0 m^3 轮胎式装载机 ZL40	台班	903.20	5.200	1.275	1 151.71							1.275	1 151.71
8003052	生产能力 240 t/h 以内沥青混合料拌和设备 LB3000	台班	42 759.48	1.620	0.397	16 986.48							0.397	16 986.48
8003060	最大摊铺宽度 12.5 m 以内沥青混合料摊铺机(带自动找平)S2000	台班	3 687.22							1.920	0.471	1 736.03	0.471	1 736.03
8003065	机械自身质量 15 t 以内双钢轮振动压路机 YZC-15	台班	1 573.89							5.380	1.319	2 076.41	1.319	2 076.41
8003067	机械自身质量 16～20 t 轮胎式压路机 YL20	台班	730.61							2.680	0.657	480.15	0.657	480.15

表 A.0.3-2　分项工程预算表

编制范围：互通立交方案

分项编号：LM01050201　　工程名称：6 cm 中粒式沥青混凝土　　单位：m^2　　数量：4 087.0　　单价：64.82 元/m^2　　第 2 页　共 6 页　　21-2 表

代号	工程项目			改性沥青混凝土			沥青混合料运输			沥青混合料路面铺筑			合计	
	工程细目			生产能力 240 t/h 以内设备拌和改性沥青混凝土(中粒式)			装载质量 15 t 以内自卸汽车运输沥青混合料 15 km			生产能力 240 t/h 以内设备拌和，机械摊铺沥青混凝土混合料(中粒式)				
	定额单位			1 000 m^3 路面实体			1 000 m^3			1 000 m^3 路面实体				
	工程数量			0.245			0.245			0.245				
	定额表号			2—2—11—31 改			2—2—13—7 改			2—2—14—47				
	工、料、机名称	单位	单价/元	定额	数量	金额/元	定额	数量	金额/元	定额	数量	金额/元	数量	金额/元
8003068	机械自身质量 20～25 t 轮胎式压路机 YL27	台班	911.31							2.580	0.633	576.56	0.633	576.56
8007012	装载质量 5 t 以内自卸汽车 CA340	台班	560.79	1.670	0.410	229.65							0.410	229.65
8007017	装载质量 15 t 以内自卸汽车 SH361、T815	台班	872.21				23.150	5.677	4 951.40				5.677	4 951.40
8007043	容量 10 000 L 以内洒水汽车 YGJ5170GSSJN	台班	1 063.61							0.500	0.123	130.41	0.123	130.41
9999001	定额基价	元	1.00	53 391.000	189 235.496	189 235.50	926.780	5 261.185	5 261.18	8 370.770	5 666.551	5 666.55	200 163.232	200 163.23
	直接费	元				206 598.98			4 951.00			5 492.79		217 042.77
	措施费 Ⅰ	元		20 715.466	5.075	1 051.40	5 261.185	4.942	260.02	5 666.551	5.075	287.60		1 598.89
	措施费 Ⅱ	元		189 221.751	0.818	1 547.82	5 261.185	0.154	8.10	5 666.551	0.818	46.35		1 602.27
	企业管理费	元		189 220.062	3.164	5 986.92	5 260.755	2.030	106.79	5 666.089	3.164	179.28		6 272.99
	规费	元		996.304	35.900	357.67	631.384	35.900	226.67	1 101.309	35.900	395.37		979.71
	利润	元		197 806.119	7.420	14 677.21	5 635.647	7.420	418.17	6 179.286	7.420	458.50		15 553.88
	税金	元		230 219.922	9.000	20 719.79	5 970.722	9.000	537.37	6 859.867	9.000	617.39		21 874.55
	金额合计	元				250 939.72			6 508.09			7 477.26		264 925.06

编制：　　　　　　　　　　复核：

表 A.0.3-2　分项工程预算表

编制范围：互通立交方案

分项编号：LM01050301　工程名称：4 cm 细粒式沥青混凝土　单位：m^2　数量：442.0　单价：44.57 元/m^2　第 3 页　共 6 页　21-2 表

代号	工程项目			细粒式			沥青混合料运输			沥青混合料路面铺筑			合计	
	工程细目			生产能力 240 t/h 以内设备拌和沥青混凝土混合料(细粒式)			装载质量 15 t 以内自卸汽车运输沥青混合料 15 km			生产能力 240 t/h 以内设备拌和，机械摊铺沥青混凝土混合料(细粒式)				
	定额单位			1 000 m^3 路面实体			1 000 m^3			1 000 m^3 路面实体				
	工程数量			0.018			0.018			0.018				
	定额表号			2—2—11—19			2—2—13—7 改			2—2—14—48				
	工、料、机名称	单位	单价/元	定额	数量	金额/元	定额	数量	金额/元	定额	数量	金额/元	数量	金额/元
1001001	人工	工日	111.23	24.600	0.435	48.38				19.200	0.339	37.76	0.774	86.13
3001001	石油沥青	t	3 863.72	123.161	2.177	8 413.20							2.177	8 413.20
5503013	矿粉粒径<0.007 4 cm，质量比>70%	t	252.43	85.210	1.507	380.29							1.507	380.29
5503015	路面用石屑	m^3	189.61	402.600	7.118	1 349.64							7.118	1 349.64
5505017	路面用碎石(1.5 cm)最大粒径 1.5 cm 堆方	m^3	194.47	1 103.610	19.512	3 794.46							19.512	3 794.46
7801001	其他材料费	元	1.00	279.100	4.934	4.93							4.934	4.93
7901001	设备摊销费	元	1.00	2 584.800	45.699	45.70							45.699	45.70
8001047	斗容量 2.0 m^3 轮胎式装载机 ZL40	台班	903.20	5.180	0.092	82.72							0.092	82.72
8003052	生产能力 240 t/h 以内沥青混合料拌和设备 LB3000	台班	42 759.48	1.610	0.028	1 217.14							0.028	1 217.14
8003060	最大摊铺宽度 12.5 m 以内沥青混合料摊铺机(带自动找平)S2000	台班	3 687.22							1.930	0.034	125.82	0.034	125.82
8003065	机械自身质量 15 t 以内双钢轮振动压路机 YZC-15	台班	1 573.89							5.400	0.095	150.26	0.095	150.26
8003067	机械自身质量 16～20 t 轮胎式压路机 YL20	台班	730.61							2.700	0.048	34.88	0.048	34.88

表 A. 0. 3-2　分项工程预算表

编制范围：互通立交方案

分项编号：LM01050301　　工程名称：4 cm 细粒式沥青混凝土　　单位：m^2　　数量：442.0　　单价：44.57 元/m^2　　第 4 页　共 6 页　　21-2 表

代号	工程项目			细粒式			沥青混合料运输			沥青混合料路面铺筑			合计	
	工程细目			生产能力 240 t/h 以内设备拌和沥青混凝土混合料(细粒式)			装载质量 15 t 以内自卸汽车运输沥青混合料 15 km			生产能力 240 t/h 以内设备拌和，机械摊铺沥青混凝土混合料(细粒式)				
	定额单位			1 000 m^3 路面实体			1 000 m^3			1 000 m^3 路面实体				
	工程数量			0.018			0.018			0.018				
	定额表号			2—2—11—19			2—2—13—7 改			2—2—14—48				
	工、料、机名称	单位	单价/元	定额	数量	金额/元	定额	数量	金额/元	定额	数量	金额/元	数量	金额/元
8003068	机械自身质量 20～25 t 轮胎式压路机 YL27	台班	911.31							2.600	0.046	41.89	0.046	41.89
8007012	装载质量 5 t 以内自卸汽车 CA340	台班	560.79	1.660	0.029	16.46							0.029	16.46
8007017	装载质量 15 t 以内自卸汽车 SH361、T815	台班	872.21				23.150	0.409	356.99				0.409	356.99
8007043	容量 10 000 L 以内洒水汽车 YGJ5170GSSJN	台班	1 063.61							0.500	0.009	9.40	0.009	9.40
9999001	定额基价	元	1.00	53 318.190	14 230.562	14 230.56	926.780	379.324	379.32	8 370.770	412.477	412.48	15 022.362	15 022.36
	直接费	元				15 370.28			357.39			400.46		16 128.14
	措施费 Ⅰ	元		1 484.461	5.075	75.34	379.324	4.942	18.75	412.477	5.075	20.94		115.16
	措施费 Ⅱ	元		14 244.980	0.818	116.54	379.324	0.154	0.58	412.477	0.818	3.38		120.50
	企业管理费	元		14 246.660	3.164	450.76	379.753	2.030	7.71	412.943	3.164	13.07		471.54
	规费	元		71.407	35.900	25.64	45.577	35.900	16.36	81.880	35.900	29.40		71.39
	利润	元		14 889.394	7.420	1 104.79	406.819	7.420	30.19	450.350	7.420	33.42		1 168.40
	税金	元		17 143.444	9.000	1 542.91	431.000	9.000	38.79	500.667	9.000	45.06		1 626.76
	金额合计	元				18 686.35			469.79			545.73		19 701.88

编制：　　　　复核：

表 A.0.3-2 分项工程预算表

编制范围:互通立交方案

分项编号:LM01050501　　工程名称:4 cm 沥青玛𤧛脂碎石混合料　单位:m²　　数量:4 087.0　　单价:66.15 元/m²　第 5 页　共 6 页　　21-2 表

代号	工程项目			沥青玛𤧛脂碎石混合料			沥青混合料运输			沥青混合料路面铺筑			合计	
	工程细目			生产能力 240 t/h 以内设备拌和改性沥青玛𤧛脂碎石混合料			装载质量 15 t 以内自卸汽车运输沥青混合料 15 km			生产能力 240 t/h 以内设备拌和,机械摊铺沥青混凝土混合料(细粒式)				
	定额单位			1 000 m³ 路面实体			1 000 m³			1 000 m³ 路面实体				
	工程数量			0.163			0.163			0.163				
	定额表号			2—2—12—3 改			2—2—13—7 改			2—2—14—25				
	工、料、机名称	单位	单价/元	定额	数量	金额/元	定额	数量	金额/元	定额	数量	金额/元	数量	金额/元
1001001	人工	工日	111.23	27.900	4.561	507.33				18.800	3.073	341.86	7.635	849.19
3001002	改性沥青 SBS、SBR、SR 复合	t	4 881.42	145.276	23.750	115 932.36							23.750	115 932.36
5003001	纤维稳定剂木质素纤维、矿物纤维等	t	11 965.81	7.344	1.201	14 366.12							1.201	14 366.12
5503006	路面用机制砂	m³	165.05	148.120	24.215	3 996.63							24.215	3 996.63
5503013	矿粉粒径<0.007 4 cm,质量比>70%	t	252.43	207.640	33.945	8 568.73							33.945	8 568.73
5505024	玄武岩碎石堆方	m³	271.84	1 236.020	202.065	54 929.23							202.065	54 929.23
7801001	其他材料费	元	1.00	279.100	45.627	45.63							45.627	45.63
7901001	设备摊销费	元	1.00	3 044.300	497.682	497.68							497.682	497.68
8001047	斗容量 2.0 m³ 轮胎式装载机 ZL40	台班	903.20	6.080	0.994	897.74							0.994	897.74
8003052	生产能力 240 t/h 以内沥青混合料拌和设备 LB3000	台班	42 759.48	1.890	0.309	13 211.70							0.309	13 211.70
8003060	最大摊铺宽度 12.5 m 以内沥青混合料摊铺机(带自动找平)S2000	台班	3 687.22							1.890	0.309	1 139.27	0.309	1 139.27
8003065	机械自身质量 15 t 以内双钢轮振动压路机 YZC-15	台班	1 573.89							5.300	0.866	1 363.69	0.866	1 363.69
8003066	机械自身质量 9～16 t 轮胎式压路机 YL16	台班	624.31							3.620	0.592	369.47	0.592	369.47

表 A. 0. 3-2　分项工程预算表

编制范围：互通立交方案

分项编号：LM01050501　　工程名称：4 cm 沥青玛琋脂碎石混合料　单位：m^2　　数量：4 087.0　　单价：66.15 元/m^2　第 6 页　共 6 页　　21-2 表

代号	工程项目			沥青玛琋脂碎石混合料			沥青混合料运输			沥青混合料路面铺筑			合计	
	工程细目			生产能力 240 t/h 以内设备拌和改性沥青玛琋脂碎石混合料			装载质量 15 t 以内自卸汽车运输沥青混合料 15 km			生产能力 240 t/h 以内设备拌和，机械摊铺沥青混凝土混合料(细粒式)				
	定额单位			1 000 m^3 路面实体			1 000 m^3			1 000 m^3 路面实体				
	工程数量			0.163			0.163			0.163				
	定额表号			2—2—12—3 改			2—2—13—7 改			2—2—14—25				
	工、料、机名称	单位	单价/元	定额	数量	金额/元	定额	数量	金额/元	定额	数量	金额/元	数量	金额/元
8003067	机械自身质量 16～20 t 轮胎式压路机 YL20	台班	730.61							2.640	0.432	315.32	0.432	315.32
8007012	装载质量 5 t 以内自卸汽车 CA340	台班	560.79	2.160	0.353	198.02							0.353	198.02
8007017	装载质量 15 t 以内自卸汽车 SH361、T815	台班	872.21				23.150	3.785	3 300.93				3.785	3 300.93
8007043	容量 10 000 L 以内洒水汽车 YGJ5170GSSJN	台班	1 063.61							0.500	0.082	86.94	0.082	86.94
9999001	定额基价	元	1.00	66 343.600	215 410.581	215 410.58	926.780	3 507.456	3 507.46	8 067.970	3 727.728	3 727.73	222 645.766	222 645.77
	直接费	元				213 177.26			3 301.34			3 616.98		220 095.57
	措施费 Ⅰ	元		16 116.094	5.075	817.96	3 507.456	4.942	173.35	3 727.728	5.075	189.20		1 180.65
	措施费 Ⅱ	元		215 434.962	0.818	1 762.27	3 507.456	0.154	5.40	3 727.728	0.818	30.50		1 798.17
	企业管理费	元		215 436.934	3.164	6 816.42	3 507.885	2.030	71.21	3 728.184	3.164	117.96		7 005.60
	规费	元		760.362	35.900	272.97	421.008	35.900	151.14	760.724	35.900	273.10		697.21
	利润	元		224 833.693	7.420	16 682.66	3 757.857	7.420	278.83	4 065.863	7.420	301.69		17 263.18
	税金	元		239 529.644	9.000	21 557.67	3 981.289	9.000	358.32	4 529.444	9.000	407.65		22 323.63
	金额合计	元				261 087.32			4 339.61			4 937.10		270 364.02

编制：　　　　　　　　　　　　复核：

表 A.0.3-6　施工机械台班单价计算表

建设项目名称：GX 高速 A 互通立交工程　　　　第 1 页　共 1 页　　24 表

序号	代号	机械名称	台班单价/元	不变费用/元		可变费用/元																	
				调整系数 1.0		机械工		重油		汽油		柴油		煤		电		水		木柴		车船税	合计
						111.23 元/工日		3.19 元/kg		7.81 元/kg		6.5 元/kg		元/t		0.88 元/(kW·h)		元/m³		元/kg			
				定额	调整值	定额	费用	定额	费用	定额	费用	定额	费用	定额	费用	定额	费用	定额	费用	定额	费用		
1	8001002	功率 75 kW 以内履带式推土机	842.44	262.670	262.67	2.000	222.46					54.970	357.31										579.77
2	8001006	功率 135 kW 以内履带式推土机	1 518.31	658.460	658.46	2.000	222.46					98.060	637.39										859.85
3	8001025	斗容量 0.6 m³ 履带式单斗挖掘机	807.15	341.260	341.26	2.000	222.46					37.450	243.43										465.89
4	8001027	斗容量 1.0 m³ 履带式单斗挖掘机	1 134.50	425.120	425.12	2.000	222.46					74.910	486.92										709.38
5	8001030	斗容量 2.0 m³ 履带式单斗挖掘机	1 424.72	604.710	604.71	2.000	222.46					91.930	597.55										820.01
6	8001035	斗容量 1.0 m³ 履带式单斗挖掘机	1 001.29	358.340	358.34	2.000	222.46					64.690	420.49										642.95
7	8001045	斗容量 1.0 m³ 轮胎式装载机	544.09	114.160	114.16	1.000	111.23					49.030	318.70										429.93
8	8001047	斗容量 2.0 m³ 轮胎式装载机	903.20	188.380	188.38	1.000	111.23					92.860	603.59										714.82
9	8001049	斗容量 3.0 m³ 轮胎式装载机	1 146.50	286.790	286.79	1.000	111.23					115.150	748.48										859.71
10	8001058	功率 120 kW 以内平地机	1 126.48	365.130	365.13	2.000	222.46					82.130	533.85									5.04	761.35
11	8001078	机械自身质量 6～8 t 光轮压路机	347.92	111.890	111.89	1.000	111.23					19.200	124.80										236.03
12	8001079	机械自身质量 8～10 t 光轮压路机	379.63	117.600	117.60	1.000	111.23					23.200	150.80										262.03
13	8001081	机械自身质量 12～15 t 光轮压路机	554.44	183.210	183.21	1.000	111.23					40.000	260.00										371.23
14	8001083	机械自身质量 18～21 t 光轮压路机	702.23	206.200	206.20	1.000	111.23					59.200	384.80										496.03
15	8001085	机械自身质量 0.6 t 手扶式振动碾	166.55	34.520	34.52	1.000	111.23					3.200	20.80										132.03
16	8001088	机械自身质量 10 t 以内振动压路机	857.93	250.670	250.67	2.000	222.46					59.200	384.80										607.26

编制：　　　　复核：

第 5 章　公路工程施工招标

【本章提要】 公路工程招标程序；工程量清单的内容组成与编制。

【学习要求】 通过本章学习了解招投标的基本概念；掌握公路工程招标程序；掌握工程量清单的内容组成与编制；通过工程量清单的编制案例掌握工程量清单的编制方法和注意事项；熟悉公路工程评标办法。

【基本概念】 工程招标，工程投标，工程量清单。

招标投标是商品交易活动的一种运作方式，它是伴随社会经济的发展而产生并不断发展的高级的、有组织的、规范化的交易运作行为。招标投标工作是公路建设中的重要组成部分。

5.1　工程招投标概论

5.1.1　工程招投标的含义

工程招投标包括工程招标和工程投标。工程招标是指招标人在发包建设项目之前，公开招标或邀请投标人，根据招标人的意图和要求提出报价，择日当场开标，以便从中择优选定中标人的一种经济活动。工程投标是工程招标的对称概念，指具有合法资格和能力的投标人根据招标条件，经过初步研究和估算，在指定期限内填写标书，提出报价，并等候开标，决定能否中标的经济活动。

招投标制促使建设单位按基本建设程序办事；促使施工单位在竞争中注重自身的经营管理、技术进步，提高管理水平，树立良好的信誉；促使施工企业由生产型向生产经营型转变，改革企业内部的经营体制和管理体制，以求得更好的经济效益。

5.1.2　招标投标的基本原则

“公开、公平、公正和诚实信用”是招标投标活动必须遵循的最基本的原则，也是推行招标投标的关键，如果违反了这一基本原则，招标投标就失去了其真正的意义。《中华人民共和国招标投标法》(以下简称《招标投标法》)中的各项规定，都是为了保证这一基本原则的贯彻而制定的。

1. 公开原则

公开原则，就是要求招标投标活动应具有较高的透明度，这也是招标投标最基本、最重要的原则。

2. 公平原则

公平原则，就是要求给予所有投标人平等的机会，使其享有同等的权利，履行同等的义务。《招标投标法》第 6 条明确规定:"依法必须进行招标的项目,其招标投标活动不受地区或者部门的限制,任何单位和个人不得违法限制或者排斥本地区、本系统以外的法人或者其他组织参加投标,不得以任何方式非法干涉招标投标活动。"

3. 公正原则

公正原则,就是要求招标人在招标投标活动中应当按照统一的标准衡量每一个投标人的优劣。进行资格审查时,招标人应当按照资格预审文件或招标文件中载明的资格审查的条件、标准和方法对潜在投标人或者投标人进行资格审查,不得改变载明的条件或者以没有载明的资格条件进行资格预审。

《招标投标法》还规定评标委员会应当按照招标文件确定的评标标准和方法,对投标文件进行评审和比较。评标委员会成员应当客观、公正地履行职务,遵守职业道德。

4. 诚实信用原则

诚实信用原则,就是要求招标投标双方互相尊重双方利益,信守要约和承诺的法律规定,履行各自义务,不得规避招标、串通哄抬投标、泄露标底、骗取中标、非法转包合同及行贿受贿。

5.1.3 招标范围

根据《招标投标法》第 3 条的规定,在中华人民共和国境内进行下列工程建设项目,包括项目的勘察、设计、施工、监理以及与工程建设有关的重要设备、材料等的采购,必须进行招标:

(1) 大型基础设施、公用事业等关系社会公共利益、公众安全的项目;

(2) 全部或部分使用国有资金投资或国家融资的项目;

(3) 使用国际组织或者外国政府贷款、援助资金的项目。

以上范围内的项目,其勘察、设计、施工、监理以及与工程建设有关的重要设备、材料等的采购达到下列标准之一的,必须招标:

① 施工单项合同估算价在 400 万元人民币以上;

② 重要设备、材料等货物的采购,单项合同估算价在 200 万元人民币以上;

③ 勘察、设计、监理等服务的采购,单项合同估算价在 100 万元人民币以上;

④ 同一项目中可以合并进行的勘察、设计、施工、监理以及与工程建设有关的重要设备、材料等的采购,合同估算价合计达到上述规定标准的,必须招标。

5.1.4 公路工程招标的类别

根据招标目的不同,我国目前公路工程主要有以下几种形式:

(1) 建设项目总承包招标。其又称建设项目全过程招标,在国外也称之为"交钥匙"工程招标,它是指在项目决策阶段从项目建议书开始,包括可行性研究报告、勘察设计、设备材料询价与采购、工程施工、生产设备,直至竣工投产、交付使用全面实行招标。

(2) 勘察设计招标。它指招标人就拟建工程的勘察设计任务发布通告,以法定方式吸引勘察设计单位参加竞争,经招标人审查获得投标资格的勘察设计单位按照招标文件的要求,在规定时间内向招标人填报投标书,招标人从中选择优越者完成勘察设计任务的行为。

(3) 施工监理招标。它指招标人就拟建工程的监理任务发布通告,以法定方式吸引工程监理单位参加竞争，招标人从中选择优越者完成监理任务的行为。

(4) 材料设备招标。它指招标人就拟购买的材料设备发布通告或邀请，以法定方式吸引材料设备供应商参加竞争，招标人从中选择优越者的法律行为。

(5) 施工招标。它指招标人就拟建的工程发布通告，以法定方式吸引建筑施工企业参加竞争，招标人从中选择最优者完成建筑施工任务的行为。

5.2　公路工程施工招标

5.2.1　成立招标工作机构

公路工程施工招标是项很复杂的工作，特别是国际竞争性招标。这种国际招标工作涉及各国有关外汇管理、外资利用、国际贸易、对外经济技术合作以及财政金融等方面的方针、政策、法规等问题，融技术、经济、法律于一体，需要广泛的知识和各部门的支持、配合，因此，成立招标工作机构是很有必要的。成立招标工作的“招标领导小组”和“招标工作组”这两级机构比较符合我国国情。招标领导小组的主要任务是对招标工作组工作中的重大问题进行决策并负责协调好各方面的关系，而大量的具体业务则由招标工作组来完成。面对国际竞争性招标，还必须选择一家对外窗口的代理机构。

1. 招标领导小组

招标领导小组或招标委员会是一个临时组织，是为某项工程而设立的，随着该工程招标工作的结束而结束使命。招标领导小组的组建，应根据工程建设规模的大小、工程所在地、技术复杂程度和工程重要性确定其组成成员。一般由省(市、县)政府的领导、省(市、县)发改委、造价管理、银行、交通等有关部门的领导同志组成。它的主要任务是做好招标工程中的行政监督，协调好各方面的关系，审定招标工作计划，及时研究和解决招标工作中的重大问题，监督和检查招标工作的进展情况，审查招标工作组的推荐中标单位和定标等。

2. 招标工作组

招标工作组应以建设单位(业主)工作人员为主，并邀请设计、监理、咨询公司的人员参加。在招标工作组中，除了应了解和熟悉招标工作的领导者外，还必须把各职能部门和各方面(包括计划、技术、造价、财务、施工、监理、材料、劳动人事、法律等)的专家组织进来，形成一个精明强干的班子，以便最有效地完成招标工作任务。

从准备招标申请，组织或委托编制资格审查文件和招标文件，发招标通告或投标邀请书，发售资格审查文件和招标文件，主持标前会议和组织现场考察、开标、审查和评比投标文件，提出推荐的中标单位，到准备好签约的合同文件等一系列工作，都是招标工作组职责范围。招标工作组是业主的代理人和招标领导小组的参谋部。即使是国际竞争性招标，除委托一家对外窗口的代理机构外，其他招标的许多具体工作仍必须由招标工作组来完成。

3. 招标代理机构

根据国家规定，采用国际竞争性招标时，其对外窗口必须是经国家批准的采购代理机构，比较大的有中技国际招标公司和中国机械进出口(集团)有限公司国际招标部及一些省

(自治区、直辖市)的对外经济技术合作公司。作为采购代理机构,其职责主要有:协助业主制订招标计划,编制招标文件的合同条款部分;作为业主的委托代理人,经办具体招标采购事宜,在商务上作为业主的委托代理人,与投标人及中标的承包人进行谈判;督促承包人履行采购合同。

4. 招投标管理机构

当前,各地成立了具有监督职能的招标投标管理机构(一般为事业性质),规定各地的招标投标工作均由当地的招标投标管理机构进行监督和管理。招标投标管理机构的任务是:贯彻实施国家和当地政府有关招标、投标的法规和规章;进行招标项目登记;审核招标、投标、咨询、监理等单位的资格;核准招标文件;处理招标、投标中的违法行为等。公路工程进行国际招标时也大都接受当地招标投标管理机构的监督。

5.2.2 公路工程施工招标的方式

施工招标按投标单位数量的不同可分为公开招标、邀请招标和协议招标三种方式。

1. 公开招标

公开招标也称为无限竞争性招标。它不受所有制、地区、部门以及投标单位多少的限制。招标单位可通过报刊、广播、电视等新闻媒体公开发布招标广告,凡符合规定条件的投标人都可以自愿参加投标。其主要含义是:招标活动处于公众监督之下进行,一般来说,它将遵守"国际竞争性招标"的程序和条件,如果工程所在国制定了公共招投标法规,如我国交通运输部制定的《公路工程建设项目招标投标管理办法》,则公路工程招标应当按照这个管理办法规定的程序和办法进行。

公开招标一般均在招标文件中规定了开标日期、时间和地点,并在招标单位、业主、投标人和其他有关人员在场的情况下当众开标,开标的结果,各投标人的报价和投标文件的有效性等均应公布。虽然是公开招标,但评审投标书和报价,却是在绝对保密的情况下进行的,根据公开的评标、定标办法,按照公平和合理的原则评定中标人。

公开招标打破了地区封锁、行业垄断,开展平等的竞争,有利于促进施工企业励精图治,改善生产经营管理,在竞争中求生存、求发展,在不断提高企业经济效益的同时,也重视社会效益和企业的信誉。公开招标也使招标单位有较大的选择范围,可在众多的投标人之间选择报价合理、工期较短、信誉良好的承包人。但公开招标也有其不足之处,就是招标单位审查投标人的资格及其标书的工作量比较大,相应要耗费的人力和费用也比较大,工作过程的时间也较长,同时,参加投标者越多,每个投标者中标的机会就会越小,白白损失投标费用的风险也越大,因此公开招标会增大工程建设的社会成本。

2. 邀请招标

邀请招标也称有限竞争招标,实际上就是有选择地直接通知有承担该项工程施工能力的施工企业来参加投标竞争。

邀请招标的优点是招标单位可以在自己熟悉或了解的施工单位中进行选择,一般都选择技术装备水平高、施工经验丰富、社会信誉好,以及经营管理等方面均能适应该项工程建设技术要求的施工企业。由于被邀请参加竞争性投标者数量有限,不仅可减少招标工作的许多烦琐事务,节省招标费用,相应也提高了投标人的中标概率,对招投标双方都有利,从而降低了工程建设的社会成本。但邀请招标的最大缺点是限制了竞争范围,把许多可能的竞争者排除在外，不利于公平竞争。因此，邀请招标最好应在公开进行资格预审的基础上进行。我国《公路工程建设项目招标投标管理办法》规定邀请招标中应邀参加投标的单位不得少于 3 家，否则招标单位就没有了选择余地，失去了招标的意义。

3. 协议招标

协议招标不通过公开招标或邀请招标，而由业主或其代理人直接邀请，也可由上级主管部门指定数家（一般为两三家）施工单位，通过分别协商，协定工期和工程造价等有关事宜，达成协议后将工程任务委托其中一家施工单位去完成。由于是议标，竞争性差，工程造价一般都会稍高，但业主可减少招标费用，还可减少招标的烦琐工作手续，缩短了工程建设项目开工前的准备工作，可以提前组织施工。因此，对个别施工难度大、工期特别紧张、情况特殊的公路工程项目，也可采用议标方式。

5.2.3　选择合同形式、划分合同段

1. 合同形式的确定

招标采用的合同形式按计价方法的不同，一般分为总价合同、单价合同和成本加酬金合同三种主要形式。

（1）总价合同

总价合同就是按商定的总价承包工程。总价合同的特点是以设计图纸和工程说明书为依据，明确承包内容后计算出该项工程所需的总费用（总价格）而予以包定，在合同执行过程中除非业主要求更改原定的承包内容，否则承包人不得要求变更承包总价。这种承包方式对业主较为简便省事，且对该项工程究竟要花多少钱心中有底，因此常受业主欢迎。对承包人来说，若设计图纸和设计说明书详细正确，施工工期也不长，估计施工期间的物价变动也不会太大，能比较精确地估算出造价，签订合同时考虑也比较周全，不致有太大的风险，也是一种简便的承包方式。但若设计图纸和说明书不够详细、工期较长、未知数较多，承包人承担的风险大，往往在报价时加大不可预见费用，不利于降低造价，对业主也不利。因此，总价承包合同一般适用于规模较小、技术不复杂、工期较短的工程。

（2）单价合同

单价合同是指按实际完成的工程数量和承包单价结算工程价款的承包合同，在实际操作中有只列出工程项目、计量单位、承包总价的合同，也有列出工程项目、计量单位、工程数量、承包单价、总价的合同。目前国内外招投标中用得最多的是后一种形式的单价合同。在这种形式中，需要业主提供一份工程量清单。这种承包方式适用于设计已达到一定深度，能据以估算出分项工程数量的近似值的工程，但对于某些情况不完全清楚或任何一方承担过大的风险，采用这种形式的单价合同是不合适的。在招投标中，投标人按工程量清单和承包单价计算出总报价，招标单位也以总报价和单价作为评标、决标的主要依据，并以此签订单价承包合同。根据合同条款的规定，有在合同执行期间内价格调整与否的规定，但即使要进行价格调整，也是在一定时间内的结算价调整，单价在合同执行期间是始终不能变动的。单价合同有利于降低投标报价，有利于处理变更工程的计价及减少施工索赔或降低施工索赔的处理难度等。

（3）成本加酬金合同

成本加酬金合同的基本特点是按工程实际发生的成本加上商定的管理费和利润，来确

定工程总造价。这种承包方式一般用于开工前对工程内容尚不十分清楚的情况，如边设计边施工的紧急工程，或遭受地震、水灾等灾害破坏后需修复的工程等。

2. 合理地划分合同段

公路工程是线形结构，一个工程项目可达数十甚至数百千米，工程项目以公路工程为主，也有建筑工程、机电工程等。因此，对于一个大的路线工程，划分好合同段对今后工程施工是有很大意义的。按工程性质划分合同段，除将房屋建筑和交通工程的通信等设备采购单独划分合同段外，其余的宜按路线长度划分合同段为好（当然也可将有些大桥、特大桥或立交工程做单独合同段），有的将路基工程和路面工程分作不同合同段，对于软土路基有沉降的地区是很不合适的。按路线长度划分，究竟多少千米一个合同段才合适，也得看具体情况，要从路线等级、投资额、行政区域、工程数量和施工队伍的施工能力等方面综合考虑。以高速公路为例，根据我国施工企业的施工能力，一般以 20 km 左右为一个合同段较为合适，对外国大的施工企业而言，世界银行则希望我们划得大一点。值得注意的是，合同段划分得太小时，会破坏原有的土石方调配方案，增加业主或监理的管理协调工作，增大工程施工的总开办费用，从而加大工程造价。

公路工程施工比较复杂，每个项目的工程内容、工程数量、施工条件及施工方法基本上是千变万化的，影响因素也很多，因此，标段划分应考虑的因素有：工程性质、工程规模、承包对象、分包问题、土石方调配、合同段的管理工作量等。

合同段划分的大小对工程造价产生以下影响：破坏设计土石方最佳调配方案，增加施工队伍的开办费，工程相互干扰引起费用索赔，工期长短直接影响成本的高低等。由此应按下列原则合理地划分合同段：

（1）适合采用现代化的施工方法和施工工艺，确保工程质量。

（2）工程量至少能容纳一个施工队在合理的工期内完成施工任务。

（3）防止产生标段之间的相互干扰以及内部工序之间的相互交叉。

（4）工程性质相同的标段尽量避免化整为零，以免影响工效和施工质量。

（5）保持构造的完整性，除特大桥外，尽可能不肢解完整的工程构造。

5.2.4 公路工程施工招标的基本程序

采用资格预审方式公开招标的，应当按照下列程序进行：

（1）编制资格预审文件。

（2）发布资格预审公告，发售资格预审文件，公开资格预审文件关键内容。

（3）接收资格预审申请文件。

（4）组建资格审查委员会对资格预审申请人进行资格审查，资格审查委员会编写资格审查报告。

（5）根据资格审查结果，向通过资格预审的申请人发出投标邀请书；向未通过资格预审的申请人发出资格预审结果通知书，告知未通过的依据和原因。

（6）编制招标文件。

（7）发售招标文件，公开招标文件的关键内容。

（8）需要时，组织潜在投标人踏勘项目现场，召开投标预备会。

（9）接收投标文件，公开开标。

(10) 组建评标委员会评标，评标委员会编写评标报告、推荐中标候选人。

(11) 公示中标候选人相关信息。

(12) 确定中标人。

(13) 编制招标投标情况的书面报告。

(14) 向中标人发出中标通知书，同时将中标结果通知所有未中标的投标人。

(15) 与中标人订立合同。

采用资格后审方式公开招标的，在完成招标文件编制并发布招标公告后，按照上述程序第(7)项至第(15)项进行。

采用邀请招标的，在完成招标文件编制并发出投标邀请书后，按照上述程序第(7)项至第(15)项进行。

公路工程建设项目采用公开招标方式的，原则上采用资格后审办法对投标人进行资格审查。

针对上述招标程序就其中主要内容说明如下。

1. 招标公告

根据我国公路工程项目招标的实际情况，公路工程项目招标公告中应包括如下内容：

(1) 清楚载明招标人的名称和地址。

(2) 招标工程项目和各标段的基本情况：包括项目名称、批复文号、技术标准、工程规模、工程特点、投资情况、施工工期、实施地点和实施时间等。

(3) 获取资格预审文件或招标文件的办法、时间和地点。

(4) 对潜在投标人的资质要求。

(5) 递交投标文件(或资格预审申请文件)的地点和起止时间。

(6) 招标人认为应当公告或者告知的其他事项。

2. 招标文件的审查

招标文件是业主或业主委托的具有相应资质的第三方单位编制的。招标人应当根据其招标项目的具体特点和实际需要编制招标文件。

招标文件包括：① 招标公告(或投标邀请书)；② 投标人须知；③ 评标办法；④ 合同条款及格式；⑤ 工程量清单；⑥ 图纸；⑦ 技术规范；⑧ 工程量清单计量规则；⑨ 投标文件格式；⑩ 投标人须知前附表规定的其他材料；⑪ 招标文件补遗书。

其中招标文件中的合同条款及格式、工程量清单、技术规范、计量规则等，不同的项目有不同的要求，应引起足够的重视。

(1) 合同条款及格式

公路工程的合同条款及格式，主要包括通用合同条款、专用合同条款(包括公路工程专用合同条款和项目专用合同条款)和合同附件格式等。

在《公路工程标准施工招标文件》(2018年版)的第一卷第四章“合同条款及格式”中，第一节为“通用合同条款”，该部分直接引用了《中华人民共和国标准施工招标文件》(2007年版)相关内容。

第二节为“专用合同条款”，包含“公路工程专用合同条款”和“项目专用合同条款”，招标人在根据《公路工程标准施工招标文件》(2018年版)编制项目招标文件中的“项目专用合同条款”时，可根据招标项目的具体特点和实际需要，对“通用合同条款”及“公路工程专用合同条款”进行补充和细化，除“通用合同条款”明确“专用合同条款”可作出不同约定及“公路工程专用合同条款”明确“项目专用合同条款”可作出不同约定外，补充和细化的内容不得与“通用合同条款”及“公路工程专用合同条款”强制性规定相抵触。同时，补充、细化或约定的内容，不得违反法律、行政法规的强制性规定及平等、自愿、公平和诚实信用原则。

第三节为“合同附件格式”，主要包括合同协议书、廉政合同、安全生产合同、其他管理和技术人员的最低要求、主要机械设备和试验检测设备的最低要求、项目经理委任书、履约保证金格式和工程资金监管协议格式等八个附件。

（2）工程量清单

工程量清单是根据招标文件中包括的有合同约束力的工程量清单计量规则、图纸以及有关工程量清单的国家标准、行业标准、合同条款中约定的其他规则编制。约定计量规则中没有的子目，其工程量按照有合同约束力的图纸所标识尺寸的理论净量计算。工程量清单的编制应符合工程建设项目特点及实际需要，同时应与招标文件中的投标人须知、通用合同条款、专用合同条款、工程量清单计量规则、技术规范及图纸中有关规定相符合。

我国的公路工程项目招标，一般均由招标单位提供工程量清单。招标单位在编制工程量清单时可参照《公路工程标准施工招标文件》(2018 年版)，工程量清单各章节编号应按照第八章“工程量清单计量规则”、第七章“技术规范”相对应章节编号编制，这样，工程量清单中各章节工程子目的范围与计量与“工程量清单计量规则”“技术规范”相对应的范围、计量与支付条款就相对应了。需要说明的是，工程量清单中所列工程数量，是招标投标时根据招标设计图纸和说明及工程量清单计算规则，双方共同认可的可以作为投标报价的基础数据，不能作为中标单位在施工过程中应予以完成的实际工程量，也不能作为最终结算与支付的依据。实际完成的工程量，应由承包人按工程量清单计量规则规定的计算方法，以监理人认可的尺寸、断面计量。按工程量清单的单价和总额价计算支付金额；或根据具体情况，按照合同条款相关规定，按监理人确定的单价或总额价计算支付金额。

① 工程量清单的作用

将要求投标人完成的工程项目及其相应工程实体数量全部列出，为投标人提供拟建工程的基本内容、实体数量和质量要求等信息，招标人根据工程量清单编制招标工程的招标控制价，投标人按照工程量清单所述内容自主填报工程量清单所列项目的单价与合价，它是建设工程计价、付款和结算的依据。

② 工程量清单的组成

工程量清单一般包括工程量清单说明、工程量清单表、计日工明细表、暂估价表和工程量清单汇总表五个方面。

工程量清单说明：规定了工程量清单的性质、特点以及单价的构成和填写要求。

工程量清单表：反映了施工项目各工程细目的数量，是工程量清单的主体部分。工程细目是招标工程中按章的顺序排列的各个项目表。表中有子目号、子目名称、数量、单位、单价及合价栏目，其格式见表 5-1。其中单价或合价栏的数字一般由承包人投标时填写，而其他部分一般由业主或者招标单位在编制工程量清单时确定。

表 5-1　工程量清单表格式

清单第 100 章总则

子目号	子目名称	单位	数量	单价	合价
101	通则				
101—1	保险费				
—a	按合同条款规定，提供建筑工程一切险	总额			
—b	按合同条款规定，提供第三者责任险	总额			
102	工程管理				
102—1	竣工文件	总额			
102—2	施工环保费	总额			
102—3	安全生产费	总额			
102—4	信息化系统（暂估价）	总额			
103	临时工程与设施				
103—1	临时道路修建、养护与拆除（包括原道路的养护费）	总额			
103—2	临时占地	总额			
103—3	临时供电设施架设、维护与拆除	总额			
103—4	电信设施的提供、维修与拆除	总额			
103—5	临时供水与排污设施	总额			
104	承包人驻地建设				
104—1	承包人驻地建设	总额			
105	施工标准化				
105—1	施工驻地	总额			
105—2	工地试验室	总额			
105—3	拌和站	总额			
105—4	钢筋加工场	总额			
105—5	预制场	总额			
105—6	仓储存放地	总额			
105—7	各场（厂）区、作业区连接道路及施工主便道	总额			
清单第 100 章　合计　　人民币________					

工程细目分章排列，有利于将不同性质、不同部位、不同施工阶段或其他特性的不同的工程区别开来，同时也有利于将那些需要采用不同施工方法、不同施工阶段或成本不一样的工程区别开来。工程细目按章、节、目的形式设置，具体参照《公路工程标准施工招标文件》（2018 年版）确定，清单格式见表 5-1，分为 7 章，第 100 章为总则，第 200 章为路基工程，第 300 章为路面工程，第 400 章为桥梁、涵洞，第 500 章为隧道，第 600 章为安全设施及预埋管线，第 700 章为绿化及环境保护设施，可根据实际情况增加第 800 章房建工程，改扩建项目可增加第 1 000 章交通组织及临时保通。一个项目具体划分多少章，章中分多少级划分子

目，则视工程实际情况确定。公路工程工程量清单子目的划分应分级划分、逐层编制，编码可递延、可扩展。其编码的一级划分应按《公路工程建设项目造价文件管理导则》（JTG 3810）中的相关内容执行，二级划分宜按《公路工程建设项目造价文件管理导则》（JTG 3810）的“工程量清单子目组成及编码框架表”划分，根据项目的实际情况逐级递延，具体需划分多少级以工程项目的实际需要为准，一般最多划分为五级。

暂估价表：在工程招标阶段已经确定的材料、工程设备或工程项目，但无法在投标时确定准确价格，而又可能影响招标效果时，发包人在工程量清单中给定一个暂估价，在工程实施阶段，根据不同类型的材料与专业工程再重新定价。暂估价表包括材料暂估价、工程设备暂估价和专业工程暂估价。

计日工明细表：计日工也称散工或点工，指在工程施工过程中，发包人可能有一些临时性的或新增加的项目，而且这种临时新增项目的工程量在招投标阶段很难估计，希望通过招投标阶段事先定价，避免开工后可能发生时出现的争端，故需要以计日工明细表的方法在工程量清单中予以明确。在招标文件中一般列有劳务、材料和施工机械三个计日工表。计日工的劳务、材料和施工机械由招标人（发包人）列出正常的估计数量，投标人报出单价，计算出计日工总额后列入工程量清单汇总表中确定评标价。

工程量清单汇总表：工程量清单汇总表是将各章的工程细目表及计日工明细表进行汇总，加上暂列金额而得出该项目的总报价，该报价与投标书中所填写的投标总价应是一致的。

③ 工程量清单格式

工程量清单格式如表 5-1 所示。

④ 编制工程量清单的原则

编制工程量清单要和技术规范、计量规则保持一致性，便于计量支付，便于合同管理及处理工程变更，保持合同的公平性。

⑤ 编写工程量清单注意事项

工程量清单的内容很多、很细，极易出错，给计量、合同管理带来麻烦，可能给承包人造成有的项目费用无处可摊或是有可乘之机，甚至给业主带来不可弥补的损失，因此，在编写时应注意以下几点：

a. 将开办项目、信息化管理及环保等作为独立的工程子目单列出来。开办项目是工程施工开工前就要发生或一开工就要发生或大部分发生的项目，如工程保险、承包人的临时工程设施费、承包人驻地建设、施工标准化等，信息化管理及施工环保费等子目，在工程量清单、技术规范及计量规则中，均单独列项，放在工程量清单第 100 章总则中。它能确保项目前期资金及时支付，不影响承包人的资金周转，单独列支，也会降低招标文件中约定的预付款金额。

b. 合理划分工程项目。在工程细目划分时，要注意将不同等级要求的工程区分开。将同一性质但不属于同一部位的工程区分开；将情况不同，可能要进行不同报价的项目区分开。这一做法主要是为了强化工程投标中的竞争性，使投标人报价更加具体，针对不同情况可以采用不同的单价，便于降低造价。

c. 工程子目的划分不是绝对的，要根据实际情况调整，既要简单明了、高度概括，又不能漏掉项目和应计价的内容，要结合工程实际，具体问题具体对待，灵活掌握。

d. 工程量的计算整理要细致准确。计算和整理工程量的依据是设计图纸、技术规范和计量规则，它是一项严谨的技术工作，绝不是简单地罗列设计文件中的工程量。要认真阅读计量规则中的计量与支付方法，仔细核查设计文件中工程量所对应的计量方法与计量规则中的计量方法是否一致，如不一致，则需在整理工程量时进行技术处理。如桥梁工程梁板后张法钢绞线的计量，是按两端锚具间的理论长度计算的，除上述计算长度以外的锚固长度及工作长度的预应力钢材含入相应预应力钢材报价中，不另行计量；在设计图纸的数量表中显示的是包含工作长度和锚固长度的数量，在计量时是不包含的，在整理工程量时需要进行区分。

此外，在工程量的计算过程中，要做到不重不漏，更不能发生计算错误，否则，会带来一系列问题。

e. 计日工清单不可缺少。计日工清单是用来处理一些附加的或小型的变更工程计价的，清单中计日工的数量完全是由业主虚拟的，用以避免承包人在投标报价时计日工的单价报得太离谱，有了计日工清单会使合同管理很方便。

f. 应与技术规范、计量规则一致。工程量清单是一份与技术规范相对应的文件。技术规范和计量规则规定了各工程细目的质量要求及计量支付办法，而工程量清单则详细说明了每一工程细目可能要发生的工程数量。

⑥ 工程量清单计价

工程量清单计价，是指招标标底和投标报价的编制、合同价款的确定与调整及工程结算时以招标文件中的工程量清单为依据进行的工程造价的确定与控制的总称，由投标人按照招标人提供的工程量清单，逐一地填报单价并计算出工程项目所需的全部费用。公路工程工程量清单计价应采用“全费用综合单价”计价，全费用综合单价包括了为实施和完成合同工程所需的劳务、材料、机械、质检、安装、缺陷修复、管理、保险、税费、利润等费用，以及合同明示或暗示的所有责任、义务和一般风险。

【例 5-1】 某道路的路面基层采用二灰碎石，厚 34 cm，工程量为 67 000 m^2，采用厂拌，计算该基层的工程量清单综合单价。

解 列表计算，如表 5-2 所示。

表 5-2　某道路路面基层的工程量清单综合单价

工程项目			石灰粉煤灰稳定类	厂拌基层稳定土混合料运输	机械铺筑厂拌基层稳定土混合料	基层稳定土厂拌设备安装、拆除
工程细目			厂拌石灰粉煤灰碎石稳定土基层(粉煤灰：石灰：碎石＝15：5：80，压实厚度 20 cm)	装载质量 15 t 以内自卸汽车运厂拌基层稳定土混合料第一个 1 km	宽度 7.5 m 以内摊铺机铺筑基层	生产能力 300 t/h 以内稳定土厂拌设备安装、拆除
定额单位			1 000 m^2	1 000 m^3	1 000 m^2	1 座
工程数量			67.000	22.780	67.000	1.000
定额表号			2—1—7—31	2—1—8—7	2—1—9—7	2—1—10—4
工、料、机名称		单位	金额	金额	金额	金额
直接费		元	3 775 372	87 305	134 295	290 299
措施费	Ⅰ	元	5 086	6 509	8 113	6 665
	Ⅱ	元	18 615	148	1 155	2 779

表 5-2(续)

企业管理费	元	72 004	1 946	4 467	10 589
规费	元	10 019	4 616	14 146	30 989
利润	元	175 960	7 750	11 496	18 654
税金	元	365 135	9 745	15 631	32 398
金额合计	元	4 422 192	118 019	189 304	392 372
合计	元	5 121 887			
综合单价	元/m^2	76.45			

(3) 技术规范、计量规则

《公路工程标准施工招标文件》(2018 年版)第七章"技术规范"和第八章"工程量清单计量规则"是招标文件和合同文件非常重要的组成部分,也是投标书编写中不可缺少的资料,是进行工程估价和确定报价的重要依据。

招标人对工程项目技术等级、技术指标、质量要求、质量评定和竣工验收等的规定均是以技术规范和计量规则为依据的。合同协议书签订后,承包人按照相应的技术规范和计量规则的规定进行施工、计量等,且各章节工程子目的工程量计量规则应与"技术规范"相应章节的施工规范结合起来理解、解释和应用,以确保在合同规定的工程总价内保证质量、保证如期完工。技术规范和计量规则是施工过程中承包人控制质量和监理工程师检查验收施工质量的主要依据。

3. 对投标者进行资格审查

招标人可以根据招标项目本身的特点和需要,要求潜在投标人或者投标人提供满足其资格要求的文件,对潜在投标人或者投标人进行资格审查。资格审查的目的在于限制不符合条件的单位盲目投标。资格审查实行资格预审,投标者向招标单位递交资格预审申请书,审查合格者才准许购买招标文件。目前,一般招标均采用资格后审方式,即在评标时进行资格审查。资格审查应主要审查潜在投标人或者投标人是否符合下列条件:

(1) 具有独立订立合同的权力。

(2) 具有履行合同的能力,包括专业、技术资格和能力,资金、设备和其他物质设施状况,管理能力、经验、信誉和相应的从业人员。

(3) 没有处于被责令停业,投标资格被取消,财产被接管、冻结,破产状态。

(4) 在最近三年内没有骗取中标和严重违约及重大工程质量问题。

(5) 法律、行政法规规定的其他资格条件。

4. 招标问题的答疑

投标人应仔细阅读和检查招标文件的全部问题。如发现缺页或附件不全,应及时向招标人提出,以便补齐。如有疑问,应在投标人须知前附表规定的时间前以书面形式(包括信函、电报、传真等可以有形地表现所载内容的形式),要求招标人对招标文件予以澄清。

招标文件的澄清以书面形式发给所有购买招标文件的投标人,但不指明澄清问题的来源。澄清发出的时间距投标人须知前附表规定的投标截止时间不足 15 天,并且澄清内容影响投标文件编制的,将相应延长投标截止时间。投标人在收到澄清后,应在投标人须知前附表规定的时间内以书面形式通知招标人,确认已收到该澄清。

5. 开标

(1) 开标时间和地点

招标人在规定的投标截止时间(开标时间)和投标人须知前附表规定的地点公开开标，并邀请所有投标人的法定代表人或其委托代理人准时参加。

投标人若未派法定代表人或委托代理人出席开标活动，视为该投标人默认开标结果。

(2) 采用双信封形式时的条款

① 主持人按下列程序对投标文件第一信封(商务及技术文件)进行开标：

a. 宣布开标纪律；

b. 公布在投标截止时间前递交投标文件的投标人数量；

c. 宣布开标人、唱标人、记录人等有关人员姓名；

d. 按照投标人须知前附表规定由投标人推选的代表检查投标文件的密封情况；

e. 按照投标人须知前附表规定的开标顺序当众开标、公布标段名称、投标人名称、投标保证金的递交情况、工期及其他内容，并记录在案；

f. 投标人代表、招标人代表、记录人等有关人员在开标记录上签字确认；

g. 开标结束。

② 在投标文件第一个信封(商务及技术文件)开标现场，投标文件第二个信封(报价文件)不予开封，由招标人密封保存。

③ 招标人将按照规定的时间和地点对投标文件第二个信封(报价文件)进行开标。主持人按下列程序进行开标：

a. 宣布开标纪律；

b. 当众拆开投标文件第一个信封(商务及技术文件)评审结果的密封袋，宣布通过投标文件第一个信封(商务及技术文件)评审的投标人名单；

c. 宣布开标人、唱标人、记录人等有关人员姓名；

d. 按照投标人须知前附表规定由投标人推选的代表检查投标文件的密封情况；

e. 按照投标人须知前附表规定的开标顺序当众开标，开标人只拆封通过投标文件第一个信封(商务及技术文件)评审的投标文件第二个信封(报价文件)，公布标段名称、投标人名称、投标报价及其他内容，记录在案；

f. 计算并宣布评标基准价；

g. 将未通过投标文件第一个信封(商务及技术文件)评审的投标文件第二个信封(报价文件)退还给投标人；

h. 投标人代表、招标人代表、记录人等有关人员在开标记录上签字确认；

i. 开标结束。

④ 若用合理低价法或综合评分法，在投标文件第二个信封(报价文件)开标现场，招标人将按“评标办法”规定的原则计算并宣布评标基准价。若招标人发现投标文件出现以下任一情况，其投标报价将不再参加评标基准价的计算：

a. 未在投标函上填写投标总价；

b. 投标报价或调价函中的报价超出招标人公布的最高投标限价(如有)；

c. 投标报价或调价函中报价的大写金额无法确定具体数值；

d. 投标函上填写的标段号与投标文件封套上标记的标段号不一致。

如果投标人认为某一标段的评标基准价计算有误，有权在开标现场提出，经招标人当场核实确认之后，可重新宣布评标基准价。开标现场宣布的评标基准价除计算有误经评标委员会修正外，在整个评标期间保持不变，不随任何因素发生变化。

⑤ 在投标文件第一个信封（商务及技术文件）或第二个信封（报价文件）开标过程中，若招标人宣读的内容与投标文件不符，投标人有权在开标现场提出疑问，经招标人当场核查确认之后，可重新宣读其投标文件。若投标人现场未提出疑问，则认为投标人已确认招标人宣读的内容。

(3) 采用单信封形式时的条款

① 主持人按下列程序进行开标：

a. 宣布开标纪律；

b. 公布在投标截止时间前递交投标文件的投标人数量；

c. 宣布开标人、唱标人、记录人等有关人员姓名；

d. 按照投标人须知前附表规定由投标人推选的代表检查投标文件的密封情况；

e. 按照投标人须知前附表规定的开标程序当众开标，公布标段名称、投标人名称、投标保证金的递交情况、投标报价、工期及其他内容，并记录在案；

f. 计算并宣布评标基准价；

g. 投标人代表、招标人代表、记录人等有关人员在开标记录上签字确认；

h. 开标结束。

② 采用合理低价法或综合评分法，在开标现场招标人按评标办法规定的原则计算并宣布评标基准价。若招标人发现投标文件出现以下任一情况，其投标报价将不再参加评标基准价的计算：

a. 未在投标函上写投标总价；

b. 投标报价或调价函中的报价超出招标人公布的最高投标限价（如有）；

c. 投标报价或调价函中报价的大写金额无法确定具体数值；

d. 投标函上填写的标段号与投标文件封套上标记的标段号不一致。

如果投标人认为某一标段的评标基准价计算有误，有权在开标现场提出，经招标人当场核实确认之后，可重新宣布评标基准价。开标现场宣布的评标基准价除计算有误经评标委员会修正外，在整个评标期间保持不变，不随任何因素发生变化。

③ 若招标人宣读的内容与投标文件不符，投标人有权在开标现场提出疑问，经招标人当场核查确认之后，可重新宣读其投标文件。若投标人现场未提出疑问，则认为投标人已确认招标人宣读的内容。

(4) 开标异议

投标人对开标有异议的，应在开标现场提出，招标人当场做出答复，并制作记录，有异议的投标人代表、招标人代表、记录人等有关人员在记录上签字确认。

6. 评标

(1) 评标委员会

评标由招标人依法组建的评标委员会负责。评标委员会由招标人或其委托的招标代理机构熟悉相关业务的代表，以及有关技术、经济等方面的专家组成。

(2) 回避原则

评标委员会成员有下列情形之一的，应主动提出回避：

① 负责招标项目监督管理的交通运输主管部门的工作人员。

② 与投标人法定代表人或其委托代理人有近亲属关系。

③ 投标人的工作人员或退休人员。

④ 与投标人有其他利害关系，可能影响评标活动公正性。

⑤ 在与招标投标有关的活动中有过违法违规行为，曾受过行政处罚或刑事处罚。

评标过程中，评标委员会成员有回避事由、擅离职守或因健康等原因不能继续评标的，招标人有权更换。被更换的评标委员会成员作出的评审结论无效，由更换后的评标委员会成员重新进行评审。

(3) 评标原则

评标活动遵循公平、公正、科学和择优的原则。

(4) 评标

评标委员会按照《公路工程标准施工招标文件》(2018年版)"评标办法"规定的方法、评审因素、标准和程序对投标文件进行评审。"评标办法"没有规定的方法、评审因素和标准，不作为评标依据。

7. 定标

按照投标人须知前附表规定，招标人或招标人授权的评标委员会依法确定中标人。

8. 履约保证金

在签订合同前，中标人应按投标人须知前附表规定的形式、金额和招标文件第四章"合同条款及格式"规定的或事先经过招标人书面认可的履约保证金形式向招标人提交履约保证金。除投标人须知前附表另有规定外，履约保证金为签订合同价的10%。联合体中标的，其履约保证金以联合体各方或联合体牵头人的名义提交。采用银行保函时，应由符合投标人须知前附表规定级别的银行开具，所需的费用由中标人承担，中标人应保证银行保函有效。

中标人不能按照以上要求提交履约保证金的，视为放弃中标，其投标保证金不予退还，给招标人造成的损失超过投标保证金数额的，中标人还应对超过部分予以赔偿。

9. 签订合同

(1) 中标人确定后，招标人应在投标有效期内，以投标人须知前附表规定的形式向中标人发出中标通知书，同时将中标结果通知未中标的投标人。

(2) 招标人在确定中标人之日起3日内，按照投标人须知前附表规定的公告媒介和期限公告中标结果，公告期不得少于3日。公告内容包括中标人名称和中标价。

(3) 招标人和中标人应当自中标通知书发出之日起30日内，根据招标文件和中标人的投标文件订立书面合同。中标人无正当理由拒签合同，或在签订合同时向招标人提出附加条件，或不按照招标文件要求提交履约保证金的，招标人取消其中标资格，其投标保证金不予退还；给招标人造成的损失超过投标保证金数额的，中标人还应对超过部分予以赔偿。

(4) 联合体中标的，联合体各方应共同与招标人签订合同，就中标项目向招标人承担连带责任。

(5) 招标人和中标人在签订合同协议书的同时，须按照招标文件规定的格式和要求签订廉政合同及安全生产合同，明确双方在廉政建设和安全生产能力方面的权利和义务以及应承担的违约责任。

10. 纪律和监督

(1) 对招标人的纪律要求

招标人不得泄露招标投标活动中应当保密的情况和资料，不得与投标人串通损害国家利益、社会公共利益或者其他人合法权益。

(2) 对投标人的纪律要求

投标人不得相互串通投标或与招标人串通投标，不得向招标人或者评标委员会成员行贿谋取中标，不得以他人名义投标或者以其他方式弄虚作假骗取中标；投标人不得以任何方式干扰、影响评标工作。

(3) 对评标委员会成员的纪律要求

评标委员会成员不得收受他人的财物或者其他好处，不得向他人透露对投标文件的评审和比较、中标候选人的推荐情况以及评标有关的其他情况。在评标活动中，评标委员会成员应客观、公正地履行职责，遵守职业道德，不得擅离职守，影响评标程序正常进行，不得使用“评标办法”没有规定的评审因素和标准进行评标。

(4) 对与评标活动有关的工作人员的纪律要求

与评标活动有关的工作人员不得收受他人的财物或者其他好处，不得向他人透露对投标文件的评审和比较、中标候选人的推荐情况以及评标有关的其他情况。在评标活动中，与评标活动有关的工作人员不得擅离职守，影响评标程序正常进行。

(5) 投诉

投标人或其他利害关系人认为招标投标活动不符合法律、行政法规规定的，可以自知道或应当知道之日起 10 日内向有关行政监督部门投诉。投诉应有明确的请求和必要的证明材料。

投标人和其他利害关系人对招标文件、开标和评标结果提出投诉的，应按照有关招标文件规定先向招标人提出异议，异议答复期间不计算在上条规定的期限内。

5.2.5 公路工程评标办法

评标委员会按照交通运输部《公路工程标准施工招标文件》(2018 年版)规定的方法、因素、标准和程序对投标文件进行评审。“评标办法”没有列明的因素和标准不得作为评标的依据。

1. 合理低价法

(1) 方法简介

评标委员会对满足招标文件实质性要求的投标文件，按照评标办法规定的评分标准进行打分，并按得分由高到低顺序推荐中标候选人，或根据招标人授权直接确定中标人，但投标报价低于其成本的除外。综合评分相等时，评标价低的投标人优先；评标价也相等时，被招标项目所在地省级交通运输主管部门评为较高信用等级的投标人优先。

在评标时，一般按照评标价得分由高到低的顺序，对投标文件进行初步评审和详细评审，对存在重大偏差的投标文件按废标处理。对施工组织设计，投标人的财务能力、技术能力、业绩及信誉不再进行评分。

(2) 分值构成(总分 100 分)

评标价:100 分

其他评分因素分值均为 0 分

评标价得分计算公式示例:

① 如果投标人的评标价＞评标基准价,则评标价得分＝100－偏差率×100×E_1;

② 如果投标人的评标价≤评标基准价,则评标价得分＝100＋偏差率×100×E_2。

式中　E_1——评标价每高于评标基准价一个百分点的扣分值;

E_2——评标价每低于评标基准价一个百分点的扣分值。

招标人可依据招标项目具体特点和实际需要设置 E_1、E_2,但 E_1 应大于 E_2。

(3) 评标基准价的计算

在开标现场,招标人当场计算并宣布评标基准价。

① 评标价的确定

方法一:评标价＝投标函文字报价。

方法二:评标价＝投标函文字报价－暂估价－暂列金额(不含计日工总额)。

② 评标价平均值的计算

除按投标人须知中有关规定在开标现场被宣布为不进入评标基价计算的投标报价之外,所有投标人的评标价去掉一个最高值和一个最低值后的算术平均值即为评标价平均值(如果参与评标价平均值计算的有效投标人少于 5 家时,则计算评标价平均值时不去掉最高值和最低值)。

③ 评标基准价的确定

方法一:将评标价平均值直接作为评标基准价。

方法二:将评标价平均值下浮____%,作为评标基准价。

方法三:招标人设置评标基准价系数,由投标人代表或监标人现场抽取,评标价平均值乘以现场抽取的评标基准价系数作为评标基准价。

在评标过程中,评标委员会应对招标人计算的评标基准价进行复核,存在计算错误的应予以修正并在评标报告中作出说明。除此之外,评标基准价在整个评标期间保持不变,不随任何因素发生变化。

(4) 评标价的偏差率计算公式

偏差率＝100%×(投标人评标价－评标基准价)/评标基准价,偏差率保留____位小数。对于特别复杂的特大桥梁和特长隧道项目主体工程以及其他有特殊要求的工程,还可对其他管理和技术人员(如项目副经理、专业工程师等)以及主要机械设备和试验检测设备进行资格评审。

2. 技术评分最低标价法

(1) 方法简介

评标委员会对满足招标文件实质性要求的投标文件的施工组织设计、主要人员、技术能力等因素进行评分,按照得分由高到低排序,对排名在招标文件规定数量以内的投标人的报价文件进行评审,按照评标价由低到高的顺序推荐中标候选人,或根据招标人授权直接确定中标人,但投标报价低于其成本的除外。评标价相等时,评标委员会应按照评标办法前附表规定的优先次序推荐中标候选人或确定中标人。

(2) 评分价

① 第一个信封：分值构成(总分 100 分)。

施工组织设计：25～40 分，评分因素细分项是关键工程的施工方案、方法与技术措施。

主要人员：25～40 分，评分因素细分项是项目经理、总工程师任职资格与业绩。

技术能力：10～20 分，指投标人的科研开发和技术创新能力。

履约信誉：15～25 分，招标人可结合招标项目所在地省级交通运输主管部门对投标人的信用评级对其履约信用进行评分，但不得任意设置歧视性条款并不得任意设立行政许可。

……

② 第二个信封：评标价＝修正后的投标报价－暂估价－暂列金额(不含计日工总额)。

③ 通过第一个信封详细评审的投标人数量，应按照投标人的商务和技术得分由高到低排序，为避免本办法演变为经评审的最低投标价法，该数量应选择 3～10 名。此外，招标人可规定技术文件用暗标形式编制。

(3) 评分因素与权重分值

招标人应根据项目具体情况确定各评分因素及评分因素权重分值，并对各评分因素进行细分(如有)，确定各评分因素细分项的分值，各评分因素权重分值合计应为 100 分。各评分因素(评标价和履约信誉评分项除外)得分一般不得低于权重分值的 60%，且各评分因素得分应以评标委员会各成员的打分平均值确定，评标委员会成员总数为 7 人以上时，该平均值应去掉一个最高分和一个最低分后计算。评标委员会成员对某一项评分因素的评分低于权重分值 60%的，应在评标报告中作出说明。招标人应列明各评分因素或各评分因素细分项(如有)的评分标准并作为评标委员会进行评分的依据。

3. 综合评分法

(1) 方法简介

评标委员会对满足招标文件实质性要求的投标文件，按照规定的评分标准进行打分，并按得分由高到低排序推荐中标候选人，或根据招标人授权直接确定中标人，但投标报价低于其成本的除外。综合评分相等时，评标价低的投标人优先；评标价也相等时，被招标项目所在地省级交通运输主管部门评为较高信用等级的投标人优先；信誉等级也相等时，商务和技术文件得分较高的投标人优先。

(2) 分值构成(总分 100 分)

① 第一个信封(商务及技术文件)评分分值构成

施工组织设计：5～20 分。

主要人员：10～20 分。

技术能力：0～5 分。

财务能力：5～10 分。

业绩：5～12 分。

履约信誉：3～5 分。

……

② 第二个信封(报价文件)评分分值构成

评标价权重分值不应低于 50 分。

(3) 评标基准价的计算

在开标现场，招标人将当场计算并宣布评标基准价。

① 评标价的确定

方法一：评标价＝投标函文字报价。

方法二：评标价＝投标函文字报价－暂估价－暂列金额(不含计日工总额)。

……

② 评标价平均值的计算

除按规定在开标现场被宣布为不进入评标基准价计算的投标报价之外，所有投标人的评标价去掉一个最高值和一个最低值后的算术平均值即为评标价平均值(如果参与评标价平均值计算的有效投标人少于 5 家时，则计算评标价平均值时不去掉最高值和最低值)。

③ 评标基准价的确定

方法一：将评标价平均值直接作为评标基准价。

方法二：将评标价平均值下浮____%，作为评标基准价。

方法三：招标人设置评标基准价系数，由投标人代表现场抽取，评标价平均值乘以现场抽取的评标基准价系数作为评标基准价。

……

在评标过程中，评标委员会应对招标人计算的评标基准价进行复核，存在计算错误的应予以修正并在评标报告中作出说明。除此之外，评标基准价在整个评标期间保持不变，不随任何因素发生变化。

(4) 评标价的偏差率计算公式

偏差率＝100%×(投标人评标价－评标基准价)/评标基准价。

(5) 评标价得分计算公式示例

① 如果投标人的评标价＞评标基准价，则评标价得分＝F－偏差率×100×E_1；

② 如果投标人的评标价≤评标基准价，则评标价得分＝F＋偏差率×100×E_2。

式中　F——评标价所占的权重分值；

E_1——评标价每高于评标基准价一个百分点的扣分值；

E_2——评标价每低于评标基准价一个百分点的扣分值。

招标人可依据招标项目具体特点和实际需要设置 E_1、E_2，但 E_1 应大于 E_2。

(6) 综合评分法得分

评标委员会按照规定的量化因素和分值进行打分，并计算出综合评分法得分。

① 按规定的评审因素和分值对施工组织设计部分计算出得分 A。

② 按规定的评审因素和分值对主要人员部分计算出得分 B。

③ 按规定的评审因素和分值对其他部分计算出得分 D。

投标人的商务和技术文件得分＝$A+B+D$。

④ 评标委员会按照规定的量化因素和分值对评标价计算出得分 C，评标价得分分值计算保留小数点后 2 位，小数点后第 3 位“四舍五入”。

则投标人综合得分＝ $A+B+C+D$。

适用范围：适用于技术特别复杂的特大桥梁和特长大隧道项目主体工程，但目前我国公路工程招标项目很多也采用此方法。

4. 经评审的最低投标价法

评标委员会对满足招标文件实质要求的投标文件，根据招标文件规定的量化因素及量化标准进行价格折算，按照经评审的投标价由低到高的顺序推荐中标候选人，或根据招标人授权直接确定中标人，但投标报价低于其成本的除外。经评审的投标价相等时，投标报价低的优先；投标报价也相等的，招标人可采用被招标项目所在地省级交通主管部门评为较高信用等级的投标人优先或递交投标文件时间较前的投标人优先或其他方法确定第一中标候选人。

经评审的投标价(评标价)＝修正后的投标报价－暂估价－暂列金额(不含计日工总额)。

上述办法适用于工程规模较小、技术含量较低的工程。

5.3　公路工程施工招标案例

××高速公路工程施工

招 标 文 件

(项目专用本)

招 标 人：××高速公路有限公司

招标代理：山东××招标评估造价咨询有限公司

日期：2019 年 10 月 29 日

目　　录

5.3.1　招标公告

××高速公路工程施工
招标公告

1. 招标条件

项目编号	370100MA5C8ETE5201916F021592	项目名称	××高速公路
项目所在地	山东省淄博市	建设性质	新建
招标备案号	SG201912345-AWJBA	招标方式	公开招标
招标编号	SG201912345	招标类别	施工
项目立项单位	山东省发展和改革委员会	项目立项文号	鲁发改政务〔2019〕××号
项目法人单位	××高速公路有限公司	招标人	××高速公路有限公司
招标组织形式	委托招标	招标代理机构	山东××招标评估造价咨询有限公司
资格审查方式	资格后审	评标方法	综合评分法
资格审查方法	合格制	投标形式	双信封
计划工期（设计周期）	1 260 天	资金来源及出资比例	自筹，出资比例 100%
评标细则	查看评标办法		

2. 项目概况与招标范围

项目概况与招标范围	项目概况：××高速公路工程路线全长 93 km，项目主线采用双向六车道高速公路标准，设计速度 120 km/h，路基宽度 34.5 m。全线共设特大桥 1 座 1 130 m、大桥 6 座 2 156 m、中桥 7 座 600 m、涵洞 56 道，互通立交 3 处、服务区 2 处、养护工区 2 处、监控通信分中心 2 处、匝道收费站 5 处，互通立交连接线 1 处。项目概算建安费约 97.6 亿元，列入本次招标范围的工程项目对应概算建安费约 87 亿元。项目主线建设工期为 42 个月。 招标范围：本项目路基、路面、桥涵、隧道、排水、防护、预埋管线、中央分隔带及边坡绿化、收费广场以及各功能区的土石方、场区道路等招标图纸中标明的全部施工内容。其中房建、交通安全设施、机电等工程作为后期项目单独招标。
标段划分	1. 标段名称：施工一标段，标段号：XXSG-1，起始桩号：K0＋000，结束桩号：K29＋300，标段长度：29.30 km；2. 标段名称：施工二标段，标段号：XXSG-2，起始桩号：K29＋300，结束桩号：K62＋100，标段长度：32.80 km；3. 标段名称：施工三标段，标段号：XXSG-3，起始桩号：K62＋100，结束桩号：K93＋000，标段长度：30.90 km。

3．投标人资格要求

	标段名称（标段号）	简要技术指标	对投标企业要求	
（1）各标段的资格要求	施工一标段（XXSG-1）	K0＋000～K29＋300，长度：29.30 km，全段6车道，填方数量320万立方米，大桥2座，中桥3座，互通1座，服务区1处。	资质资格要求	1．具有独立法人资格，持有效营业执照； 2．具有公路工程施工总承包一级及以上资质； 3．持有合法有效的安全生产许可证。
			业绩要求	投标人近5年（2014年1月1日至投标截止时间，以实际交工日期为准）独立承担的施工业绩要求： 新建或改扩建高速公路路基、路面工程累计均不少于10 km（如单个标段内同时包含路基、路面工程，则分别计算路基、路面里程长度；里程长度指的是双向四车道及以上高速公路项目主线长度）。
			财务要求	投标人近3年（2016～2018年度）流动比率均不小于1。
			信誉要求	投标人不得存在下列不良状况或不良信用记录： 1．被省级及以上交通运输主管部门取消招标项目所在地的投标资格且处于有效期内； 2．被责令停业、暂扣或吊销执照，或吊销资质证书； 3．进入清算程序，或被宣告破产，或其他丧失履约能力的情形； 4．在国家企业信用信息公示系统（http://www.gsxt.gov.cn/）中被列入严重违法失信企业名单； 5．在“信用中国”网站（http://www.creditchina.gov.cn/）中被列入失信被执行人名单； 6．投标人单位、法定代表人和拟在投标文件中委任的项目经理、项目总工程师、安全生产负责人在近3年（2016年1月1日至查询之日）有行贿犯罪行为的（行贿犯罪行为的认定以中国裁判文书网的查询结果为准）； 7．在××公司信用评价中被列入失信黑名单； 8．法律法规规定的其他情形。
			人员要求	1．项目经理（1人）：具有公路工程相关专业中级及以上技术职称，持有注册在本单位的公路工程专业一级建造师证书，持有省级及以上交通运输主管部门颁发的安全生产考核合格证书B证，近10年（2009年1月1日至投标截止时间，以实际交工日期为准）至少具有1个新建或改扩建高速公路工程施工项目经理或副经理任职经历； 2．项目总工程师（1人）：具有公路工程相关专业高级及以上技术职称，持有省级及以上交通运输主管部门颁发的安全生产考核合格证书B证，近10年（2009年1月1日至投标截止时间，以实际交工日期为准）至少具有1个新建或改扩建高速公路工程施工项目总工程师或副总工程师任职经历； 3．安全生产负责人（1人）：具有中级及以上技术职称，持有省级及以上交通运输主管部门颁发的安全生产考核合格证书C证或C2证。
			主要机械设备（含试验检测）要求	无
			分包要求	允许。允许分包的工程范围仅限于非关键性工程或适合专业化队伍施工的专项工程（如涉铁工程），分包人的资格能力应与其分包工程的标准和规模相适应。
			联合体要求	本项目不接受联合体申请。
			其他要求	无

续表

	标段名称（标段号）	简要技术指标	对投标企业要求	
(1)各标段的资格要求	施工二标段（XXSG-2）	K29＋300～K62＋100，长度：32.80 km，全段6车道，填方数量260万立方米，特大桥1座，大桥3座，中桥2座，服务区1处。	资质资格要求	1. 具有独立法人资格，持有效营业执照； 2. 具有公路工程施工总承包一级及以上资质； 3. 持有合法有效的安全生产许可证。
			业绩要求	投标人近5年(2014年1月1日至投标截止时间，以实际交工日期为准)独立承担的施工业绩要求： 1. 新建或改扩建高速公路路基、路面工程累计均不少于10 km(如单个标段内同时包含路基、路面工程，则分别计算路基、路面里程长度；里程长度指的是双向4车道及以上高速公路项目主线长度)； 2. 至少有1座公路工程特大桥梁施工业绩(可为独立发包的特大桥梁工程或所施工标段含有特大桥梁工程)。
			财务要求	投标人近3年(2016～2018年度)流动比率均不小于1。
			信誉要求	投标人不得存在下列不良状况或不良信用记录： 1. 被省级及以上交通运输主管部门取消招标项目所在地的投标资格且处于有效期内； 2. 被责令停业、暂扣或吊销执照，或吊销资质证书； 3. 进入清算程序，或被宣告破产，或其他丧失履约能力的情形； 4. 在国家企业信用信息公示系统(http://www.gsxt.gov.cn/)中被列入严重违法失信企业名单； 5. 在“信用中国”网站(http://www.creditchina.gov.cn/)中被列入失信被执行人名单； 6. 投标人单位、法定代表人和拟在投标文件中委任的项目经理、项目总工程师、安全生产负责人在近3年(2016年1月1日至查询之日)有行贿犯罪行为的(行贿犯罪行为的认定以中国裁判文书网的查询结果为准)； 7. 在××公司信用评价中被列入失信黑名单； 8. 法律法规规定的其他情形。
			人员要求	1. 项目经理(1人)：具有公路工程相关专业中级及以上技术职称，持有注册在本单位的公路工程专业一级建造师证书，持有省级及以上交通运输主管部门颁发的安全生产考核合格证书B证，近10年(2009年1月1日至投标截止时间，以实际交工日期为准)至少具有1个新建或改扩建高速公路工程施工项目经理或副经理任职经历； 2. 项目总工程师(1人)：具有公路工程相关专业高级及以上技术职称，持有省级及以上交通运输主管部门颁发的安全生产考核合格证书B证，近10年(2009年1月1日至投标截止时间，以实际交工日期为准)至少具有1个新建或改扩建高速公路工程施工项目总工程师或副总工程师任职经历； 3. 安全生产负责人(1人)：具有中级及以上技术职称，持有省级及以上交通运输主管部门颁发的安全生产考核合格证书C证或C2证。
			主要机械设备(含试验检测)要求	无
			分包要求	允许。允许分包的工程范围仅限于非关键性工程或适合专业化队伍施工的专项工程(如涉铁工程)，分包人的资格能力应与其分包工程的标准和规模相适应。
			联合体要求	本项目不接受联合体申请。
			其他要求	无

续表

	标段名称（标段号）	简要技术指标	对投标企业要求	
(1)各标段的资格要求	施工三标段（XXSG-3）	K62＋100～K93＋000，长度：30.90 km，全段6车道，填方数量310万立方米，大桥1座，中桥2座，互通2座。	资质资格要求	1. 具有独立法人资格，持有效营业执照； 2. 具有公路工程施工总承包一级及以上资质； 3. 持有合法有效的安全生产许可证。
			业绩要求	投标人近5年(2014年1月1日至投标截止时间，以实际交工日期为准)独立承担的施工业绩要求： 新建或改扩建高速公路路基、路面工程累计均不少于10 km(如单个标段内同时包含路基、路面工程，则分别计算路基、路面里程长度；里程长度指的是双向四车道及以上高速公路项目主线长度)。
			财务要求	投标人近3年(2016～2018年度)流动比率均不小于1。
			信誉要求	投标人不得存在下列不良状况或不良信用记录： 1. 被省级及以上交通运输主管部门取消招标项目所在地的投标资格且处于有效期内； 2. 被责令停业、暂扣或吊销执照，或吊销资质证书； 3. 进入清算程序，或被宣告破产，或其他丧失履约能力的情形； 4. 在国家企业信用信息公示系统(http://www.gsxt.gov.cn/)中被列入严重违法失信企业名单； 5. 在"信用中国"网站(http://www.creditchina.gov.cn/)中被列入失信被执行人名单； 6. 投标人单位、法定代表人和拟在投标文件中委任的项目经理、项目总工程师、安全生产负责人在近3年(2016年1月1日至查询之日)有行贿犯罪行为的(行贿犯罪行为的认定以中国裁判文书网的查询结果为准)； 7. 在××公司信用评价中被列入失信黑名单； 8. 法律法规规定的其他情形。
			人员要求	1. 项目经理(1人)：具有公路工程相关专业中级及以上技术职称，持有注册在本单位的公路工程专业一级建造师证书，持有省级及以上交通运输主管部门颁发的安全生产考核合格证书B证，近10年(2009年1月1日至投标截止时间，以实际交工日期为准)至少具有1个新建或改扩建高速公路工程施工项目经理或副经理任职经历； 2. 项目总工程师(1人)：具有公路工程相关专业高级及以上技术职称，持有省级及以上交通运输主管部门颁发的安全生产考核合格证书B证，近10年(2009年1月1日至投标截止时间，以实际交工日期为准)至少具有1个新建或改扩建高速公路工程施工项目总工程师或副总工程师任职经历； 3. 安全生产负责人(1人)：具有中级及以上技术职称，持有省级及以上交通运输主管部门颁发的安全生产考核合格证书C证或C2证。
			主要机械设备（含试验检测）要求	无
			分包要求	允许。允许分包的工程范围仅限于非关键性工程或适合专业化队伍施工的专项工程(如涉铁工程)，分包人的资格能力应与其分包工程的标准和规模相适应。
			联合体要求	本项目不接受联合体申请。
			其他要求	无

续表

(2)	每个申请人最多可对 2 个标段投标，且允许中 1 个标。被招标项目所在地省级交通运输主管部门评为最高信用等级的申请人，最多可对 2 个标段投标，且允许中 1 个标。
(3)	与招标人存在利害关系可能影响招标公正性的法人、其他组织或者个人，不得参加投标。单位负责人为同一人或者存在控股、管理关系的不同单位，不得参加同一标段投标或者未划分标段的同一招标项目投标。
(4)	申请人在购买招标文件前，应按照国家和省有关规定，在××省交通建设市场信用信息管理系统（以下简称"信用信息系统"）中填报、完善、公开本单位信用信息，根据本单位实际情况及时完成相关信息的申报、录入和动态更新，并对相关信息的真实性、完整性和准确性负责。
(5)	申请人在购买招标文件或资格预审文件时，签署、澄清、递交、撤回、修改投标（资格预审申请）文件和处理有关事宜的经办人须与××省交通建设市场信用信息管理系统中的授权委托人一致。申请人在现场报名时应提供企业在报名期限内的信用信息系统公开截图供招标人或招标代理机构核查，否则不予发售招标文件。
(6)	投标文件中已列明但开标前未记录在信用信息系统中的从业单位、业绩和主要工程技术人员，在招标评审时不予认定。
(7)	在"信用中国"网站（http://www.creditchina.gov.cn/）中被列入失信被执行人名单的投标人，不得参加投标。
(8)	本项目招标人、招标代理机构以及评标专家将对投标人提供的资格预审申请文件或投标文件中人员、业绩等资料进行核查，并面向社会进行公示。在评标期间发现投标人提供了虚假材料，其投标将被否决；在签订合同前发现作为中标候选人的投标人提供了虚假材料，招标人有权取消其中标资格。招标人将对投标人上述弄虚作假行为上报省级和国家交通运输主管部门，作为不良记录纳入交通建设市场信用信息管理系统。

4. 招标文件的获取

招标文件获取时间	2019 年 7 月 15 日至 2019 年 7 月 21 日（法定公休日、法定节假日除外），每日上午 9 时 00 分至 11 时 00 分，下午 13 时 30 分至 16 时 30 分（北京时间）。
招标文件获取地点	济南市历下区 188 号 18 楼 18 室。
办理时携带材料及要求	持企业在报名期限内的信用信息系统公开截图、单位介绍信、经办人身份证及身份证复印件购买招标文件。参加多个标段投标的投标人必须分别购买相应标段的招标文件，并对每个标段单独递交投标文件。
招标文件售价及要求	招标文件每套售价 1 000 元，图纸每套售价 3 000 元，招标人根据对本合同工程勘察所取得的水文、地质、气象和料场分布、取土场、弃土场位置等资料编制的参考资料每套售价 1 000 元，售后不退。

5. 投标文件的递交

投标文件递交时间	截止时间（申请截止时间，下同）为 2019 年 8 月 16 日 9 时 30 分，申请人应于当日 8 时 00 分至 9 时 30 分递交投标文件。
投标文件递交地点	济南市历下区 19 号楼 101 开标室。
递交要求及注意事项	逾期送达或者未送达指定地点的投标文件，招标人不予受理。

6. 发布公告的媒介

(1) 中国招标投标公共服务平台(http://www.cebpubservice.com/interact/index.shtml);
(2) 山东省交通运输厅网站(http://jtt.shandong.gov.cn/)。

7. 补充信息

(1) 招标人不组织进行工程现场踏勘,不召开投标预备会;
(2) 本项目招标公告同时在齐鲁采购与招标网(http://www.qlebid.com/)发布。

8. 联系方式

	招标人	招标代理机构
单位或机构名称	××高速公路有限公司	山东××招标评估造价咨询有限公司
地址	兰亭市兰城区亭海路创业服务中心三号楼	济南市历下区舜耕路新闻大厦2号楼
联系人	许先生	张先生
电话	0531-67891578	0531-81234555
传真	0531-67891578	0531-81234555
账户名称		
银行账号		
银行编码		
分支行名称		
分支行所在地		

5.3.2 投标人须知

投标人须知前附表是对投标人须知正文部分对应条款的补充、细化,投标人阅读时应与正文部分一并阅读。投标人须知前附表与正文部分不一致处,应以投标人须知前附表为准。

条款号	条款名称	编列内容
	招标人	名　称:××高速公路有限公司 地　址:兰亭市兰城区亭海路创业服务中心三号楼 联系人:许先生 电　话:0531-67891578
	招标代理机构	名　称:山东××招标评估造价咨询有限公司 地　址:济南市历下区舜耕路新闻大厦2号楼 联系人:张先生 电　话:0531-81234555
	招标项目名称	××高速公路工程施工。
	标段建设地点	山东省淄博市。
	资金来源及比例	招标人自筹,100%。

续表

条款号	条款名称	编列内容
	资金落实情况	已落实。
	招标范围	详见招标公告。
	计划工期	XXSG-1、XXSG-2、XXSG-3 计划工期:1 096 日历天; 计划开工日期:暂定 2020 年 1 月 1 日; 计划交工日期:暂定 2022 年 12 月 31 日。
	质量要求	交工验收的工程质量评定:合格; 竣工验收的工程质量评定:优良。
	安全目标	项目实施中无安全责任事故。
	投标人资质条件、能力和信誉	资质条件:见附录 1; 财务要求:见附录 2; 业绩要求:见附录 3; 信誉要求:见附录 4; 项目经理、项目总工程师和安全生产负责人资格:见附录 5; 其他要求:无。
	是否接受联合体投标	☑不接受 □接受,应满足下列要求:
	投标人不得存在的其他关联情形	/
	投标人不得存在的其他不良状况或不良信用记录	在信用评价中被列入失信黑名单。
	投标人在投标预备会前提出问题	不适用。
	分　包	□不允许 ☑允许。允许分包的工程范围仅限于非关键性工程或适合专业化队伍施工的专项工程(如涉铁工程),分包人的资格能力应与其分包工程的标准和规模相适应。
	构成招标文件的其他材料	招标人按规定在山东省交通运输工程电子招投标管理系统或以电子邮件形式发布并标有编号的补遗书(如有)、澄清书(如有)及回执。
	投标人要求澄清招标文件	时间:递交投标文件截止之日 16 日前。
		形式:须将澄清问题通过电子邮件(盖章扫描件和可编辑的 Word 文档)发送招标代理机构邮箱并电话通知招标代理机构。
	招标文件澄清发出的形式	通过山东省交通运输工程电子招投标管理系统或以电子邮件形式发出澄清。
	投标人确认收到招标文件澄清	收到澄清后 24 h 内(以发出时间为准),投标人须按招标文件"确认通知"格式书面确认收悉,并将确认通知扫描件发送代理机构电子邮箱。
	招标文件修改发出的形式	通过山东省交通运输工程电子招投标管理系统或以电子邮件形式发出招标文件修改。
	投标人确认收到招标文件修改	收到修改后 24 h 内(以发出时间为准),投标人须按招标文件"确认通知"格式书面确认收悉,并将确认通知扫描件发送代理机构电子邮箱。

续表

条款号	条款名称	编列内容
	投标文件密封形式	☑双信封 □单信封
	构成投标文件的其他材料	/
	增值税税金的计算方法	/
	工程量清单的填写方式	☑投标人按照招标人提供的工程量固化清单电子文件填写工程量清单，工程量固化清单的获取方式以补遗书的形式发布。 □投标人按照招标人提供的书面工程量清单填写工程量清单。
	报价方式	□单价 ☑总价
	是否接受调价函	□是 ☑否
	最高投标限价	□无 ☑有，最高投标限价：以补遗书的形式发布。
	投标报价的其他要求	/
	投标有效期	自投标人提交投标文件截止之日起计算 120 日。
	投标保证金	是否要求投标人递交投标保证金： ☑要求，投标保证金的金额：300 万元/标段。 投标保证金可采用的其他形式：无。 招标人指定的开户银行及账号如下： 开户名称：××高速公路有限公司 开户银行：工行淄博支行 开户账号：×××× 联系电话：0531-68912345 联系人：刘先生 采用银行保函时，出具保函的银行级别：银行保函必须由投标人的基本账户开具，若基本账户银行不能开具，可由基本账户的上级银行出具并附相关证明材料。 银行保函须按招标文件要求的格式密封，在开标现场递交给招标人。
	投标保证金的利息计算原则	(1) 计算利息的起始日期为投标截止当日，终止日期为招标人退还投标保证金日期的前一日； (2) 投标保证金的利息按照第(1)款所述计息时间段内招标人指定汇入银行公告的活期存款利率计付，并扣除招标人汇款手续费； (3) 利息金额计算至分位，分以下尾数四舍五入。
	其他可以不予退还投标保证金的情形	(1) 经查实投标人弄虚作假等违法行为； (2) 串通投标，损害招标人或其他投标人的合法权益； (3) 借用他人名义参与投标； (4) 向招标人或评标委员会成员行贿。

续表

条款号	条款名称	编列内容
	资格审查资料的特殊要求	□无 ☑有，具体要求如下： 原文修改为： “近年完成的类似项目情况表”应附在“山东省交通建设市场信用信息管理系统”中查询到的企业“(施工)项目信息”相关项目业绩网页截图复印件，即包括“项目信息”“标段信息”“合同信息”等栏目在内的项目详细信息网页截图复印件。除网页截图复印件外，投标人无须再提供任何业绩证明材料。 如投标人未提供相关项目网页截图复印件或相关项目网页截图中的信息无法证实投标人满足招标文件规定的资格审查条件(业绩最低要求)，则该项目业绩不予认定。 原文修改为： “投标人的信誉情况”应附投标人在全国企业信用信息公示系统中未被列入严重违法失信企业名单、在“信用中国”网站中未被列入失信被执行人名单以及在中国裁判文书网的查询行贿犯罪结果网页截图(含投标人单位、法定代表人和拟在投标文件中委派的项目经理、项目总工程师和安全生产负责人)。 原文修改为： “拟委任的项目经理、项目总工程师、安全生产负责人资历表”应附项目经理、项目总工程师及安全生产负责人的身份证、职称资格证书以及资格审查条件所要求的其他相关证书(如建造师注册证书、安全生产考核合格证书等)的复印件，建造师注册证书、安全生产考核合格证书在政府相关部门网站上公开信息的网页截图复印件，投标人所属社保机构出具的拟委任的项目经理、项目总工程师及安全生产负责人的社保缴费证明或其他能够证明拟委任的项目经理、项目总工程师及安全生产负责人参加社保的有效证明材料复印件。 “拟委任的项目经理、项目总工程师、安全生产负责人资历表”还应附山东省交通运输厅“山东省交通建设市场信用信息管理系统”中载明的、能够证明项目经理、项目总工程师、安全生产负责人具有相关业绩的网页截图复印件。业绩采用授信业绩或自填系统内有项目业绩做关联的个人业绩时，无须再提供证明材料。如采用系统内无项目业绩做关联的自填业绩仍须提供中标通知书、施工合同、交工证书等能够证明项目经理、项目总工程师及安全生产负责人任职经历的证明材料。 社保原件装订在正本“其他材料”之后。
	近年财务状况的年份要求	2016～2018 年度
	近年完成的类似项目情况的时间要求	2014 年 1 月 1 日至投标截止时间，以实际交工日期为准
	是否允许递交备选投标方案	☑不允许 □允许
	投标文件副本份数及其他要求	副本 3 份，副本应是正本的复印件，另加 1 份投标文件电子文件 U 盘[要求如下：① 电子投标文件，报价文件按招标人提供的工程量固化清单电子文件填写；② 以 Excel 格式制作的单价分析表，按招标数据文件格式填写；③ U 盘需明确标记标段及投标人名称，并密封在第二个信封(报价文件)正本中]。如投标人中标，应在收到中标通知书 5 日内再另外提交相同投标文件副本 4 份。
	装订的其他要求	/

续表

条款号	条款名称	编列内容
	封套上写明	投标文件第一个信封(商务及技术文件)封套: 招标人名称: 招标人地址: ________(项目名称)________标段施工招标第一个信封(商务及技术文件)投标文件 招标项目编号: 在________年____月____日____时____分前不得开启 投标人名称: 投标文件第二个信封(报价文件)封套: 招标人名称: 招标人地址: ________(项目名称)________标段施工招标第二个信封(报价文件)投标文件 招标项目编号: 在投标文件第二个信封(报价文件)开标前不得开启 投标人名称: 投标人地址: 银行保函封套: 招标人名称: 招标人地址: ________(项目名称)________标段施工招标投标保证金(银行保函原件) 招标项目编号:
	是否退还投标文件	☑否,所有投标文件均不予退还。 □是,具体要求:
	开标时间和地点	投标文件第一个信封(商务及技术文件) 开标时间:同投标截止时间。 投标文件第一个信封(商务及技术文件) 开标地点:同递交投标文件地点。 投标文件第二个信封(报价文件)开标时间和地点:在第二个信封(报价文件)开标时间 24 h 前通知。
	第一个信封(商务及技术文件)开标程序	(1) 密封情况检查:检查商务及技术文件是否存在提前开启情况; (2) 开标顺序:随机。
	第二个信封(报价文件)开标程序	(1) 密封情况检查:检查报价文件是否存在提前开启情况; (2) 开标顺序:随机。
	评标委员会的组建	评标委员会构成:7 人,其中专家 5 人,招标人代表 2 人; 评标专家确定方式:从山东省交通运输建设项目综合评标专家库中随机抽取。
	评标委员会推荐中标候选人的人数	3 名(不足 3 名时则只取相应数量)

续表

条款号	条款名称	编列内容
	中标候选人公示媒介及期限	公示媒介：同招标公告发布媒介。 公示期限：3 个工作日。 公示的其他内容：/
	是否授权评标委员会确定中标人	□是 ☑否
	中标通知书和中标结果通知发出的形式	书面形式
	中标结果公告媒介及期限	公告媒介：同招标公告发布媒介。 公告期限：3 个工作日。
	履约保证金	是否要求中标人提交履约保证金： ☑要求，履约保证金的形式：银行保函或现金、支票或招标人认可的其他合法形式。 履约担保金额：10%签约合同价。 采用银行保函时，出具保函的银行级别：具有相应担保能力的国有或股份制商业银行的支行及其以上银行。 □不要求
	监督部门	监督部门：××省交通运输厅 地　　址： 电　　话： 邮政编码：
	是否采用电子招标投标	否

5.3.3　评标办法(双信封综合评分法)

条款号		评审因素与评审标准
	评标方法	综合评分相等时，评标委员会依次按照以下优先顺序推荐中标候选人或确定中标人： (1) 评标价低的优先； (2) 信用等级较高者优先(以山东省交通运输主管部门在"山东省公路工程施工单位信用评价系统"公布的最近年度信用等级为准)； (3) 技术得分较高的投标人优先； (4) 商务得分较高的投标人优先。
	形式评审与响应性评审标准	第一个信封(商务及技术文件)评审标准： (1) 投标文件按照招标文件规定的格式、内容填写，字迹清晰可辨： ① 投标函按招标文件规定填报了项目名称、标段号、补遗书编号(如有)、工期、工程质量要求及安全目标； ② 投标函附录的所有数据均符合招标文件规定； ③ 投标文件组成齐全完整，内容均按规定填写。

续表

条款号		评审因素与评审标准
	形式评审与响应性评审标准	(2) 投标文件上法定代表人或其委托代理人的签字、投标人的单位章盖章齐全，符合招标文件规定。 (3) 投标人按照招标文件的规定提供了投标保证金： ① 投标保证金金额符合招标文件规定的金额，且投标保证金有效期不少于投标有效期； ② 若投标保证金采用现金或支票形式提交，投标人应在递交投标文件截止时间之前，将投标保证金由投标人的基本账户转入招标人指定账户； ③ 若投标保证金采用银行保函形式提交，银行保函的格式、开具保函的银行均满足招标文件要求，且在递交投标文件截止时间之前向招标人提交了银行保函原件。 (4) 投标人法定代表人授权委托代理人签署投标文件的，须提交授权委托书，且授权人和被授权人均在授权委托书上签名，未使用印章、签名章或其他电子制版签名代替。 (5) 投标人法定代表人亲自签署投标文件的，提供了法定代表人身份证明，且法定代表人在法定代表人身份证明上签名，未使用印章、签名章或其他电子制版签名代替。 (6) 投标人如有分包计划，符合招标文件第二章“投标人须知”第 1.11 款规定，且按招标文件第九章“投标文件格式”的要求填写了“拟分包项目情况表”。 (7) 同一投标人未提交两个以上不同的投标文件，但招标文件要求提交备选投标的除外。 (8) 投标文件中未出现有关投标报价的内容。 (9) 投标文件载明的招标项目完成期限未超过招标文件规定的时限。 (10) 投标文件对招标文件的实质性要求和条件作出响应。 (11) 投标文件未附有招标人不能接受的条件。 (12) 权利义务符合招标文件规定： ① 投标人应接受招标文件规定的风险划分原则，未提出新的风险划分办法； ② 投标人未增加发包人的责任范围，或减少投标人义务； ③ 投标人未提出不同的工程验收、计量、支付办法； ④ 投标人对合同纠纷、事故处理办法未提出异议； ⑤ 投标人在投标活动中无欺诈行为； ⑥ 投标人未对合同条款有重要保留。 (13) 投标文件正、副本份数符合招标文件第二章“投标人须知”第 3.7.4 项规定。 第二个信封(报价文件)评审标准： (1) 投标文件按照招标文件规定的格式、内容填写，字迹清晰可辨： ① 投标函按招标文件规定填报了项目名称、标段号、补遗书编号(如有)、投标价(包括大写金额和小写金额)； ② 已标价工程量清单说明文字与招标文件规定一致，未进行实质性修改和删减； ③ 投标文件组成齐全完整，内容均按规定填写。 (2) 投标文件上法定代表人或其委托代理人的签字、投标人的单位章盖章齐全，符合招标文件规定。 (3) 投标报价或调价函中的报价未超过招标文件设定的最高投标限价(如有)。 (4) 投标报价或调价函中报价的大写金额能够确定具体数值。 (5) 同一投标人未提交两个以上不同的投标报价，但招标文件要求提交备选投标的除外。 (6) 投标人若提交调价函，调价函符合招标文件第二章“投标人须知”要求。 (7) 投标人若填写工程量固化清单，填写完毕的工程量固化清单未对工程量固化清单电子文件中的数据、格式和运算定义进行修改；工程量固化清单中的投标报价和投标函大写金额报价一致。 (8) 投标文件正、副本份数符合招标文件第二章“投标人须知”规定。 (9) 投标文件未附有招标人不能接受的条件。

续表

条款号		评审因素与评审标准
	第一个信封资格评审标准	(1) 投标人具备有效的营业执照、资质证书、安全生产许可证和基本账户开户许可证。 (2) 投标人的资质等级符合招标文件规定，在山东省交通建设市场信用信息管理系统备案且有效。 (3) 投标人的财务状况符合招标文件规定。 (4) 投标人的类似项目业绩符合招标文件规定。 (5) 投标人的项目经理、项目总工程师、安全生产负责人资格、在岗情况符合招标文件规定。 (6) 投标人的其他要求符合招标文件规定。 (7) 投标人不存在第二章“投标人须知”(信誉)及“招标公告”规定的情况的任何一种情形。 (8) 投标人符合第二章“投标人须知”规定。 (9) 不存在违反法律、法规的其他情形。
	分值构成(总分 100 分)	第一个信封(商务及技术文件)评分分值构成： 包括施工组织设计、主要人员、财务能力、业绩，分值为 35 分； 施工组织设计：20 分； 主要人员：4 分； 财务能力：7 分； 业绩：4 分； 第二个信封(报价文件)评分分值构成：评标价 65 分。
	评标基准价计算方法	评标基准价的计算： 在第二个信封开标现场，招标人将当场计算并宣布评标基准价。 1. 评标价、有效报价的确定 评标价＝投标函文字报价 有效报价：除按第二章“投标人须知”规定开标现场被宣布为不进入评标基准价计算的，或投标总报价存在明显不合理情形(如数量级错误)且经评标委员会认定的不进入评标基准价计算，其余投标函文字报价均为有效报价。 2. 评标价平均值的确定 所有有效报价的个数用 N 表示，评标价平均值的计算如下： ① 当 $N<5$ 时，所有有效报价的算术平均值即为评标价平均值； ② 当 $5\leqslant N<10$ 时，所有有效报价去掉 1 个最高值和 1 个最低值后，剩余有效报价的算术平均值即为评标价平均值； ③ 当 $10\leqslant N<20$ 时，所有有效报价去掉 2 个最高值和 1 个最低值后，剩余有效报价的算术平均值即为评标价平均值； ④ 当 $N\geqslant 20$ 时，所有有效报价去掉 3 个最高值和 2 个最低值后，剩余有效报价的算术平均值即为评标价平均值。 3. 评标基准价的确定 (1) 评标基准价调整系数 招标人设置评标基准价调整系数，由抽取人员在开标现场分标段从 1.000、0.995、0.990、0.985、0.980 之间随机抽取一个数值作为本标段评标基准价调整系数(如某标段投标人均未参加开标会议，则该标段由监督人抽取调整系数)。 标段开标时，由公证人员在该标段内的所有投标人中随机抽取一家单位，抽取该标段的评标基准价调整系数。 (2) 评标基准价 评标基准价＝评标价平均值×调整系数 在评标过程中，评标委员会应对招标人计算的评标基准价进行复核，存在计算错误的应予以修正并在评标报告中作出说明。除此之外，评标基准价在整个评标期间保持不变，不随任何因素发生变化。
	评标价的偏差率计算公式	偏差率＝100%×(投标人评标价－评标基准价)/评标基准价 注：偏差率保留四位小数。

施工一、二、三标段评分细则

评分因素与权重分值					评分标准
条款号	评分因素	评分因素权重分值	各评分因素细分项	分值	
	施工组织设计	20分	总体施工组织布置及规划	4分	① 一般，得基本分2.4分； ② 较好，得2.4～3.2分； ③ 好，得3.2～4分。
			主要工程项目的施工方案、方法与技术措施	5分	① 一般，得基本分3分； ② 较好，得3～4分； ③ 好，得4～5分。
			工期、质量、安全、环保、水土保持、文明施工、文物保护等方面的保证体系及具体措施	4分	① 一般，得基本分2.4分； ② 较好，得2.4～3.2分； ③ 好，得3.2～4分。
			项目风险预测与防范，事故应急预案及农民工工资保障措施	3分	① 一般，得基本分1.8分； ② 较好，得1.8～2.4分； ③ 好，得2.4～3分。
			工程标准化、信息化建设	2分	① 一般，得基本分1.2分； ② 较好，得1.2～1.6分； ③ 好，得1.6～2分。
			BIM技术应用及绿色公路、品质工程创建方案	2分	① 一般，得基本分1.2分； ② 较好，得1.2～1.6分； ③ 好，得1.6～2分。
	主要人员	4分	项目经理任职资格与业绩	2分	① 满足招标文件基本要求得1.2分； ② 近10年(2009年1月1日至投标截止日期，以实际交工日期为准)每增加一个新建或改扩建高速公路工程施工项目的项目经理或项目副经理任职经历的业绩加0.8分； ③ 本项最高得分2分。
			项目总工程师任职资格与业绩	2分	① 满足招标文件基本要求得1.2分； ② 近10年(2009年1月1日至投标截止日期，以实际交工日期为准)每增加一个新建或改扩建高速公路工程施工项目的项目总工程师或项目副总工程师任职经历的业绩加0.8分； ③ 本项最高得分2分。

续表

<table>
<tr><th colspan="6">评分因素与权重分值</th><th rowspan="2">评分标准</th></tr>
<tr><th>条款号</th><th colspan="2">评分因素</th><th>评分因素
权重分值</th><th>各评分因素细分项</th><th>分值</th></tr>
<tr><td></td><td colspan="2">评标价</td><td>65 分</td><td colspan="3">评标价得分计算：
(1) 如果投标人的评标价＞评标基准价，则评标价得分＝F－偏差率×100×E_1；
(2) 如果投标人的评标价≤评标基准价，则评标价得分＝F＋偏差率×100×E_2。
其中：$F=65$；$E_1=1$；$E_2=0.5$。评标价得分保留 2 位小数。</td></tr>
<tr><td rowspan="2"></td><td rowspan="2">其他因素</td><td>财务能力</td><td>7 分</td><td colspan="3">投标人同意按照承诺书约定的额度认缴合伙企业份额，且提交了符合要求的承诺书及证明材料的得 7 分，否则得 0 分。</td></tr>
<tr><td>业绩</td><td>4 分</td><td colspan="3">① 满足最低要求得 2.4 分；
② 近 5 年(2014 年 1 月 1 日至投标截止日期，以实际交工日期为准)累计完成的新建或改扩建高速公路路基工程或路面工程每增加 10 km 加 0.4 分(不足 10 km 按内插法计算)，如单个标段内同时包含路基、路面工程，则分别计算；
③ 本项最高得分 4 分。
注：里程长度指的是双向 4 车道及以上高速公路项目主线长度。</td></tr>
</table>

5.3.4　合同条款及格式

1. 通用合同条款

(1) 通用合同条款采用《中华人民共和国标准施工招标文件》(中国计划出版社 2007 年版)的“通用合同条款”。

(2) 上述资料由投标人自备。

2. 专用合同条款

(1) 专用合同条款采用中华人民共和国交通运输部《公路工程标准施工招标文件》(人民交通出版社 2018 年版)的“A. 公路工程专用合同条款”。

(2) 上述资料由投标人自备。

3. 项目专用合同条款的说明

(1) 招标人在根据《公路工程标准施工招标文件》编制项目招标文件中的“项目专用合同条款”时，可根据招标项目的具体特点和实际需要，对“通用合同条款” 及“公路工程专用合同条款”进行补充和细化，除“通用合同条款”明确“专用合同条款”可作出不同约定以及“公路工程专用合同条款”明确“项目专用合同条款”可作出不同约定外，补充和细化的内容不得与“通用合同条款”及“公路工程专用合同条款”强制性规定相抵触。同时，补充、细化或约定的不同内容，不得违反法律、行政法规的强制性规定及平等、自愿、公平和诚实信用原则。

(2) 项目专用合同条款的编号应与通用合同条款和公路工程专用合同条款一致。

(3) 项目专用合同条款可对下列内容进行补充和细化：

① “通用合同条款”中明确指出“专用合同条款”可对“通用合同条款”进行修改的内容

（在“通用合同条款”中用“应按合同约定”“应按专用合同条款约定”“除合同另有约定外”“除专用合同条款另有约定外”“在专用合同条款中约定”等多种文字形式表达）；

② “公路工程专用合同条款”中明确指出“项目专用合同条款”可对“公路工程专用合同条款”进行修改的内容（在“公路工程专用合同条款”中用“除项目专用合同条款另有约定外”“项目专用合同条款可能约定的”“项目专用合同条款约定的其他情形”等多种文字形式表达）。

③ 其他需要补充、细化的内容。

项目专用合同条款数据表

说明：本数据表是项目专用合同条款中适用于本项目的信息和数据的归纳与提示，是项目专用合同条款的组成部分。“投标文件格式”的投标函附录中的数据（供投标人确认）与本表所列有重复的，编写招标文件的单位应仔细校核，不使数据出现差错或不一致。

序号	条目号	信息或数据
1	1.1.2.2	发包人：××高速公路有限公司。 地址：兰亭市兰城区亭海路创业服务中心三号楼。
2	1.1.2.6	监理人：由发包人通过招标方式确定。
3	1.1.4.5	缺陷责任期：自实际交工日期起计算2年。
4	1.6.3	图纸需要修改和补充的，应由监理人取得发包人同意后，在该工程或工程相应部位施工前7日签发图纸修改图给承包人。
5	3.1.1	监理人在行使下列权利前需要经发包人事先批准： 工程变更，按山东省交通运输厅和发包人制定的相关管理办法执行。
6	5.2.1	发包人是否提供材料或工程设备：否。
7	6.2	发包人是否提供施工设备和临时设施：否。
8	8.1.1	发包人提供测量基准点、基准线和水准点及其书面资料的期限：发出开工通知书14日前。 承包人将施工控制网资料报送监理人审批的期限：收到开工通知书后14日内。
9	11.5(3)	逾期交工违约金：50 000元/天。
10	11.5(3)	逾期交工违约金限额：10％签约合同价。
11	11.6	提前交工的奖金：无。
12	11.6	提前交工的奖金限额：无。
13	15.5.2	承包人提出的合理化建议经评审降低了合同价格或者提高了工程经济效益的，按发包人制定的设计变更管理办法规定，对承包人和变更具体提出人分别给予适当奖励。
14	16.1	因物价波动引起的价格调整按照第16.1项约定的原则处理。 按第16.1.1项的约定采用价格调整公式进行调价时，每一年按价格调整公式进行一次调整（投标所在年份计量合同价格不予调整）。
15	17.2.1	开工预付款金额：10％签约合同价。
16	17.2.1(1)	材料、设备预付款比例：砂、碎石等主要材料单据所列费用的70％，且不超过该单项工程量清单合计金额的30％；须采用经查验合格的正规发票。
17	17.3.2	承包人在每个付款周期末向监理人提交进度付款申请单的份数：按发包人相关管理办法的要求。

续表

序号	条目号	信息或数据
18	17.3.3(1)	进度付款证书最低限额:0.5%签约合同价(不含17.2款)。
19	17.3.3(2)	逾期付款违约金的利率:无。
20	17.4.1	质量保证金百分比:3%合同价格。 质量保证金是否计付利息:不计息。
21	17.5.1(1)	承包人向发包人提交交工付款申请单(包括相关证明材料)的份数:按发包人相关管理办法的要求。
22	17.6.1(1)	承包人向发包人提交最终结清申请单(包括相关证明材料)的份数:按发包人相关管理办法的要求。
23	18.2(2)	竣工资料的份数:按发包人相关管理办法的要求。
24	18.5.1	单位工程或工程设备是否需投入施工期运行:否。
25	18.6.1	本工程及工程设备是否进行试运行:否。
26	19.7(1)	保修期:自实际交工日期起计算5年。
27	20.1	建筑工程一切险的保险费率:3‰(暂定)。
28	20.4.2	第三者责任险的最低投保金额:1 000万元,事故次数不限(不计免赔额)。 保险费率:3‰(暂定)。
29	24.1	争议的最终解决方式:诉讼。 诉讼机关:发包人所在地人民法院。

注意:表格中数据是一般情况下的约定。

第6章 公路工程施工投标

【本章提要】 公路工程施工投标程序；投标报价的编制方法；投标报价策略和常用的报价技巧。

【学习要求】 通过本章学习掌握公路工程施工投标程序；重点掌握投标报价的编制方法，熟悉报价策略和常用的报价技巧。

【基本概念】 商务文件，技术文件，价格文件，不平衡报价法。

施工投标是施工单位对招标的响应，是通过竞争获得工程任务的过程。对于公路建设者来说，是企业在公路建设市场竞争中承接任务的一种经营手段。投标与招标一样有其自身的运营规律，有与招标程序相适应的程序。参加投标的施工企业在认真掌握招标信息、研究招标文件的基础上，根据招标文件的要求，在规定的期限内向招标单位递交投标文件，提出合理报价，以争取获胜中标。

投标不仅是施工企业之间造价的竞争，更是企业之间比实力、比信誉、比施工技术措施方案、比水平、比应变能力的竞争。因此，企业通过投标竞争，可促进自身管理水平的提高，使企业在不断改革中提高信誉，达到降低工程造价、确保工程质量、缩短建设工期、提高投资效益的目的。

6.1 公路工程施工投标准备与程序

6.1.1 公路工程施工投标前期准备工作

1. 成立投标组织机构

施工单位为了在投标竞争中获胜，应设置专门投标机构，配备专职人员。投标机构的任务是：经常掌握国内外公路工程项目的市场信息和动态，搜集招标的有关情报；对招标项目进行分析，研究有无参考价值；定期收集招标地区有关部门颁发的建筑材料价格；研究投标策略和报价编制策略；认真分析历次投标中失败的教训和经验，为今后投标打下基础。

投标机构通常由下列人员组成：

(1) 经理或业务副经理，作为投标负责人和决策人，其职责是决定最终是否参加投标及参加投标项目的报价金额。

(2) 总工程师或主任工程师，其职责是决定施工组织设计方案、技术措施及技术问题。

(3) 公路工程造价工程师，负责编制计划及投标报价工作。

(4) 机械管理部门工程师，负责根据本投标项目工程特点选型配备供应本项目施工设备。

(5) 材料部门人员，了解提供当地材料供应及运输能力情况；财务部门人员，提供企业工资、管理费、利润等有关成本资料；生产技术部门人员，负责安排施工作业计划等。

2. 投标业务开发

（1）投标业务开发内容

工程承包企业的业务开发包括以下主要内容：

① 对承包市场的宏观调查，了解企业经营的外部环境及其发展动态，研究开展承包业务的机会，预测可能的风险，选择开发的市场和项目；

② 根据本企业的实力和优势以及经营目标，确定中、长期发展战略和部署；

③ 积极开展对外业务宣传；

④ 完善内部管理机制，开发新技术，培训企业骨干力量，提高企业竞争力；

⑤ 通过各种方式，与业主和有关部门、有关方面建立密切关系；

⑥ 寻求各种合伙人（合营、分包、供货），以便增强企业竞争力；

⑦ 沟通信息渠道，通过各种可能的途径和方式招揽工程项目，使企业经常处于和谐的运转状态，使人力、物力、资金得到充分的、合理的利用，从而获得良好的整体效益。

（2）开发战略决策的重要性

一个工程承包企业，要有一个本企业发展的总体规划，才有前进的目标，才能使近期发展与长远发展有机结合起来。开拓一个地区的业务，应是企业发展规划的一个组成部分和总的战略的体现。

土木工程的工期因工程大小而异，一般为1～3年。有些大的线状工程（如道路工程、管道工程）为了早日完工投入使用，往往分成若干段同时招标，从而缩短工期。在一个地区只经营一个项目时，为了充分利用所配置的机械设备和人力，避免因任务间断而停滞带来的损失，需要“吃一看二想三”，即在拿到一个项目后就要考虑后续工程。而且，由于各项内容不尽一致，使用的机械、人力也有所变化，需要有所更换和补充。在一个新开辟地区，当只有一套施工设备时，最理想的后续工程内容与在建的基本相同，但实际上不太可能，因而要做几手准备，要有一个通盘考虑。制订中、长期战略决策，就是要避免短期行为，避免盲目性。对于公路工程而言，所谓中期是指能把投入的一套施工设备的资金全部回收的时间，一般以3～6年为宜，而长期则在6～10年或更长些。

（3）开发战略决策的内容

在一个地区的中、长期业务开拓规划，要以本企业的发展规划为依据。其内容包括：

① 本地区的业务开发在本企业业务开发计划中所占地位，是重点开发还是辅助性开发，是长期性的还是临时性的、试探性的。

② 本企业准备投入的施工准备、资金、人力多大。

③ 预估可能取得的效益，可能遇到和可能承受的风险，并提出避免风险的对策和措施。

④ 先从何类工程入手有利。例如，一个道桥承包公司，以承揽本行业项目入手有利于发挥自己的优势。在道桥项目中，以先做一般形式桥梁较为有利，因为这样既可充分利用以前施工中积累的经验，投入的施工设备也较少。但若该地区属于干旱地区，河川甚少，桥梁工程不多，做桥梁项目就没有发展前景。作为进入一个新地区的第一个项目，最好选择投入少、产出多、有后续的项目。

⑤ 要通过资源开发的机会研究、考虑本企业的资金、人力和经验，确定在该地区发展的规模、布局和逐步发展的步骤。要预估可能遇到的问题，并考虑采取的措施。

3. 合作开发业务

(1) 合作与竞争的关系

有些公司进入承包市场，只注意竞争压倒别人，不注意寻求合作，增强竞争力，没有处理好竞争与合作的关系，结果导致发展困难。应该认识到，一个企业的发展，总是从小到大，自己的实力总是有限的，而社会的潜力才是无限的。因此，要善于在不同条件下与不同的企业谋求可能的合作，使自己在竞争激烈的市场上立于不败之地。

工程承包市场的特点，是工程项目的类型、规模、内容变化无常，因而，一个企业要想完全靠自己的实力承接各类项目是不可能的。企图把自己的企业搞成一个能承接各类项目的大而全的企业是不现实的，也是不经济的。善于经营的企业，必须既善于管理自己的企业，又善于根据市场情况寻求合作，利用别人的优势补充自己的不足，才能提高竞争能力、获得经济效益。

(2) 合作的形式和范围

合作的形式多种多样，合作的范围也是广泛的，现分述如下。

① 分包

这是最常见的一种合作形式。在国外市场上，凡是该地区工程建设项目比较多的地方，都有一批小包商。他们大都拥有少量常用的小型机械(水泥混凝土拌和机、空压机等)或小型专用设备(如画线机等)，有一定数量的技术工人，可从事小型排水构造物或混凝土制品及诸如道路画线、标志牌制作安装之类的专业化工程。这些小包商有当地施工经验，专业性强，机动、灵活，其工程成本往往比大公司要低。因此招揽项目时，与他们合作，作为专项工程分包人，既可减少施工设备的投入，又可降低造价，减少一些繁杂工作，对承包人是有利的。在国内开展工程承包，许多地方也有一些集体性质的小包商。对于这些当地小包商只要注意了解其资信，有一定的约束手段，是可以与他们成功合作的。

② 联合投标

对于规模大的工程，采取联合投标是经常遇见的。在国际上，比较多的是具有不同专业特点的承包人之间的联合。合作的项目大都是包罗各种专业的大型综合性项目。例如，包含有大量土方工程、道路工程、楼房工程和电信设施的航空港建设工程。此外，工业发展区的基础工程，农业发展区的建设，也都是包罗多方面的工程项目，采取联合投标也是有利的。

从事同行业的承包人，由于优势不同，也有合作的可能。例如，同是做路桥工程的，但在某个地区，有的公司拥有桩基或某种架桥设备，如某公司承建一条公路，为了其中少量桥梁工程搞一套设备，利用率不高，成本却高了，这就可以考虑采取与前者联合投标或分包的合作形式。

此外，有时为了在竞争中取得某种优势，两个实力相当的承包公司也有采取联合投标、分段施工的，这样可以缩短工期，取得规定的优惠条件(如有的国家规定，只要投标时工期比业主要求的减少一个月，即可按相当于降低标价 0.5%参加评标)。有些按实力属二流公司的，为了打破实力雄厚的一流公司的垄断，也采取联合投标，集双方的优势以击败对手。

③ 建立集团公司

这是一种综合联营的方式，国际上许多大公司采取此种形式。参加联营的一般是本国公司，可包括投资公司、设备材料供应公司、工程建设公司、运输公司等。这种联营公司一旦获得项目，可以依靠集团内部力量在各个环节上协调工作，共同实施工程，共同获利，竞争力是很强的。

为了搞好合作,业务开发部门要注意调查有关公司的实力、优势,寻找合适的合作伙伴,建立双方有利的合作关系。还要善于及时调整合作关系,否则,一旦合作不成可能成为竞争对手,将会损害自身的利益。

4. 招揽投标项目

(1) 调查了解投标信息

信息在整个投标活动中占有举足轻重的地位,谁先掌握了全面准确的信息,谁就掌握了投标的主动权,因此,调查了解信息是投标活动中的第一位工作。

投标信息内容包括来自企业内外的一切与投标有关的经济、技术和社会等方面的信息。有条件的施工企业,应组织好信息网,通过各种渠道搜集有关项目信息及招标资料,为选择项目、决策投标提供基础。

① 对信息的要求

对于信息的要求,可以归纳为"快、全、准、用"四个字。"快"为迅速及时;"全"为多多益善,系统积累,如哪里有招标项目,工程概况如何,什么日期开始招标,什么时间开标以及当地材料价格、汇率、工期等,在招标的全过程中,即从准备投标一直到定标前的几分钟,都要掌握信息,而在交标以后、开标以前,均应采取相应的措施以利夺标;"准"是要求信息的准确性,要善于辨别信息的真伪;"用"就是要善于利用信息,为正确的投标决策服务。

在进入一个新的投标竞争地区之前,更应该派出信息敏锐性强的各种专业人员和具有决策权的有关领导深入该地区,进行较长时间的考察,考察的主要任务就是搜集和掌握信息,力求全面了解该地区的工程建设情况,对于有投标可能的项目,需要做更详细、更准确、更全面的调查。

② 需要掌握的信息内容

a. 当地建筑市场信息及投标建设项目的工程情况,如项目规模有多大,公路多少千米,分几个标段,资金来源,招标单位名称,招标时间,项目是否列入国家计划等市场信息。

b. 当地建筑材料和设备能否供应、价格怎样,交通运输情况,当地税收、税率、银行贷款利率、地方法规等。

c. 材料与施工技术发展动态,如招标项目有无新结构、新技术、新材料及需要采购的新设备和新工艺等情况。

d. 招标单位的倾向性(招标单位倾向让哪个或哪类层次施工单位来承包工程)和困难,如工期要提前、投资不足、材料供应困难等,应探明建设单位(或业主)的主要困难是什么。

e. 各竞争对手的基本情况,如有多少单位参加投标,每个标段有几个单位投标,他们的名称、资质、技术水平高低、装备能力、管理水平、队伍作风、是否急于想中标、投标报价动向、与业主之间的人际关系等。

f. 设计与其他协作单位的情况。

g. 类似工程的施工方案、报价、工期等。

h. 本企业内部今年和明年任务是否饱满,是否有力量投入新的投标项目。

i. 本企业欲完成本项目投标工程和同类已完工程的技术经济指标。

j. 企业为本投标项目购置新设备、采购新技术的可能性。

(2) 选择投标项目

正确地选择投标项目，是企业的经营决策大事，是否看准，将直接影响到中标后企业的利益、生存和发展，因此每个企业都应认真研究这个问题。

① 选择投标项目的原则

a. 项目的可行性与可能性。选择的投标项目是否可取，首先要从本企业的实际情况出发，实事求是，量力而行，而不是中标项目越多越好，应以保证均衡施工和连续施工为前提，防止铺摊太多，不能确保重点。同时，根据本企业的施工力量、机械设备、技术力量、施工经验等方面的条件，考虑招标项目是否有事实上的利润，本企业能否保证工期和质量的要求。其次要着重考虑能否发挥本企业的特点和特长、技术优势和装备优势，做到扬长避短，选择适合于发挥本企业优势的项目，避开本企业缺乏经验的项目。再次要根据竞争对手的技术经济情报和市场投标报价动向，考虑该项目是否有一定竞争取胜的把握和机会，反之，不宜勉强投标，更不宜陪标，以免有损于本企业的声誉，而影响未来的投标机会。

b. 项目的可靠性。首先是充分了解建设项目是否已正式批准，资金来源是否可靠，主要材料和设备供应是否落实，设计文件完成的阶段情况等；其次是认真研究业主的资质条件及合同条件有无重大风险性等，以避免参加不可靠的项目竞争，造成不应有的损失。

c. 利润的测算。承包企业在确定投标前，除弄清招标文件和要求外，还要认真研究项目中标后可能获得的利润程度，通过工程技术和经济效益的分析，测算出工程中标后可能获得的利润金额。

d. 本企业的近期利润目标和远期利润目标。施工企业要建立起本企业的目标管理标准，制定出本企业的近期利润目标和远期利润目标，才能明确投标竞争的战略战术。不同时期，不同的竞争环境，企业可以有不同的近期目标，因而在面临许多招标项目时，就可以很容易地作出究竟选择哪一项目参加投标的决策。

在进行投标的选择时，还应考虑其他因素，如本企业员工的技术水平、施工设计能力等。

② 项目选择首选条件

a. 重点工程项目；

b. 有施工经验的项目；

c. 本地工程项目；

d. 通用机械设备施工项目；

e. 项目管理法律法规健全的项目；

f. 征地拆迁完成好的项目；

g. 业主、监理管理水平高的项目；

h. 正常按 FIDIC 条款管理的项目；

i. 与当地政府关系好的项目；

j. 主营、兼营并与工程规模相适应的项目。

与上述首选条件相反的项目应为投标决策放弃的项目。

(3) 项目投标决策

① 招揽项目的风险分析

对公路工程施工承包的合同而言，最常遇到的还是固定单价合同。对于道桥工程和一些其他的土木工程，由于不确定因素比较多，例如地下工程、水下工程、地质、水文条件常有变化，所用天然砂石料场材料质量和开采、运输条件时有不同，居民区地下管线不明，因而标书中预估的工程数量常有较大出入，采用固定单价，按实际发生的数量结算比按总价包干风险小些。然而，由于工程单价与数量大小有关，量大而集中的工程与量小零星的工程耗费的机械和人工有较大差异，施工机械和人员的配备也有很大不同。因此，如实际发生的工程量比预估的出入很大，承包人仍将蒙受风险，有时甚至会严重延误工期，加大成本，造成明显亏损。在市场竞争激烈、标价大幅度下降的情况下，如能按成本加酬金的方式取得合同，对承包人是有利的，但此种方式目前很少为业主采用。因为需要逐项审核单据，严格控制成本，这对业主和承包人都比较烦琐。对于承包人而言，如果业主同意采取这种方式，而且确认业主或其代表能公正对待承包人，也是可以接受此种合同的。特别是对于工程分项和工程量估算都比较粗的情况下，按此种方式签订合同更为有利。

交钥匙合同一般用于工业建设，如建造工厂，包括安装设备和试运转，这种项目可称为成套出口项目。由于包括勘察设计、生产线或某种生产技术的转让，甚至组织营运，因此，可以说带动了技术输出、智力输出、设备输出，承包人掌握了较多主动权。这是一种层次较高的合同，创利、创汇比一般施工合同要高，而且比较有保证。承包人必须有较好的素质和信誉，与业主有较密切的关系，才能得到此种合同。在路桥行业也有类似工程，例如，外援项目大都按此方式签订合同。

特许权合同的经营范围比交钥匙合同更广，包括为项目提供资金和全面组织营运。在路桥行业中有收费高速公路、桥梁之类工程，例如我国的广—珠—深高速公路就是采取这类合同的。这种形式的合同层次更高，但风险和获利都更大。对于一个实力较强的公司，在十分熟悉一个地区的市场，投资环境好，善于在国际市场组织资金，又有在当地经营的能力的情况下，是可以采取这种承包方式的。

② 要求工作任务具有连续性

一个项目完工或接近完工就能找到另一个项目，以使已经闲置的施工设备和人员能及时转移到一个新工地上，这种衔接愈好，不必要的停滞时间愈短，效益愈高。反之，即使某项工程效益好，由于停滞时间长，不创产值的维持费用（包括保管维修施工设备、资金利息等费用）将抵消或部分抵消已创产值，总体效益不好。

③ 所承揽的工程项目与拥有的施工设备相适应

由于各工程项目内容差异甚大，例如，有的工程是道路新建工程，土方（或石方）多，需要土方机械多；有的工程是道路改建，主要是补强路面，需要路面专用机械多；在水网地区，桥涵工程多，需要混凝土拌和、预制、安装等施工设备。在选择项目的机遇多时，就要选择更能发挥已有施工设备的项目。如果要考虑增添新工程需要的设备，也应该是该地区用途最广的施工机械。为此要进行施工设备投资效益预估，就道路工程之类的土木工程而言，要求在一个项目中充分利用各种施工设备往往是做不到的，因此有必要在允许的条件下，积极利用短期闲置的施工设备，如在附近地区寻找各种小包工程或短期出租这些设备，以此增加收入，提高总体效益。另外，利用率低的施工机械尽可能租用，而不购置。

④ 承揽的项目应具有相对的"投入少、产出高、结算快、创利高"

就道路工程而言，土方工程所用机械多、价格高、投入大、产出少；混凝土工程所用机械少、材料较多、投入小、产出大。小工程工期短、结算快，技术性强的工程、议价工程一般创利高些。在有选择余地时就要考虑这些因素，并通过一些定量指标的估算加以比较。

在施工设备能力允许的条件下，缩短工期就意味着降低成本。其原因，一是工效高，停滞时间少;二是间接费少;三是资金回收快。所以施工安排紧凑、提前完工是获得良好效益的有效办法。

为了达到上述目的,业务开发人员不能坐等标讯,而要多方活动,通过各种渠道捕捉信息,加以研究。除了积极参加投标之外,还要争取议标项目;除了各级政府计划项目之外,还要联系企业甚至私人(主要是国外)的小项目。对承包市场的动态研究,要有连续性,不能中断,在不招揽项目的时期,同样要密切注意有关信息。有些外国公司几乎是有标就买,以此测算标价的涨落和分析竞争对手的动向,以便一旦投标,心中有数。

5. 办理投标担保

投标人办理投标担保,可以直接向招标方的开户银行汇出投标担保款额,也可由投标方的开户银行作担保,开具投标保函。一般投标保函是随同投标书一起递交给招标机构的。投标担保一旦办理,在其有效期内是不可撤销的。

(1) 投标担保的金额

通常在招标文件中有明确规定,一般约为投标方报价总金额的 0.5%～3%,也有些工程项目招标方规定为固定金额。

(2) 投标担保的有效期

一般与投标书的有效期相一致,或略长一些,通常在投标人须知中有具体的规定,一般中等规模的项目 90 天左右,大型及特大型项目 120～180 天。

(3) 投标担保有效期的延长

当招标方因为评标和议标时间延长出现担保有效期快到时,业主往往会要求各投标人办理延长投标担保的手续。

(4) 投标担保金的清退

在一般情况下,当决标授标后,未能得标的投标者会得到业主或招标方清退的投标担保金。而中标者则在和业主方签订合约后,向业主提交一份履约担保或保函,此时业主就应退还其投标担保金。

6. 购买标书

(1) 编标的组织方式

有些外国公司有一整套编标工作程序,有完整的电脑系统,包括标价计算程序和定额、价格、费用的数据库。编标工作在统一计划安排和协调下,由施工组织计划、工程预算、设备配套和材料物资等部门分别进行,然后由公司领导直接参与决策,使编标和决策较好地联系起来,这样可以编出完备的施工组织计划和标价。这种方法对于熟悉的地区比较适用,但是,对于一个新开辟地区,因缺乏第一手资料,就会显得无能为力。对于工程内容变化较多的道桥工程,也往往难以达到应有的精度。在我国目前条件下,还是以组织投标组的方式就地进行编标工作为好。

对于国外工程,在已开拓地区,可以办事处为主组织编标、投标;在新开拓地区则由公司总部组织投标就地编标为宜。为了便于主要领导直接参与决策,必要时可在投标前派人向公司领导详细汇报后定标。在时间允许的情况下,还可采取派人到国外调查后在国内编标,并在国外适当留人,以便随时与国内联系,进行补充调查和掌握市场动向。托人购买标书,在国内编标投出的方法,或在国外编标国内决策的方法,都是不可取的,它往往造成失误而无人负责。

为了争取时间做好标前工作，要尽早组织投标组。投标组成员要根据项目工程性质和规模而定，一般应包括熟悉投标程序和合同管理的业务开发人员，富有施工管理经验的工程组织计划人员和精通业务的预算工程师、施工工程师和机械管理工程师。要由既有经验，又有经营决策权的领导带领，有拟担任未来项目经理的人员参加。在国外投标，业务开发人员和其他编标人员都应有一种以上外语水平，否则，就须配备具有一定专业知识和商务知识的外语人员。为了减少投标费用，人员要少而精，尽可能身兼数职。要派熟悉业务的领导担任投标组长，以便既能参与具体工作，又有决策意识和权限。因为投标工作大量的是具体计算和调查，而决策只有在这些细致工作的基础上才能进行，不能把具体计算和调查工作与决策截然分开，否则无法把决策内容体现到细致的计算和调查工作之中。

(2) 购买标书及有关资料

投标人员要及早购买标书，以便争取时间。编标时间视工程大小、难易程度以及业主对工程要求的迫切性程度而异，多则三个月，少则一个半月或一个月。

购买标书之后，要很快确定编标需要的有关资料，如标书条文涉及的有关法律(公司法、承包法、商业税法、海关税法、劳动法……)、技术规范或标准，此外，还有业主备索的地质钻探、料场调查等资料。

(3) 制订编标工作计划

在规定的时间内，要完成市场调查、标价计算和研究决策、编制标书的工作，如无严格的计划，往往顾此失彼，丢三落四，造成漏项、计算错误等。

为了各方人员能同时分别进行工作，不致互相干扰和贻误，外国公司往往把所购标书送回国内复印数份，分别送有关部门，并制订统一的编标进度和质量要求，严格执行。有的外国公司，则购两套标书，国外办事处和国内同时编标，加强联系，最后报出一套。我国公司在国外编标也应有严格的工作计划，分工明确，否则容易前松后紧，贻误时机。

6.1.2　公路工程施工投标程序

1. 确定投标方针

投标方针是指某次投标的指导思想和策略。它首先体现本企业对该地区开发的战略和布置，同时，应结合当时市场情况和该项目的特点确定具体策略，包括报价水平的掌握和资源的投入。

对于认定要尽快开发，而且准备长期开发的地区，一旦遇到有利于本企业开发的项目，应采取积极争取的方针。一方面要加强对竞争对手的摸底；另一方面在成本计算中对某些固定资产(如利用率较低的施工机械和管理设备等)采取减少摊入，降低利润率，或以保本报价等措施降低报价水平，把获利寄希望于以后的工程项目，或利用工作间隙开展小包、分包或出租机械等措施增加收入。这种做法提高了竞争力，但不能保证成功，因而属于风险决策。

对于该地区发展前景没把握或工程隐蔽部分较多、风险较大的项目，特别是对竞争对手情况不明的情况下，不能盲目杀价。一般应争取工程量较大，工期较长，投入施工设备的资金较少的项目；或采取分包部分工程，以减少资金投入。争取在一个工程中就把投入资金的大部分收回来。在没有把握的情况下，宁愿把标价定高一些，作为摸底。还可以采取较高报价，争取名列第二、三标，以便取得参与评比的权利，然后进行必要的活动，这样可以争取以较高报价得标。

在已开发地区谋求后续项目时，要掌握时机，务必使新项目与在建项目衔接好，并把充分利用现有设备作为确定投标方针的重要因素。对于工期衔接较好，现有设备可以充分利用的项目，可以较低价格争取中标，把由于减少施工设备带来的利益考虑进去。承揽在建项目邻近地区的新项目，可以减少工地迁移费用，对施工条件环境熟悉，这都是有利的，投标报价时应列为积极争取的项目。

2. 投标工作步骤

投标是响应招标、参与竞争的一种法律行为。投标单位应具备的基本条件包括以下几项：

(1) 投标人应当具备与投标项目相适应的技术力量、机械设备、人员、资金等方面的能力，具有承担该招标项目的能力。

(2) 具有招标条件要求的资质等级，并为独立的法人单位。

(3) 承担过类似项目的相关工作，并有良好的工作业绩与履约记录。

(4) 企业财产状况良好，没有处于财产被接管、破产或其他关、停、并、转状态。

(5) 在最近3年没有骗取合同及其他经济方面的严重违法行为。

(6) 近几年有较好的安全记录，投标当年没有发生重大质量和特大安全事故。

《公路工程标准施工招标文件》(2018年版)投标人须知前附表规定接受联合体投标的，还应遵守以下规定：

(1) 联合体各方应按招标文件提供的格式签订联合体协议书，明确联合体牵头人和各方权利义务，并承诺就中标项目向招标人承担连带责任。

(2) 由同一专业的单位组成的联合体，按照资质等级较低的单位确定资质等级。

(3) 联合体各方不得再以自己名义单独或参加其他联合体在同一标段中投标。

(4) 联合体各方应分别按照本招标文件的要求，填写投标文件中的相应表格，并由联合体牵头人负责对联合体各成员的资料进行统一汇总后一并提交给招标人；联合体牵头人所提交的投标文件应认为已代表了联合体各成员的真实情况。

(5) 尽管委任了联合体牵头人，但联合体各成员在投标、签订合同与履行合同过程中，仍负有连带的和各自的法律责任。

在投标工作程序中，主要包括以下工作步骤：

(1) 根据招标公告或招标单位的邀请，筛选投标的有关标段，选择适合本企业承包的工程参加投标。

(2) 向招标单位提交资格预审申请书，同时应附上本企业营业执照及承包工程资格证明文件、企业简介、技术人员状况、历年施工业绩、施工机械装备等情况。

(3) 经招标单位投标资格审查合格后，向招标单位购买技术文件及资料，并交付一定的投标保证金。

(4) 研究招标文件合同要求、技术规范和图纸，了解合同特点和技术要点，制定出初步施工方案，提出现场考察提纲和准备向业主提出的疑问。

(5) 参加招标单位召开的标前会议，认真考察现场、提出问题，倾听招标单位对各单位的答疑。

(6) 在认真考察现场及调查研究的基础上，修改原有施工方案，落实和制订出切实可行的施工组织设计。在已了解工程所在地材料单价、运输条件、运距长短的基础上编制出切实可行的材料单价，然后计算和确定标价，填好合同文件所规定的各种表格，盖好印鉴密封，在规定的时间内送到招标单位。

(7) 参加招标单位召开的开标会议，回答招标单位要求补充的资料或须进一步澄清的问题。

(8) 如果中标，与招标单位一起依据招标文件规定的时间签订承包合同，并递交银行履约保函；如果不中标，及时总结经验和教训，按时撤回投标保证金。

3. 投标文件的组成

投标人应认真研究、正确理解招标文件的全部内容，并按要求编制投标文件。投标文件应当对招标文件提出的实质性要求和条件作出响应。实质性要求和条件，是指招标文件中有关招标项目的价格、计划、技术规范、合同的主要条款等，投标文件必须对这些条款作出响应。要求投标人必须严格按照招标文件填报，不得对招标文件进行修改，不得遗漏或者回避招标文件中的问题，更不能提出任何附带条件。投标文件通常分为以下几个部分：

(1) 商务文件。这类文件是用以证明投标人履行了合法手续及招标人了解投标人产业资信、合法性的文件，一般包括投标保函、投标人的授权书及证明文件、联合体投标人提供的联合协议、投标人所代表的公司的资信证明等。如有分包商，还应出具其资信文件，供招标人审查。

(2) 技术文件。如果是建设项目，则包括全部施工组织设计内容，用以评价投标人的技术实力和经验。技术复杂的项目对技术文件的编写内容及格式均有详细要求，投标人应当按照规定认真填写。

(3) 价格文件。这是投标文件的核心，全部价格文件必须完全按照招标文件的规定格式编制，不允许有任何改动。如有漏填，则视为其已经包含在其他价格报价中。

为了保证投标人能够在中标以后完成所承担的项目，还要求招标项目属于建设施工的，投标文件的内容应当包括拟派出的项目负责人与主要技术人员的简历、业绩和拟用于完成招标项目的机械设备等。

投标人应当在招标文件要求提交的截止时间前，将投标文件送达投标地点。招标人收到投标文件后，应当签收保存，不得开启。投标人根据招标文件要求载明的项目实际情况，拟在中标项目的部分非主体、非关键性工作进行分包的，应当在投标文件中载明。

6.2　公路工程施工投标报价的编制

6.2.1　投标报价编制的原则

报价的编制，一是要合理，就是要做得来，并留有余地。对于投标人而言，主要是符合企业的实际水平，符合本企业施工队伍的装备、人员和管理水平，对施工成本能起控制作用。二是要有竞争力，就是要符合市场行情，并具有优势，能与强手相匹敌。前者取决于企业本身的实力和水平，后者则取决于市场的形势，包括竞争对手的实力和水平、市场的供求情况等。二者可能有一定差距，但不能不兼顾，而且，前者必须服从后者。当施工企业的实力和水平达到市场高层次时，两者的差距就缩小了。

6.2.2 投标报价编制的依据

（1）招标单位提供的招标文件。为保证投标的有效性，必须对招标文件给予全面的响应，因此招标文件是必不可少的编制依据。另外，业主在开标前规定的日期内颁发的有关合同、规范、图纸的书面修改书和书面变更通知具有与招标文件同等的效力，也是报价的依据。

（2）招标文件所规定的各种国家标准、部颁标准、技术规范等。

（3）国家、地方颁发的有关收费标准和定额及施工企业的工料机消耗定额。

（4）工程所在地的政治形势和技术经济条件，如交通运输条件等。

（5）工程所在地的现场情况，包括地形、地质、气象、雨量、劳动力、生活品供应、当地地方病等。

（6）当地工程机械出租的可能性、品种、数量、单价，发电厂供电正常率及提供本项目用电的功率和单价。

（7）当地劳动力的技术水平和供应数量。

（8）业主供应材料情况及交货地点、单价，当地材料供应盈缺情况，建材部门公布的材料单价，并预测当地材料市场涨落情况。

（9）本企业为本项目提供新添施工设备经费可能性，设备投资在标价中分摊费与成本的比率。

（10）施工组织设计和施工方案。

（11）该项目中标后，当地的工程市场信息，是否有后续工程的可能性。

（12）参加投标的竞争对手情况，各有多大实力，竞争对手信誉等。

（13）有关报价的参考资料，如当地近几年来同类性质已完工程的造价分析，以及本企业历年来（至少5年）已完工程的成本分析。

6.2.3 投标报价编制的步骤

投标报价编制程序如图6-1所示。在完成投标报价的这些工作时应注意以下问题。

1. 研究并吃透招标文件

招标文件作为合同文件的一个重要组成部分，对招投标文件责任、义务、利益、风险均作出了明确的规定。其中很多条款影响并左右着投标人的报价，比如投标须知中的评标办法，通、专用条款中的保留金比例，中期支付的比例和时间，开工预付款的比例、支付条件和时间等规定。总之，招标文件要求投标人承担的责任、义务、风险越多（大），投标人的报价就应越高。因此，投标人在编制报价前，必须认真研究招标文件，全面准确理解投标人应该承担的责任、义务和风险。

2. 现场考察

现场考察是收集报价和施工组织设计第一手资料的重要途径，投标人应高度重视。在考察前仔细阅读招标文件和图纸，拟订现场考察提纲和疑点，设计好调查表格，做到有的放矢。在考察过程中应认真仔细、全面详尽收集资料。考察后再对招标文件进行逐一核对，有疑虑的在必要时可再次进行重点补充调查。现场考察的具体内容如下。

（1）地质和气候条件：地质与设计文件是否相符，项目所在地水文情况，通常情况下的气候条件。

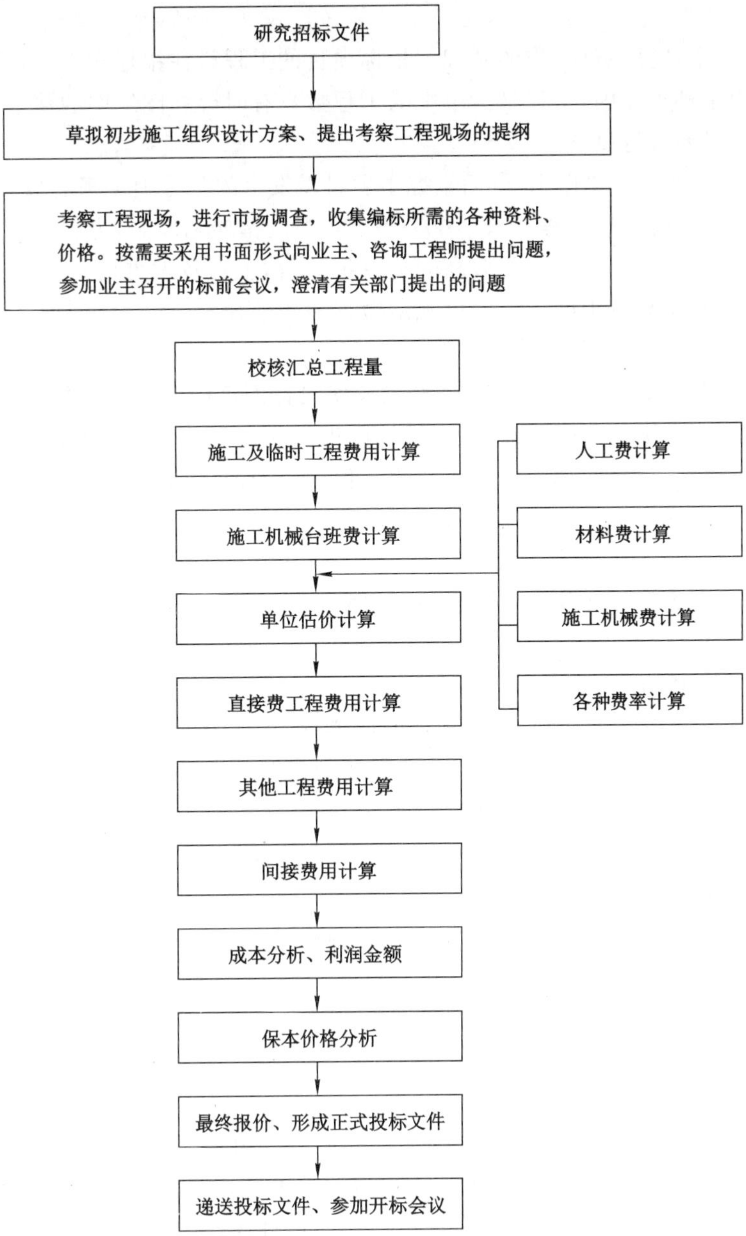

图 6-1　投标报价编制的程序

(2) 工程施工条件：材料供应情况和价格水平，交通运输条件，通信与电力供应状况，劳动力素质、供应情况及工资水平，机械设备租赁情况及价格水平等。

(3) 经济方面：当地的经济发展水平和通货膨胀情况，汇率水平及变化等。

(4) 政治和人文环境方面：项目所在地(国)政府的管理和服务水平，政局和社会稳定情况，当地人文背景、法律环境、历史传统、风俗习惯等，在国外投标时这一点特别重要。

(5) 其他方面：医疗、环保、安全、治安情况等。

3. 复核工程量

工程量是整个计算标价工作的基础。招标项目的工程量在招标文件的工程量清单中有详细说明，但由于种种原因，工程量清单中的工程数量有时会和图纸中的数量存在不一致的现象。因此，有必要进行复核。

(1) 核实工程量的主要作用：全面掌握本项目需发生的各分项工程的数量，便于投标中进行准确的报价；及时发现工程量清单中关于工程量的错误和漏洞，为制定投标策略提供依据(可以使用不平衡报价法，工程量偏高的地方报低价，工程量偏低的地方报高价)；有利于促进投标单位对技术规范中的计量支付规定做进一步的研究，便于精确地编写各工程细目的单价。

(2) 核实工程量清单时应做的工作：全面核实设计图纸中各分项工程的工程量；计算受施工方案(施工方法)影响而需额外发生(设计图纸中未能计算进去的)和消耗的工程量；根据技术规范中计量与支付的规定折算出新的工程量(在折算过程中有时需要对设计图纸中的工程量进行分解或合并)。

4. 重视施工组织设计的编制

编制内容以满足招标文件中质询表的要求为准。在合同中，施工组织设计又叫工程进度计划，通常应包含以下内容：

(1) 施工方案和施工方法。

(2) 分项工程施工进度计划(可用规定的横道图、垂直图、网络图等表示)。

(3) 与施工进度计划相适应的工、料、机配备数量及进场计划。

(4) 与施工进度计划相适应的用款计划。

(5) 施工总体布置图及当地材料供应地点，开采山场。

(6) 冬雨季施工计划及措施。

(7) 工地(项目)施工组织机构图，土方工程调配图。

(8) 临时工程及临时设施的(初步)设计图。

(9) 质量、安全、环境保护措施和方法。

(10) 其他。

高效率和低消耗是编制施工组织设计的总原则，施工组织设计的基本原则包括连续性原则、均衡性原则、协调性原则和经济性原则，其中，经济性原则是施工组织设计原则的核心和落脚点，因此，在编制施工组织设计时，应注意以下事项：

(1) 充分满足技术上的先进性和可靠性，最大限度地提高劳动生产率，降低施工成本。

(2) 充分利用现有的施工机械设备，提高施工机械的使用率以降低机械施工成本。

(3) 采用先进的进度管理手段，优化施工进度计划，选择最优施工排序，均衡安排施工，避免施工高峰的赶工现象和施工低谷中的窝工现象，机动安排非关键线路的剩余资源，从非关键线路上要效益。

(4) 聘用适当数量的当地员工或临时工，降低施工队伍调遣费，减少窝工现象。

投标竞争是场比技术、比管理的竞争，技术和管理的先进性应充分体现在施工组织设计中，先进的施工组织设计可以达到降低成本、缩短工期的目的。

5. 明确报价的组成

投标报价的费用构成主要有直接费、间接费、利润、税金以及不可预见费等。直接费是指在工程施工中直接用于工程实体上的人工、材料、设备和施工机械使用费等费用的总和；间接费是指组织和管理工程施工所需的各项费用，主要由施工管理费和其他间接费组成；利润和税金是指按照国家有关部门的规定，工程施工企业在承担施工任务时应计取的利润，以及按规定应计入工程造价内的营业税、城市建设维护税等税金；不可预见费是工程项目的风险费。

为了便于计算工程量清单中各个分项的价格，进而汇总整个工程标价，通常将工程费用分为直接工程费和待摊费，如图 6-2 所示。待摊费是工程项目实施所必需的，但在工程量清单中没有单列项的项目费用，需要将其作为待摊费用分摊到工程量清单的各个报价分项中去。

- 总报价
  - 直接工程费
    - 人工费
    - 材料费
    - 施工机械使用费
  - 待摊费
    - 施工管理费
      - 施工管理人员费
      - 差旅费
      - 办公和生活器具费
      - 办公费
      - 文娱宣教费
      - 劳动保护费
      - 试验费
      - 后勤车辆使用费
      - 其他直接费
      - 小型工具使用费
      - 会议及招待费
    - 临时设施费
    - 保险费
    - 税金
    - 贷款利息
    - 保函手续费
    - 上级单位管理费
    - 经营业务费
    - 投标费
    - 物价上涨费
    - 计划利润
    - 不可预见费（风险费）
    - 分包费＝分包人报价＋主包管理费
    - 备用金额（招标人备用金）

图 6-2　工程报价构成

6．掌握市场情报和信息，确定投标策略

报价策略是投标单位在激烈竞争的环境下为了企业的生存与发展而可能使用的对策，报价策略运用是否得当，对投标单位能否中标和获得的利润影响很大。

7．汇总计算标价

计算计日工单价表，汇总各章金额，计算总标价，即基础报价。

8. 总标价的重分配(不平衡报价)

在保持总报价不变的前提下,根据报价所确定的技巧和有关资料,对工程量清单各细目的单价进行有针对性的调整,即标价重分配或不平衡报价(不平衡报价的具体方法见后面章节),以利于中标后谋取更多利益。

6.2.4 投标报价编制的方法

按清单的要求计算报价是一项严肃而关键的工作,特别是对工程费用的报价,它对投标的成败和施工工程的盈亏起到决定性的作用。每个承包人在报价时都有自己的经验和习惯,有自己的一套算标方法、程序和报价结构体系,同时国内外也有很多很好的可以借鉴的方法。常见的报价计算方法有:定额单价分析法、工序单价分析法、总价控制法和以预算为基础的报价方法。下面分别介绍其计算步骤和方法。

1. 定额单价分析法

(1) 直接费的计算

直接费是施工过程中直接耗费的构成工程实体和有助于工程形成的工、料、机费用,是投标报价构成中的主要部分。一般情况下,直接费的计算是通过人工、材料和永久设备、施工机械设备的基础单价乘以各自的消耗量再汇总得出的。

① 人工费

人工费包括作业人员的工资和各种津贴、福利及其他支出。

$$人工费=工日基础单价\times分项工程的用工量(工日) \tag{6-1}$$

工日基础单价:

$$\begin{aligned}人工单价(元/工日)=&[某工种全年各种费用(基本工资+各种津贴、福利+\\&劳保用品费+人事保险费)之和]/年有效施工天数(工日)\end{aligned} \tag{6-2}$$

分项工程的用工量:根据公司企业定额,没有企业定额也可采用部颁预算定额或劳动定额,计算完成此项目工程量所需总的工时数。

② 材料费

材料费包括材料及安装部件的采购价格及运费、杂费、保险费及其他费用。

$$材料费=材料单位基础价格\times分项工程的材料消耗量 \tag{6-3}$$

材料按其来源可分为进口材料、国内供应材料和自采材料三类。这三类材料的单价计算公式分别如下:

$$\begin{aligned}进口材料单价=&到岸价+海关税和港口费+运至工地的运费+装卸费+\\&运输损耗+仓储费\end{aligned} \tag{6-4}$$

$$国内供应材料单价=供应价+到工地运费+运输损耗+装卸费+仓储费 \tag{6-5}$$

$$自采材料单价=料场价+运至工地的运费+装卸费+运输损耗 \tag{6-6}$$

根据技术规范和施工要求,可以确定各分项工程所需材料品种及材料消耗定额,然后,根据材料消耗定额和工程数量就可计算出材料消耗量。

③ 永久设备费

永久设备费是指成为工程实体一部分的设备的采购费用及其他有关费用。

$$设备价=出厂价+运杂费 \tag{6-7}$$

运杂费按出厂价的一定百分比计算或者按照调查的运距及运输包装费等计算。设备的安装费另外列项目计算。

④ 施工机械费

施工机械费是指施工机械作业所发生的机械使用费以及机械安拆费和场外运费，内容包括折旧费、大修理费、经常修理费、安拆费及场外运输费、人工费、燃料动力费、养路费及车船使用税等。

$$\text{施工机械费}=\text{台班单价}\times\text{分项工程所需机械设备台班数} \tag{6-8}$$

施工机械台班单价的计算方法有两种：一种是直接利用施工机械台班定额计算，另一种是按施工机械台班成本组成来计算。

$$\begin{aligned}\text{台班单价}=&(\text{基本折旧费}+\text{安装、拆卸费}+\text{维修保养费}+\text{机械保险费})/\text{总台班数}+\\&\text{机上人工费}+\text{燃料、动力费}\end{aligned} \tag{6-9}$$

基本折旧费：施工机械基本折旧费的计算可以根据具体情况和投标报价策略的需要确定，但仍要以不加大投标报价为原则。

安装、拆卸费：施工机械的安装、拆卸费可根据施工方案和进度的安排，分别计算各种需要安装、拆卸的设备在施工期间的拆装次数和每次拆装费用的总和。

维修保养费：维修费包括定期维修费（相当于中修）和现场修理费（相当于小修）。保养费则是指维持机械正常运转的日常费用。凡替换附件、工具附件、润滑油料等，均可按消耗定额和相应材料、人工单价进行计算。

燃料、动力费：燃料费是指机械运行时消耗的燃油费。由于柴油、汽油价格都比较高，燃料费一般达到台班费的 30%～50%，因此，燃料费用的计算要认真。一般根据实际耗油量资料确定，也可按消耗定额和当地燃料、动力单价进行计算。

其他费用：诸如机械停放场所、设施和看管机械人员等费用，以及机械调运、银行贷款利息等。

分项工程所需机械设备台班数：首先列出所需的各种施工机械，然后参照施工机械定额计算出各种机械的台班数量。

⑤ 其他直接工程费

其他直接工程费指不包含在定额中，又属施工生产直接发生的费用，包括施工现场消耗的水、电等费用，冬、雨季施工增加费，夜间施工增加费，材料二次搬运费，特殊地区施工增加费，以及机械（船舶）进退场费、外海工程拖船费等。可参考规定的费率结合工程实际情况分析计算，也可根据以前施工同类型项目的经验估算。

⑥ 分包项目费用

按照分包项目的分包单位的报价计算。

（2）间接费的计算

间接费是指施工企业为组织施工和进行经营管理以及间接为施工安装生产服务的各项费用。间接费主要包括现场综合管理费用以及其他待摊费用。

（3）不可预见费

不可预见费即风险费，是指工程承包过程中由于各种不可预见的风险因素发生而增加的费用。通常由投标人经过对具体工程项目的风险因素分析之后，确定一个比较合理的工程总价的百分数作为风险费。

（4）利润税金计算

利润是指施工企业完成所承包工程获得的盈利。税金指按国家税法规定的应计入工程造价内的营业税、城市维护建设税及教育费等。该项根据投标时情况确定。

(5) 分项工程单价分析与计算

① 每个分项工程的直接费

$$直接费\ A=人工费+材料费+永久设备费+施工机械费 \tag{6-10}$$

与永久设备有关的项目,如每套水轮发电机组(包含采购、安装、调试)的单价分析,包括永久设备费。而绝大多数与永久设备无关的项目,如每立方米土方开挖单价,则不含永久设备费这一项。

② 每个分项工程的间接费

间接费比率系数 b 等于全部间接费项目的总和 $\sum I$ 与所有清单项目的直接费总和 $\sum A$ 的比值,即:

$$b=\sum I/\sum A \tag{6-11}$$

如果企业的间接费比率系数是经验值,则每个分项工程的间接费可以用直接费乘以间接费比率系数得到。

$$间接费\ B=直接费\times间接费比率系数 \tag{6-12}$$

③ 工程总成本

$$工程总成本\ W=A+B \tag{6-13}$$

④ 上级企业管理费及利润

$$上级企业管理费及利润\ C=W\times c \tag{6-14}$$

上级企业管理费、风险费及利润的费率 c 的变化很大,一般国内工程在5%~16%之间;国外工程可在7%~15%之间。取这个系数要根据公司本身的管理水平、承包市场、地区、对手、工程难易程度等许多因素来确定。

⑤ 分项工程单价

$$分项工程单价\ U=(W+C)/该项目的工程量 \tag{6-15}$$

$$分项工程合价=分项工程单价\times本分项工程量 \tag{6-16}$$

将分项工程单价及分项工程合价填入工程量清单表中。

⑥ 标价汇总及调整

将各分项工程合价汇总,即为总标价。标价汇总时,常常将整个工程的人工费、材料费、机械设备费、直接费和间接费分别进行汇总,并计算出每项汇总占总标价的比例。将这些比例与公司的经验数据进行比较,分析标价的组成及其合理性,必要时可以调整间接费率,并使各项费用的数字更为协调。

2. 工序单价分析法

为了使分项工程单价的计算更接近施工实际情况,可采用工序单价分析法,步骤如下:

(1) 工、料、机单价分析。人工和材料单价的分析,与定额单价分析法相同。机械台班单价应考虑机械运转和闲置,分以下两种情况计算:

$$机械闲置时台班单价=台班不变费用 \tag{6-17}$$

$$机械运转时台班单价=台班不变费用+台班可变费用 \tag{6-18}$$

(2) 拟订施工方案和进度计划,确定主要工程的起止时间,然后把每一分项工程作为一道工序进行相应的安排。

(3) 以每道工序的主导机械来控制进度，以其产量定额和该工序流程期限反算出所需机械数量，进行必要的调配，并相应配备辅助机械。

(4) 配备符合该机组生产能力的工人，由于机械操作的费用已包括在机械费用之中，需要计算的人工费用只有技工和辅助工，可根据实际需要确定人数，也可参照定额计算所需人数。

(5) 计算所需材料，可用定额所列的每个单位工程的材料消耗用量乘以本项目数量。

(6) 计算各分项目的工程直接费和工程单价。

① 把上面(3)、(4)、(5)项所得出的完成各分项目所需的工、料、机数量乘以各种工、料、机相应的单价并求其和，可得各分项目的直接费。

② 把各分项目的直接费除以该分项目的工程数量，即可反算出该分项目的单位直接费。

3. 总价控制法

总价控制法直接费的分析步骤如下：

(1) 根据施工组织方案划分专业队。

(2) 按专业队工作范围配备人员和机械。

(3) 确定各机械使用的起止时间，计算机械费(闲置费和运转费分别计算)。

(4) 按进度计划确定人员总需求，并计算人工费。

(5) 计算材料费。

(6) 计算工程总直接费。

这样算出来的直接费总额与将要发生的费用基本符合，如果施工方案是切实可行的，则所算出的总直接费加上待摊费用可以作为控制该工程的总价。

4. 以预算为基础的报价方法

(1) 根据招标文件的要求及设计工程量编制施工预算。

(2) 将编制工程预算各单位工程的工程细目按“工程量清单”的项目分别填入工程预算-报价过渡表，并分别汇总人工、材料、机械台班数量。

(3) 测算人工、材料及机械台班单价，在工程预算-报价过渡表中计算工、料、机费用等直接费。

(4) 按“工程量清单”的工程项目对工程预算-报价过渡表的项目合并同类项，填入分项报价过渡表。

(5) 进行附加费、临时工程费和材料差价测算，并按上述程序在分项报价过渡表中将附加费、临时工程费及材料差价分摊到各工程项目内并计算各工程项目的总价及单价。

(6) 填分项工程报价表及报价汇总表。

(7) 根据工程费总额计列暂定金额，并汇总成报价总额。

5. 投标价编制内容

(1) 工程量清单报价书封面。

(2) 投标总报价。

(3) 投标报价说明。

(4) 工程项目投标总价表。

(5) 单项工程造价汇总表。
(6) 单位工程造价汇总表。
(7) 分部分项工程量清单与计价表。
(8) 工程量清单综合单价分析表。
(9) 措施项目清单计价表(一)。
(10) 措施项目清单计价表(二)。
(11) 其他项目清单计价表。
(12) 其他项目清单与计价汇总表。
(13) 暂列金额明细表。
(14) 材料暂估单价表。
(15) 专业工程暂估价表。
(16) 计日工表。
(17) 总承包服务费计价表。
(18) 规费、税金项目清单与计价表。
(19) 主要材料、设备价格表。
(20) 需评审的材料表。
(21) 降低投标报价的说明、证明材料。

6.3 报价策略与技巧

6.3.1 报价策略

承包人在正常经营条件下要想在一项竞争性投标中获胜,最关键的问题就是要有一个恰当的报价。实践证明,报价太高,无疑会失去竞争力而落标;报价太低,也未必能中标或者会变成废标。因此恰当的报价应是一种适度的报价,同时还应当有一定的策略,才能在竞争中获胜,并保证中标后获得更多的经济效益。

1. 基本策略

(1) 以获得较大利润为投标策略。这种投标策略通常是企业近期任务饱和并对该工程项目拥有技术上的垄断优势、工期短、非我莫属时才可采用。

(2) 以保本或微利为投标策略。即在施工成本、利税及风险费三项费用中,降低利润目标,甚至不考虑利润的一种策略。这种策略通常在企业工程任务不饱满、竞争对手多、本企业对该项目又无优势可言及业主按最低标价定标时可采用。

(3) 以最大限度降低报价为策略。进入新的市场时,可以以最大限度降低报价为策略。

(4) 超常规低报价策略。超常规低报价策略适用于企业面临生存危机或竞争对手较强的情况。超常规低报价策略中标后应采用合理的施工方法、降低消耗等措施降低成本来完成项目,力求减少或避免亏损。

2. 附带策略

投标报价过程中,可以在以上四种基本策略的基础上采用以下几种附带策略:

(1) 优化设计策略。即发现并修改原施工图设计中存在的不合理情况或采用新技术优化设计方案。如果这种设计能大幅度降低工程造价(或缩短工期)且设计方案可靠,则这种设计方案一经采纳,承包商即可获得中标资格。

(2) 缩短工期策略。即通过先进的施工方案、施工方法、科学施工组织或优化设计缩短合同工期。当投标工期是关键工期时,业主在评标过程中会将缩短工期后所带来的预期受益定量考虑进去,此时对承包商获取中标资格是有利的。

(3) 附加优惠策略。即在得知业主资金较紧张或者"三大材"供应有一定困难的情形下,附带地向业主提出相应的优惠条件来获得中标资格的一种投标策略。

(4) 低价中标,着眼索赔策略。即在发现招标文件中存在许多漏洞甚至多处错误或业主不能提供必要的施工条件,开工后必然违约的情况下有意将价格报低,先争取中标,中标后通过索赔来挽回低报价损失。这种策略只有在合同条款中关于索赔的规定明显对己方有利的情形下方可采用,对于以 FIDIC 条款作为合同条款的项目招标,不宜采用这种方法。

6.3.2　报价技巧

1. 不平衡报价法

不平衡报价是在总价基本确定不变的前提下,调整工程各子项的单价的报价方法。不平衡报价法可以从以下两种情况考虑:

(1) 从时间上处理

由于资金具有时间价值,获取收入的时间不同,对承包商来说其收益也不一样。就时间而言,不平衡报价有以下四种方法。

① 早期摊入法:即将投标期间和开工初期需发生的费用全部摊入早期完工的分项工程中。这些费用有投标期间的各种开支、投标保函手续费、工程保险费、部分临时设施费、由承包商承担的监理设施费、施工队伍调遣费、临时工程及其他开支费用。采用不平衡报价法时,可以将工程量清单中的这些费用支付项目适当提高报价,由于这些费用支付时间较早(通常在开工初期支付),这样报价便于承包商尽早收回成本或减少周转资金。

② 递减摊入法:即将施工前期发生较多而后逐步减少的一些费用,按随时间发生逐步减少分摊比例的方法摊到各分项工程中。这些费用有履约保函手续费、贷款利息、部分临时设施费、业务费和管理费。

③ 递增摊入法:其方法与递减摊入法相反,这些费用包括物价上涨费等费用。当承包人预测物价上涨率在施工后期较高甚至超过银行利率时,可以采用递增摊入法来报价。

④ 平均摊入法:即将费用平均分摊到各分项工程的单价中。这些费用包括意外费用、利润、税金等费用。

(2) 从单价上处理

① 对能早期结账收回工程款的项目(如土方、基础等)的单价可报以较高价,以利于资金周转;对后期项目单价可适当降低。

② 对估计今后工程量可能增加的项目,其单价可提高;而对工程量可能减少的项目,其单价可降低。

③ 图纸内容不明确或有错误,估计修改后工程量要增加的,其单价可提高;而工程内容不明确的,其单价可降低。

④ 对没有工程量只填报单价的项目(如疏浚工程中的开挖淤泥工作等),其单价宜高,

这样既不影响总的投标报价，又可多获利。

⑤ 对于暂定项目，实施的可能性大的项目，价格可定高价；估计该工程不一定实施的可定低价。

⑥ 零星用工(计日工)一般可稍高于工程单价表中的工资单价。

可参照表 6-1 进行不平衡报价处理。

表 6-1　不平衡报价处理情况表

序号	信息类别	变动趋势	不平衡报价结果
1	资金收入的时间	早	单价高
		晚	单价低
2	工程量估计不准确	增加	单价高
		减少	单价低
3	报价图纸不明确	增加工程量	单价高
		减少工程量	单价低
4	暂定工程	自己承包的可能性高	单价高
		自己承包的可能性低	单价低
5	单价和包干混合制项目	固定包干价格项目	单价高
		单价项目	单价低
6	单价组成分析表	人工和机械费	单价高
		材料费	单价低
7	议标时业主要求压低单价	工程量大的项目	单价小幅度降低
		工程量小的项目	单价大幅度降低
8	报单价项目	没有工程量	单价高
		有假定工程量	单价低

2. 扩大标价法

除了按正常的已知条件编制价格外，对工程中变化较大或没有把握的工程项目，采用扩大单价、增加“不可预见费”的方法来减少风险。但这种方法总价偏高，不易中标。

3. 多方案报价法

多方案报价法是利用工程说明书或合同条款不够明确之处，以争取达到修改工程说明书和合同为目的的一种报价方法。即对同一个招标项目除了按招标文件的要求编制一个投标报价以外，另外编制一个或几个建议方案。

其具体做法是：在标书上报两个单价，一是按原工程说明书合同条款报一个价，二是加以注解，“如工程说明书或合同条款可做某些改变时”，则可降低多少费用，使报价成为最低，以吸引业主修改说明书和合同条款。

但是要注意，投标人对原招标方案一定也要报价，从而使招标人比较两种方案的优劣。增加建议方案时，新方案不必写得太具体，保留方案的关键技术，防止招标人采纳此方案后又交给其他承包商实施。值得一提的是，建议方案一定要比较成熟，或过去有这方面的实践经验。因为在投标时间不长的情况下，如果仅为中标而匆忙提出一些没有把握的建议方案，实际操作时可能会带来麻烦。

4. 开口升级报价法

将工程中的一些风险大、花钱多的分项工程或工作抛开作为活口，仅在报价单中注明，由双方再度商讨决定。这样大大降低了报价，用最低价吸引业主，取得与业主商谈的机会，而在议价谈判和合同谈判中要逐渐提高报价。

5. 突然降价法

报价是一件保密的工作，但是对手往往通过各种渠道、手段来刺探情况，因此在报价时可以采取迷惑对方的手法。即先按一般情况报价或表现出自己对该工程兴趣不大，到快投标截止时再突然降价。如鲁布革水电站引水系统工程招标时，日本大成公司知道他的主要竞争对手是前田公司，因而在临近开标前把总报价突然降低 8.04%，取得最低标，为以后中标打下基础。

采用这种方法时，一定要在准备投标报价的过程中考虑好降价的幅度，在临近投标截止日期前，根据情报信息与分析判断，再做最后决策。如果由于采用突然降价法而中标，因为开标只降总价，在签订合同后可采用不平衡报价的思想调整工程量表内的各项单价或价格，以期取得更高的效益。

6. 风险防范

招投标方式在提高公平竞争机会的同时，也大大增加了投标人的风险。因此投标人在做投标报价时，要做好以下风险的防范工作：

(1) 计价失误引起的风险

投标人在编制投标书时，要研究透彻各种条款，分清楚承包者的责任和义务，以便在最终报价决策时得体恰当，即应当接受哪些基本合理的限制，同时对不合理的制约条款在投标编制中争取埋下伏笔，以利于中标后索赔，减少风险。

(2) 指定分包引起的风险

有些项目在中标的同时，投标人必须接受业主指定的分包人，并接受对分包项目规定的计算费用的办法。投标人要争取在投标文件或合同文本中就某些重要条款提出具体措施，形成法律文件，防止双方发生摩擦。如果业主向着分包商，势必造成不必要的外部环境恶化，导致经济损失。

(3) 工程地质条件风险

一般合同文本中都会明确：遇到工程地质不良等特殊地质条件而导致增加费用时，承包商将得到合理的补偿。但是有的招标文件所附的合同文件故意删去这一条款，甚至写明承包商不得以任何理由提出合同价格以外的补偿。投标阶段要仔细分析招标文件，在报价时要增加必要的费用，并在投标书中说明清楚。但是具体问题要具体对待，防止造成标书不响应。

(4) 提供图纸不及时风险

在实际施工过程中，可能由于设计工程师工作的问题，提供图纸不及时，导致施工进度延误，以致窝工，而合同条件中又没有相应的补偿规定。因此，这也是投标人在投标过程中要综合考虑的问题。

(5) 业主的资信风险

业主的资信风险是投标项目应考虑的主要风险，应予以高度重视。资信主要指资金的筹措和社会信誉两个方面。业主的资金筹措方式直接关系到项目完工后业主的支付能力。

对于利用自有资金投资项目的业主来说，支付能力比较强，风险比较小；对于向银行或其他法人借贷资金进行项目投资的业主来说，支付能力比较差，往往会由于经济恶化而无力支付工程款。由于业主资信比较差，致使承包商遭受重大损失的情况相当多，所以投标人要深入地进行调查了解，通过访问业主的有关客户，业主所在地区有关政府部门、银行等，全面掌握业主的社会信誉以及经济实力，从而对业主的资信风险作出客观的判断。

(6) 盲目压价形成的利润风险

投标人求标心切，盲目压价，可能造成工程严重损失。

6.4 投标报价编制案例

6.4.1 工程内容

1. 隧道方案

某地为缓解交通压力，拟修建四车道隧道连接主干线公路网，结合隧址区地形、地质条件进行单洞四车道与双洞四车道布置形式的选择，权衡技术、经济和安全因素，确保隧道施工方案安全实用、质量可靠、经济合理、技术先进。在设计阶段进行了工程安全风险评估，确定采用双洞四车道隧道方案。

隧道采用同向行车的分离独立双洞，单洞两车道，隧道西线长 1 565 m，东线长 1 590 m，隧道标准横断面采用单心圆曲墙式衬砌，有效净宽 11.6 m，有效净高 5.2 m，隧道设置车行、人行横通道，车行横通道横断面标准采用曲墙接半圆拱形结构，有效净宽 4.5 m，有效净高 5.0 m；人行横通道横断面标准采用直墙接半圆拱形结构，有效净宽 2.0 m，有效净高 2.5 m。隧道洞门形式根据地形、地质情况选取，北端采用削竹式洞门，南端采用墙式洞门。

2. 技术标准

(1) 公路等级：双向四车道高速公路(单洞两车道)。

(2) 设计速度：隧道设计速度采用 120 km/h。

(3) 隧道限界宽度：11.5 m，隧道限高：5.0 m。

(4) 汽车荷载：公路-Ⅰ级。

(5) 车行横通道建筑限界：高度为 5.0 m，宽度为 4.5 m。

(6) 人行横通道建筑限界：高度为 2.5 m，宽度为 2.0 m。

(7) 紧急停车带建筑限界：$1.0+0.75+2\times3.75+3.0+1.25+1.0=14.5$ m，隧道限高：5.0 m。

(8) 地震动峰值加速度值：0.10g。

(9) 抗渗等级：P8。

3. 施工方案

总体施工方案：隧道采用钻爆式施工，复合式衬砌设计，喷锚构筑法支护，主体工程采用“双向掘进、分部开挖、及时支护、仰拱紧跟、衬砌完善”的配套施工方案。总体实施掘进(钻爆、无轨运输出渣)、支护(管棚、超前小导管、超前锚杆、钢架安装、拌和、运输、锚杆、挂网、喷混凝土)、衬砌(拌和、运输、灌注、振捣)三条机械化作业线。通风采用大功率通风机、大口径软管压入式隧道供风技术。

隧道围岩开挖采用 YT28 风动凿岩机钻孔，对于洞身Ⅳ级围岩，采用非电毫秒雷管微震控制光面爆破施工；洞身Ⅴ级围岩破碎施工段，采用预裂、微震爆破法施工。

超前支护采用 MXL-150D 型潜孔钻机及 XZS100/25 双缸注浆机施作超前大管棚，初期支护采用 YT28 做超前导管、超前锚杆施工，喷射混凝土采用湿喷法，由湿喷机与 CHP25B 型湿喷机械手联合作业。人工配合机械架立钢支撑，出渣运输采用 ZL50C 装载机装渣，自卸汽车完成无轨运输。

隧道洞身 CD 开挖方法：适用于Ⅴ级围岩加强段，隧道进口段东线洞身开挖长度 110 m。隧道按图 6-3 所示的顺序进行开挖施工。在分部(1/4)开挖施工中必须做到边开挖边支护，围岩开挖应尽量采用挖掘机和人工配合无爆破施工，局部需爆破施工时，采取弱爆破(预裂爆破)方法施工，以尽量减少对地层的扰动。

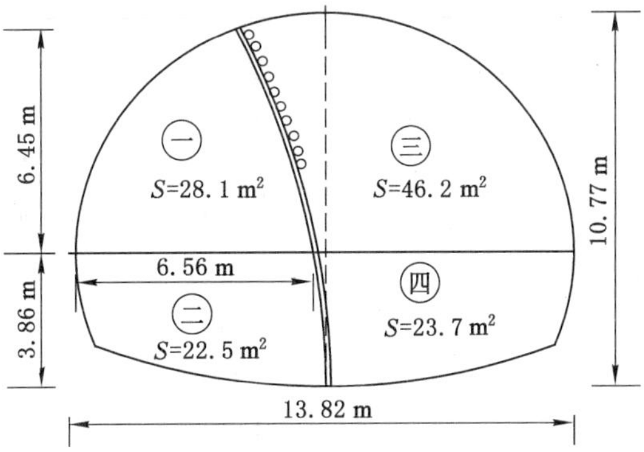

图 6-3　隧道 CD 四步开挖工艺顺序示意图

环形开挖预留核心土法：适用于Ⅴ级一般段隧道开挖施工，施工时应合理控制弧形导洞开挖进度，并应采用分部开挖方式，防止爆破震动过大造成安全隐患；应根据拱顶下沉监测结果，必要时对拱顶设置竖向临时支撑，临时支撑采用方木，方木下设钢垫板；隧道开挖按架立两榀钢架为一个循环进尺，架立钢架时严格锁脚定位锚杆的角度和注浆饱满度，确保安全施工，必须边开挖边支护；二衬根据监控量测结果综合分析，适时施作；施工过程中严格遵守“管超前、严注浆、短进尺、弱爆破、强支护、早成环、勤量测”的原则，控制最大临界震动速度 $v \leqslant 15$ cm/s。环形开挖预留核心土法施工顺序详见图 6-4。

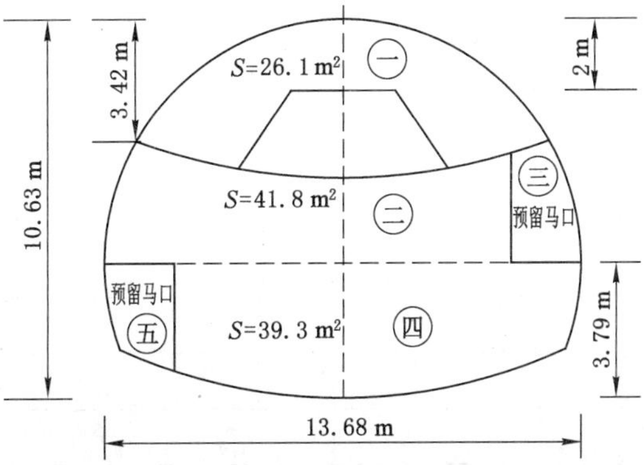

图 6-4　隧道核心土开挖工艺顺序示意图

隧道超前支护、初期支护施工顺序、步序按图 6-3、图 6-4 所示进行。在分部(1/4)开挖施工中必须做到开挖后及时支护。

根据施工图设计，隧道Ⅴ级围岩加强段开挖支护采用 CD(单侧壁)导坑四步法工艺施工，即分四步开挖支护，如图 6-3 中㊀～㊃所示。工艺流程如下：安全排查→素喷 C25 混凝土→测量放样→钢拱架→锁脚锚杆→挂网→中空(系统)注浆锚杆→隐蔽工程检查确认→喷射 C25 混凝土→超前小导管。

4. 工程量清单

工程量清单见表 6-2。

表 6-2　工程量清单表

合同段：××隧道工程

第 500 章　隧道					
细目号	细目名称	单位	数量	单价	合价
502—1	洞口、明洞开挖				
—a	土方	m^3	8 999.200		
—b	石方	m^3	12 562.600		
—c	弃方超运	$m^3 \cdot km$			
502—2	防水与排水				
—a	M10 浆砌片石(截、排水沟)	m^3	275.800		
—b	无纺布(400 g/m^2)	m^2	3 985.500		
—c	防水板(1.5 mm EVA)	m^2	1 992.750		
502—3	洞口坡面防护				
—a	C15 片石混凝土	m^3			
—b	C25 喷射混凝土	m^3	364.200		
—c	种植草皮	m^2	1 199.900		
—d	ϕ22 mm 锚杆	m	6 472.010		
—e	钢筋网(ϕ6.5 mm)	kg	9 506.700		
—f	六棱砖	m^2	126.800		
502—4	洞门建筑				
—a	C20 混凝土	m^3	1 549.000		
—b	镶面花岗岩(30 cm 厚)	m^2	814.700		
—c	切面装饰(水泥乳胶漆)	m^2	135.000		
502—5	明洞衬砌				
—a	C30 混凝土	m^3	1 550.930		
—b	光圆钢筋(HPB300)	kg	7 636.940		
—c	带肋钢筋(HRB400)	kg	128 310.580		
—d	C20 素混凝土仰拱回填	m^3	645.040		

表6-2(续)

细目号	细目名称	单位	数量	单价	合价
502—6	遮光棚(板)				
—a	C…混凝土	m^3			
—b	光圆钢筋(HPB300)	kg			
—c	带肋钢筋(HRB400)	kg			
502—7	洞顶回填				
—a	回填土石方	m^3	6 135.800		
—b	回填种植土	m^3	764.000		
—c	M10片石混凝土	m^3	898.000		
—d	C15素混凝土	m^3	198.600		
—e	黏土隔水层	m^3	473.700		
503—1	洞身开挖				
—a	Ⅲ级开挖	m^3			
—b	Ⅳ级开挖	m^3	251 115.330		
—c	Ⅴ级开挖	m^3	107 969.000		
—d	弃方超运	m^3·km			
503—2	超前支护				
—a	锚杆(ϕ25 mm砂浆锚杆)	m	70 240.960		
—b	小钢管	m			
—c	管棚(ϕ108 mm、壁厚6 mm)	m	4 736.000		
—d	注浆小导管(ϕ42 mm、壁厚4 mm)	m	81 036.000		
—e	型钢(Ⅰ20b)	kg	12 597.240		
—f	C30模筑混凝土	m^3	146.480		
—g	带肋钢筋(HRB400)	kg	47 710.000		
503—3	初期支护				
—a	C…喷射钢纤维混凝土	m^3			
—b	C25喷射混凝土(早强)	m^3	22 395.840		
—c	中空注浆锚杆(ϕ25 mm)	m	183 525.950		
—d	药卷锚杆(ϕ22 mm)	m	99 220.780		
—e	钢筋网	kg	341 690.160		
—f	型钢	kg	2 121 696.110		
—g	锁脚锚杆(ϕ25 mm)	m	73 514.130		
—h	格栅钢筋				
—h—1	格栅钢筋(HPB300)	kg	14 892.400		

表 6-2(续)

细目号	细目名称	单位	数量	单价	合价
—h—2	格栅钢筋(HRB400)	kg	708 560.800		
—i	带肋钢筋(HRB400)	kg	196 771.410		
503—4	木材	m^3			
503—5	临时支护				
—a	超前小导管(ϕ42 mm×4 mm)	m	5 865.200		
—b	钢筋网	kg	602.000		
—c	喷射混凝土(C25)	m^3	1 010.500		
—d	型钢(Ⅰ18)	kg	182 044.800		
—e	带肋钢筋(HRB400)	kg	16 232.500		
—f	锁脚锚杆(ϕ25 mm)	m	4 300.000		
504—1	洞身衬砌				
—a	C…混凝土	m^3			
—b	C30 防水混凝土	m^3	32 780.000		
—c	M…浆砌粗料石(块石)	m^3			
—d	光圆钢筋(HPB300)	kg	105 184.060		
—e	带肋钢筋(HRB400)	kg	2 268 604.700		
504—2	仰拱、铺底混凝土	m^3			
—a	C30 防水混凝土	m^3	17 581.490		
—b	C20 素混凝土仰拱回填	m^3	27 615.700		
—c	C20 铺底混凝土	m^3			
504—3	边沟、电缆沟混凝土	m^3			
—a	C30 现浇边沟、电缆沟混凝土	m^3	2 740.100		
—b	C30 预制边沟、电缆沟混凝土	m	1 454.160		
—c	光圆钢筋(HPB300)	kg	140 006.600		
—d	带肋钢筋(HRB400)	kg	231 625.100		
504—4	洞室门	个			
—a	车行横洞洞室门(500 cm×550 cm)	个	2.000		
—b	人行横洞洞室门(240 cm×285 cm)	个	8.000		
504—5	洞内路面				
—a	光圆钢筋(HPB300)	kg	65 085.350		
—b	带肋钢筋(HRB400)	kg	39 639.950		
—c	混凝土面板(26 cm 厚)	m^2	27 501.380		
—d	混凝土面板(15 cm 厚)	m^2	412.670		

表 6-2(续)

细目号	细目名称	单位	数量	单价	合价
—e	C20 素混凝土垫层(10 cm 厚)	m^2	412.670		
—f	混凝土面板(20 cm 厚)	m^2	142.900		
—g	C20 素混凝土垫层(15 cm 厚)	m^2	142.900		
—h	改性沥青玛蹄脂混合料(SMA-13、4 cm 厚、温拌)	m^2	27 270.000		
—i	改性沥青混凝土(AC-20、6 cm 厚、温拌)	m^2	27 270.000		
505—1	防水与排水				
—a	防水板	m^2	82 265.860		
—b	无纺布	m^2	82 265.860		
—c	止水带				
—c—1	背贴式止水带	m	17 668.360		
—c—2	中埋式橡胶止水带	m	17 548.230		
—d	止水条	m			
—e	排水管				
—e—1	排水管(ϕ160 mm HDPE 双壁波纹管)	m	1 537.500		
—e—2	排水管(ϕ160 mm HDPE 半壁波纹管)	m	6 649.860		
—e—3	排水管(ϕ50 mm 软式透水管)	m	8 157.170		
—e—4	排水管(Ω 排水管)	m	13 782.690		
—f	中心排水沟	m	3 150.000		
—g	沉砂池	座			
—g—1	边沟沉砂池	座	244.000		
—g—2	中心水沟沉砂池	座	52.000		
—h	检查井	座	16.000		
506—1	洞内防火涂料				
—a	喷涂防火涂料	m^2	67 504.500		
—b	清理内装涂料	m^2			
506—2	洞内装饰工程				
—a	防火板	m^2			
—b	反光膜	m^2	2 520.000		
508—1	监控量测	总额	1.000		
509—1	地质预报(探测手段)	m	3 150.000		
510—1	预埋件				
—a	通风设施预埋件(接线盒)(30 cm×20 cm×20 cm)	个	16.000		
—b	通信设施预埋件	个			

表 6-2(续)

细目号	细目名称	单位	数量	单价	合价
—c	照明设施预埋件(接线盒)(30 cm×20 cm×20 cm)	个	48.000		
—d	监控设施预埋件	个			
—d—1	接线盒(20 cm×20 cm×20 cm)	个	204.000		
—d—2	洞口横穿管(ϕ114 mm)	m	144.000		
—e	供配电设施预埋件(洞口横穿管 ϕ114 mm×4 mm)	m	972.000		
510—2	消防设施				
—a	钢管	m			
—a—1	螺旋焊接钢管(DN350 mm×6 mm)	m	60.000		
—a—2	直埋式聚氨酯保温钢管(DN150 mm)	m	60.000		
—b	接线盒(15 cm×15 cm×15 cm)	个	12.000		

6.4.2 预算编制依据

(1) 某工程施工招标文件(项目专用本)。

(2)《公路工程标准施工招标文件》(2018 年版)(交通运输部公告 2017 年第 51 号)。

(3)《中华人民共和国标准施工招标文件》(2007 年版)。

(4) 交通运输部《公路工程建设项目概算预算编制办法》(JTG 3830—2018)。

(5) 交通运输部《公路工程预算定额》(JTG/T 3832—2018)。

(6) 交通运输部《公路工程机械台班费用定额》(JTG/T 3833—2018)。

(7) 交通运输部办公厅《转发财政部、安全监管总局关于印发〈企业安全生产费用提取和使用管理办法〉的通知》(厅财字〔2012〕96 号)。

(8) 山东省交通运输厅《关于印发〈山东省公路工程建设项目投资估算概算预算编制补充规定〉的通知》(鲁交建管〔2019〕25 号)。

(9) 交通运输部《关于调整〈公路工程建设项目投资估算编制办法〉(JTG 3820—2018)和〈公路工程建设项目概算预算编制办法〉(JTG 3830—2018)中"税金"有关规定的公告》(交通运输部公告 2019 年第 26 号)。

(10) 本项目工程量清单。

(11) 各省公路工程预算编制补充定额及相关规定、要求。

(12) 本工程项目的施工招标图纸、设计方对投标方需澄清问题的答复及其他相关文件资料。

6.4.3 示例文件

示例文件见下列表格。

表 A. 0. 2-5　总预算表

建设项目名称：××隧道工程

编制范围：××隧道工程　　　　第 1 页　共 6 页　　01 表

分项编号	工程或费用名称	单位	数量	金额/元	技术经济指标	各项费用比例/%	备注
1	第 100 章至第 700 章合计			233 539 745		100.00	
	第 500 章　隧道			233 539 745		100.00	
502—1	洞口、明洞开挖			616 616		0.26	
—a	土方	m^3	8 999.2	152 176	16.91	0.07	
—b	石方	m^3	12 562.6	464 439	36.97	0.20	
—c	弃方超运	$m^3 \cdot km$					
502—2	防水与排水			285 576		0.12	
—a	M10 浆砌片石(截、排水沟)	m^3	275.8	116 192	421.29	0.05	
—b	无纺布(400 g/m^2)	m^2	3 985.5	82 978	20.82	0.04	
—c	防水板(1.5 mm EVA)	m^2	1 992.75	86 406	43.36	0.04	
502—3	洞口坡面防护			862 203		0.37	
—a	C15 片石混凝土	m^3					
—b	C25 喷射混凝土	m^3	364.2	371 320	1 019.55	0.16	
—c	种植草皮	m^2	1 199.9	10 031	8.36	0.00	
—d	ϕ22 mm 锚杆	m	6 472.01	399 711	61.76	0.17	
—e	钢筋网(ϕ6.5 mm)	kg	9 506.7	78 620	8.27	0.03	
—f	六棱砖	m^2	126.8	2 520	19.87	0.00	
502—4	洞门建筑			1 275 357		0.55	
—a	C20 混凝土	m^3	1 549	1 138 856	735.22	0.49	
—b	镶面花岗岩(30 cm 厚)	m^2	814.7	135 240	166	0.06	
—c	切面装饰(水泥乳胶漆)	m^2	135	1 261	9.34	0.00	
502—5	明洞衬砌			3 228 562		1.38	
—a	C30 混凝土	m^3	1 550.93	1 991 301	1 283.94	0.85	
—b	光圆钢筋(HPB300)	kg	7 636.94	53 459	7	0.02	
—c	带肋钢筋(HRB400)	kg	128 310.58	854 548	6.66	0.37	

表 A. 0. 2-5　总预算表

建设项目名称：××隧道工程

编制范围：××隧道工程　　　　第 2 页　共 6 页　　01 表

分项编号	工程或费用名称	单位	数量	金额/元	技术经济指标	各项费用比例/%	备注
—d	C20 素混凝土仰拱回填	m^3	645.04	329 254	510.44	0.14	
502—6	遮光棚(板)						
—a	C30 混凝土	m^3					
—b	光圆钢筋(HPB300)	kg					
—c	带肋钢筋(HRB400)	kg					
502—7	洞顶回填			677 204		0.29	
—a	回填土石方	m^3	6 135.8	168 121	27.4	0.07	
—b	回填种植土	m^3	764	29 979	39.24	0.01	
—c	M10 片石混凝土	m^3	898	285 187	317.58	0.12	
—d	C15 素混凝土	m^3	198.6	151 071	760.68	0.06	
—e	黏土隔水层	m^3	473.7	42 846	90.45	0.02	
503—1	洞身开挖			44 897 505		19.22	
—a	Ⅲ级开挖	m^3					
—b	Ⅳ级开挖	m^3	251 115.33	31 251 303	124.45	13.38	
—c	Ⅴ级开挖	m^3	107 969	13 646 202	126.39	5.84	
—d	弃方超运	$m^3 \cdot km$					
503—2	超前支护			12 153 243		5.20	
—a	锚杆(ϕ25 mm 砂浆锚杆)	m	70 240.96	3 738 224	53.22	1.60	
—b	小钢管	m					
—c	管棚(ϕ108 mm、壁厚 6 mm)	m	4 736	1 524 992	322	0.65	
—d	注浆小导管(ϕ42 mm、壁厚 4 mm)	m	81 036	6 301 359	77.76	2.70	
—e	型钢(Ⅰ20b)	kg	12 597.24	137 310	10.9	0.06	
—f	C30 模筑混凝土	m^3	146.48	115 479	788.36	0.05	
—g	带肋钢筋(HRB400)	kg	47 710	335 878	7.04	0.14	
503—3	初期支护			70 844 907		30.34	

表 A.0.2-5　总预算表

建设项目名称：××隧道工程

编制范围：××隧道工程　　　　第 3 页　共 6 页　　01 表

分项编号	工程或费用名称	单位	数量	金额/元	技术经济指标	各项费用比例/%	备注
—a	C…喷射钢纤维混凝土	m^3					
—b	C25 喷射混凝土(早强)	m^3	22 395.84	23 967 356	1 070.17	10.26	
—c	中空注浆锚杆(ϕ25 mm)	m	183 525.95	11 920 010	64.95	5.10	
—d	药卷锚杆(ϕ22 mm)	m	99 220.78	4 623 688	46.6	1.98	
—e	钢筋网	kg	341 690.16	2 784 775	8.15	1.19	
—f	型钢	kg	2 121 696.11	15 679 334	7.39	6.71	
—g	锁脚锚杆(ϕ25 mm)	m	73 514.13	3 912 422	53.22	1.68	
—h	格栅钢筋			6 574 018		2.81	
—h—1	格栅钢筋(HPB300)	kg	14 892.4	140 286	9.42	0.06	
—h—2	格栅钢筋(HRB400)	kg	708 560.8	6 433 732	9.08	2.75	
—i	带肋钢筋(HRB400)	kg	196 771.41	1 383 303	7.03	0.59	
503—4	木材	m^3					
503—5	临时支护			4 355 039		1.86	
—a	超前小导管(ϕ42 mm×4 mm)	m	5 865.2	791 978	135.03	0.34	
—b	钢筋网	kg	602	4 906	8.15	0.00	
—c	喷射混凝土(C25)	m^3	1 010.5	1 081 629	1 070.39	0.46	
—d	型钢(Ⅰ18)	kg	182 044.8	2 133 565	11.72	0.91	
—e	带肋钢筋(HRB400)	kg	16 232.5	114 114	7.03	0.05	
—f	锁脚锚杆(ϕ25 mm)	m	4 300	228 846	53.22	0.10	
504—1	洞身衬砌			40 089 737		17.17	
—a	C25 防水混凝土	m^3					
—b	C30 防水混凝土	m^3	32 780	23 366 240	712.82	10.01	
—c	M10 浆砌粗料石(块石)	m^3					
—d	光圆钢筋(HPB300)	kg	105 184.06	775 207	7.37	0.33	
—e	带肋钢筋(HRB400)	kg	2 268 604.7	15 948 291	7.03	6.83	

表 A.0.2-5 总预算表

建设项目名称：××隧道工程

编制范围：××隧道工程

第 4 页 共 6 页 01 表

分项编号	工程或费用名称	单位	数量	金额/元	技术经济指标	各项费用比例/%	备注
504—2	仰拱、铺底混凝土	m^3		22 891 926		9.80	
—a	C30 防水混凝土	m^3	17 581.49	9 020 008	513.04	3.86	
—b	C20 素混凝土仰拱回填	m^3	27 615.7	13 871 918	502.32	5.94	
—c	C20 铺底混凝土	m^3					
504—3	边沟、电缆沟混凝土	m^3		6 312 814		2.70	
—a	C30 现浇边沟、电缆沟混凝土	m^3	2 740.1	2 216 385	808.87	0.95	
—b	C30 预制边沟、电缆沟混凝土	m^3	1 454.16	1 549 146	1 065.32	0.66	
—c	光圆钢筋(HPB300)	kg	140 006.6	988 447	7.06	0.42	
—d	带肋钢筋(HRB400)	kg	231 625.1	1 558 837	6.73	0.67	
504—4	洞室门	个		50 468		0.02	
—a	车行横洞洞室门(500 cm×550 cm)	个	2	25 300	12 650	0.01	
—b	人行横洞洞室门(240 cm×285 cm)	个	8	25 168	3 146	0.01	
504—5	洞内路面			9 569 921		4.10	
—a	光圆钢筋(HPB300)	kg	65 085.35	419 150	6.44	0.18	
—b	带肋钢筋(HRB400)	kg	39 639.95	241 804	6.1	0.10	
—c	混凝土面板(26 cm 厚)	m^2	27 501.38	5 946 898	216.24	2.55	
—d	混凝土面板(15 cm 厚)	m^2	412.67	34 049	82.51	0.01	
—e	C20 素混凝土垫层(10 cm 厚)	m^2	412.67	23 163	56.13	0.01	
—f	混凝土面板(20 cm 厚)	m^2	142.9	14 923	104.43	0.01	
—g	C20 素混凝土垫层(15 cm 厚)	m^2	142.9	11 312	79.16	0.00	
—h	改性沥青玛𤧛脂混合料(SMA-13、4 cm 厚、温拌)	m^2	27 270	1 354 228	49.66	0.58	
—i	改性沥青混凝土(AC-20、6 cm 厚、温拌)	m^2	27 270	1 524 393	55.9	0.65	
505—1	防水与排水			10 649 084		4.56	
—a	防水板	m^2	82 265.86	3 567 048	43.36	1.53	
—b	无纺布	m^2	82 265.86	1 712 775	20.82	0.73	

表 A.0.2-5 总预算表

建设项目名称：××隧道工程

编制范围：××隧道工程　　　　第5页　共6页　　01表

分项编号	工程或费用名称	单位	数量	金额/元	技术经济指标	各项费用比例/%	备注
—c	止水带			2 258 876		0.97	
—c—1	背贴式止水带	m	17 668.36	964 869	54.61	0.41	
—c—2	中埋式橡胶止水带	m	17 548.23	1 294 006	73.74	0.55	
—d	止水条	m					
—e	排水管			1 059 299		0.45	
—e—1	排水管(ϕ160 mm HDPE 双壁波纹管)	m	1 537.5	69 557	45.24	0.03	
—e—2	排水管(ϕ160 mm HDPE 半壁波纹管)	m	6 649.86	247 109	37.16	0.11	
—e—3	排水管(ϕ50 mm 软式透水管)	m	8 157.17	276 365	33.88	0.12	
—e—4	排水管(Ω 排水管)	m	13 782.69	466 268	33.83	0.20	
—f	中心排水沟	m	3 150	1 702 544	540.49	0.73	
—g	沉砂池	座		268 826		0.12	
—g—1	边沟沉砂池	座	244	89 794	368.01	0.04	
—g—2	中心水沟沉砂池	座	52	179 032	3 442.92	0.08	
—h	检查井	座	16	79 717	4 982.31	0.03	
506—1	洞内防火涂料			1 622 808		0.69	
—a	喷涂防火涂料	m^2	67 504.5	1 622 808	24.04	0.69	
—b	清理内装涂料	m^2					
506—2	洞内装饰工程			528 142		0.23	
—a	防火板	m^2					
—b	反光膜	m^2	2 520	528 142	209.58	0.23	
508—1	监控量测	总额	1	501 042	501 041.97	0.21	
509—1	地质预报(探测手段)	m	3 150	1 982 012	629.21	0.85	
510—1	预埋件			118 729		0.05	
—a	通风设施预埋件(接线盒)(30 cm×20 cm×20 cm)	个	16	1 577	98.58	0.00	
—b	通信设施预埋件	个					

表 A.0.2-5　总预算表

建设项目名称：××隧道工程

编制范围：××隧道工程　　　　第 6 页　共 6 页　　01 表

分项编号	工程或费用名称	单位	数量	金额/元	技术经济指标	各项费用比例/%	备注
—c	照明设施预埋件(接线盒)(30 cm×20 cm×20 cm)	个	48	4 732	98.58	0.00	
—d	监控设施预埋件	个		28 148		0.01	
—d—1	接线盒(20 cm×20 cm×20 cm)	个	204	15 663	76.78	0.01	
—d—2	洞口横穿管(ϕ114 mm)	m	144	12 485	86.7	0.01	
—e	供配电设施预埋件(洞口横穿管 ϕ114 mm×4 mm)	m	972	84 272	86.7	0.04	
510—2	消防设施			26 852		0.01	
—a	钢管	m		26 323		0.01	
—a—1	螺旋焊接钢管(DN350 mm×6 mm)	m	60	20 799	346.65	0.01	
—a—2	直埋式聚氨酯保温钢管(DN150 mm)	m	60	5 524	92.06	0.00	
—b	接线盒(15 cm×15 cm×15 cm)	个	12	529	44.08	0.00	
9	已包含在清单合计中的材料、工程设备、专业工程暂估价合计						
10	清单合计减去材料、工程设备、专业工程暂估价合计			233 539 745		100.00	
11	计日工合计						
11.1	劳务						
11.2	材料						
11.3	施工机械						
12	暂列金额(不含计日工总额)						
13	投标报价			233 539 745		100.00	

编制：　　　　　　　　复核：

表 A.0.2-6　人工、主要材料、施工机械台班数量汇总表

建设项目名称：××隧道工程

编制范围：××隧道工程　　　　　　第 1 页　共 1 页　　02 表

代号	规格名称	单位	单价/元	总数量	分项统计										场外运输损耗	
					第 500 章隧道									辅助生产	%	数量
2	机械工	工日	49.20	0.607	0.607											
1001001	人工	工日	106.28	366 249.566	366 249.566											
1051001	机械工	工日	106.28	29 434.471	29 434.471											
浙补 1	人工	工日	52.42	10.830	10.830											
1—2—1	接线盒 20 cm×20 cm×20 cm	个	60.00	204.000	204.000											
1—3	接线盒 30 cm×20 cm×20 cm	个	80.00	64.000	64.000											
1—3—1	接线盒 15 cm×15 cm×15 cm	个	30.00	12.000	12.000											
191	钢管	t	5 610.00	1.040	1.040											
231	电焊条	kg	4.90	0.600	0.600											
825	油毛毡	m^2	2.29	244.400	244.400											
833	42.5 级水泥	t	350.00	1.396	1.382										1.000	0.014
865	电	kW·h	0.55	48.065	48.065											
866	水	m^3	0.50	0.600	0.600											
912	膨润土	kg	0.62	95.790	93.000										3.000	2.790
996	其他材料费	元	1.00	58.530	58.530											
789004	ϕ160 mm HDPE 排水管三通	个	60.00	952.000	952.000											
2001001	HPB300 钢筋	t	4 362.83	740.344	740.344											
2001002	HRB400 钢筋	t	4 070.80	4 674.266	4 674.266											
2001021	8～12 号铁丝(镀锌铁丝)	kg	5.40	10 412.583	10 412.583											
2001022	20～22 号铁丝(镀锌铁丝)	kg	5.62	11 042.937	11 042.937											
2003004	型钢(工字钢,角钢)	t	3 893.81	2 256.067	2 256.067											
2003005	钢板(A3,δ=5～40 mm)	t	4 070.80	280.061	280.061											
2003008	钢管(无缝钢管)	t	5 044.25	444.800	444.800											

编制：　　　　　　　　　　复核：

表 A.0.2-7　建筑安装工程费计算表

建设项目名称：××隧道工程

编制范围：××隧道工程

第 1 页　共 1 页　　03 表

序号	分项编号	工程名称	单位	工程量	定额直接费/元	定额设备购置费/元	直接费/元				设备购置费/元	措施费/元	企业管理费/元	规费/元	利润/元	税金/元	金额合计/元	
							人工费	材料费	施工机械使用费	合计					费率 7.42%	税率 9.0%	合计	单价
1	2	3	4	5	6	7	8	9	10	11	12	13	14	15	16	17	18	19
1	—a	土方	m^3	8 999.200	121 445		2 965		108 140	111 105		8 702	2 761	7 150	9 862	12 562	152 143	16.91
2	—b	石方	m^3	12 562.600	362 869		73 033	33 695	219 049	325 777		21 217	10 607	39 254	29 286	38 353	464 495	36.97
3	—a	M10 浆砌片石(截、排水沟)	m^3	275.800	71 459		29 318	51 577	1 753	82 647		2 362	3 271	12 597	5 720	9 594	116 191	421.29
4	—b	无纺布(400 g/m^2)	m^2	3 985.500	46 180		16 520	44 872	1 407	62 798		660	2 098	6 938	3 631	6 851	82 977	20.82
5	—c	防水板(1.5 mm EVA)	m^2	1 992.750	76 998		8 260	56 326	703	65 289		974	3 498	3 469	6 045	7 135	86 410	43.36
6	—b	C25 喷射混凝土	m^3	364.200	244 362		40 613	149 897	83 906	274 416		9 230	11 044	26 336	19 636	30 660	371 321	1 019.55
7	—c	种植草皮	m^2	1 199.900	7 486		2 206	4 936		7 143		196	343	927	595	828	10 032	8.36
8	—d	ϕ22 mm 锚杆	m	6 472.010	279 202		104 129	97 669	85 911	287 709		4 465	9 085	43 751	21 722	33 006	399 739	61.76
9	—e	钢筋网(ϕ6.5 mm)	kg	9 506.700	49 450		10 306	43 248	6 889	60 443		517	1 609	5 759	3 827	6 494	78 648	8.27
10	—f	六棱砖	m^2	126.800	1 466		812	894	18	1 724		58	67	345	118	208	2 520	19.87
11	—a	C20 混凝土	m^3	1 549.000	701 668		174 290	592 336	97 806	864 432		12 711	31 292	81 063	55 329	94 034	113 8861	735.22
12	—b	镶面花岗岩(30 cm 厚)	m^2	814.700	26 821		21 906	88 336	689	110 931		457	1 218	9 350	2 114	11 166	135 237	166.00
13	—c	切面装饰(水泥乳胶漆)	m^2	135.000	1 085		57	922	5	985		13	49	24	85	104	1 261	9.34
14	—a	C30 混凝土	m^3	1 550.930	1 222 150		281 429	1 118 466	128 088	1 527 983		19 863	54 973	127 822	96 236	164 419	1 991 297	1 283.94
15	—b	光圆钢筋(HPB300)	kg	7 636.940	33 906		6 250	34 517	1 378	42 145		300	1 103	2 860	2 620	4 413	53 441	7.00
16	—c	带肋钢筋(HRB400)	kg	128 310.580	558 435		105 004	541 527	23 151	669 681		4 983	18 171	48 054	43 154	70 564	854 608	6.66
17	—e	C20 素混凝土仰拱回填	m^3	645.040	198 587		20 596	215 788	27 573	263 957		3 781	8 781	9 881	15 667	27 186	329 254	510.44
18	—a	回填土石方	m^3	6 135.800	106 980		78 254		25 718	103 972		1 924	4 860	35 058	8 441	13 883	168 138	27.40
19	—b	回填种植土	m^3	764.000	20 487		9 995		9 519	19 515		760	776	4 821	1 634	2 476	29 981	39.24
20	—c	M10 片石混凝土	m^3	898.000	182 789		47 720	160 012	7 589	215 321		2 522	8 304	21 125	14 366	23 547	285 184	317.58
21	—d	C15 素混凝土	m^3	198.600	90 645		30 906	66 926	13 754	111 586		1 690	4 041	14 129	7 151	12 474	151 070	760.68

编制：　　　　　　　　复核：

表 A.0.2-8 综合费率计算表

建设项目名称：××隧道工程

编制范围：××隧道工程　　　　第1页　共1页　　04表

序号	工程类别	措施费/%											企业管理费/%						规费/%					
		冬季施工增加费	雨季施工增加费	夜间施工增加费	高原地区施工增加费	风沙地区施工增加费	沿海地区施工增加费	行车干扰施工增加费	施工辅助费	工地转移费	综合费率		基本费用	主副食运费补贴	职工探亲路费	职工取暖补贴	财务费用	综合费率	养老保险费	失业保险费	医疗保险费	工伤保险费	住房公积金	综合费率
											Ⅰ	Ⅱ												
1	2	3	4	5	6	7	8	9	10	11	12	13	14	15	16	17	18	19	20	21	22	23	24	25
01	土方	0.84	0.67					5.89	0.52	0.34	7.73	0.52	2.75	0.13	0.19	0.13	0.27	3.47	20.00	2.00	7.00	1.00	12.00	42.00
02	石方	0.16	0.63					4.97	0.47	0.25	6.01	0.47	2.79	0.12	0.20	0.12	0.26	3.49	20.00	2.00	7.00	1.00	12.00	42.00
03	运输	0.17	0.68					5.72	0.15	0.23	6.79	0.15	1.37	0.13	0.13	0.13	0.26	2.03	20.00	2.00	7.00	1.00	12.00	42.00
04	路面	0.57	0.65					4.99	0.82	0.50	6.70	0.82	2.43	0.09	0.16	0.09	0.40	3.16	20.00	2.00	7.00	1.00	12.00	42.00
05	隧道	0.20							1.20	0.40	0.60	1.20	3.57	0.10	0.27	0.09	0.51	4.54	20.00	2.00	7.00	1.00	12.00	42.00
06	构造物Ⅰ	0.65	0.46					3.31	1.20	0.40	4.82	1.20	3.59	0.12	0.27	0.13	0.47	4.58	20.00	2.00	7.00	1.00	12.00	42.00
06—1	构造物Ⅰ(绿化)		0.46					3.31	1.20	0.40	4.17	1.20	3.59	0.12	0.27	0.13	0.47	4.58	20.00	2.00	7.00	1.00	12.00	42.00
07	构造物Ⅱ	0.87	0.53	0.90				3.59	1.54	0.51	6.41	1.54	4.73	0.14	0.35	0.15	0.55	5.91	20.00	2.00	7.00	1.00	12.00	42.00
08	构造物Ⅲ(一般)	1.62	1.03	1.70				3.37	2.73	0.96	8.68	2.73	5.98	0.25	0.55	0.26	1.09	8.13	20.00	2.00	7.00	1.00	12.00	42.00
08—1	构造物Ⅲ(室内)	1.62		1.70				3.37	2.73	0.96	7.65	2.73	5.98	0.25	0.55	0.26	1.09	8.13	20.00	2.00	7.00	1.00	12.00	42.00
08—2	构造物Ⅲ(桥梁)	1.62	1.03	1.70				3.37	2.73	0.96	8.68	2.73	5.98	0.25	0.55	0.26	1.09	8.13	20.00	2.00	7.00	1.00	12.00	42.00
08—3	构造物Ⅲ(设备安装)	1.62						3.37	2.73	0.96	5.95	2.73	5.98	0.25	0.55	0.26	1.09	8.13	20.00	2.00	7.00	1.00	12.00	42.00
09	技术复杂大桥	1.02	0.65	0.93					1.68	0.60	3.20	1.68	4.14	0.12	0.21	0.12	0.64	5.22	20.00	2.00	7.00	1.00	12.00	42.00
10	钢材及钢结构(一般)	0.04		0.87					0.56	0.54	1.45	0.56	2.24	0.11	0.16	0.08	0.65	3.25	20.00	2.00	7.00	1.00	12.00	42.00
10—1	钢材及钢结构(桥梁)	0.04		0.87					0.56	0.54	1.45	0.56	2.24	0.11	0.16	0.08	0.65	3.25	20.00	2.00	7.00	1.00	12.00	42.00
10—2	钢材及钢结构(金属标志牌等)	0.04							0.56	0.54	0.58	0.56	2.24	0.11	0.16	0.08	0.65	3.25	20.00	2.00	7.00	1.00	12.00	42.00

编制：　　　　复核：

表 A.0.3-2　分项工程预算表(选取其中一部分)

编制范围：××隧道工程

分项编号：一c　　工程名称：管棚(ϕ108 mm、壁厚 6 mm)　　单位：m　　数量：4 736.0　　单价：322.00　　第 1 页　共 1 页　　21-2 表

代号	工程项目			管棚、小导管			现浇混凝土衬砌			拱顶压浆			管棚、小导管注浆		
	工程细目			管棚 ϕ108 mm			现场加工衬砌钢筋			拱顶Ⅳ～Ⅵ级围岩预留孔压浆			管棚、小导管注水泥浆		
	定额单位			10 m			1 t			10 m^3			10 m^3		
	工程数量			473.600			0.444			3.428			5.830		
	定额表号			3—1—7—4			3—1—9—6 改			3—1—14—3			3—1—7—6		
	工、料、机名称	单位	单价/元	定额	数量	金额/元	定额	数量	金额/元	定额	数量	金额/元	定额	数量	金额/元
1001001	人工	工日	106.28	3.100	1 468.160	156 036.04	10.200	4.527	481.10	13.900	47.649	5 064.16	11.800	68.794	7 311.43
2001022	20～22 号镀锌铁丝	kg	5.62				3.100	1.376	7.73						
2003008	无缝钢管	t	5 044.25	0.161	76.250	384 622.04	1.025	0.455	2 294.60						
2009005	ϕ150 mm 以内合金钻头	个	67.46	0.200	94.720	6 389.81									
2009011	电焊条结 422(502、506、507)3.2/4.0/5.0	kg	7.08				4.300	1.908	13.51						
3005004	水	m^3	4.13	2.000	947.200	3 911.94				8.000	27.424	113.26	8.000	46.640	192.62
4003002	锯材中板 δ=19～35 mm，中方混合规格	m^3	1 681.42	0.030	14.208	23 889.62				0.080	0.274	461.11			
5503005	中(粗)砂混凝土、砂浆用堆方	m^3	146.41							10.150	34.794	5 094.22			
5509001	32.5 级水泥	t	300.88							6.273	21.504	6 470.08	14.154	82.518	24 827.96
7801001	其他材料费	元	1.00	58.300	27 610.880	27 610.88				12.400	42.507	42.51	4.500	26.235	26.24
8001112	ϕ38～115 mm 液压潜孔钻机 YYG150 含支架	台班	512.42	0.730	345.728	177 157.94									
8007003	装载质量 4 t 以内载货汽车 CA10B	台班	429.26	0.020	9.472	4 065.95							0.340	1.982	850.88
8015028	容量 32 kV・A 以内交流电弧焊机 BX1-330	台班	209.91				0.460	0.204	42.85						
8017045	排气量 20 m^3/min 以内电动空气压缩机 4L-20/8	台班	875.42	0.790	374.144	327 533.14									
8099001	小型机具使用费	元	1.00	30.500	14 444.800	14 444.80	30.100	13.358	13.36	67.300	230.704	230.70	61.700	359.711	359.71
9999001	定额基价	元	1.00	7 609.180	1 009 137.735	1 009 137.73	4 481.520	2 450.826	2 450.83	2 010.490	15 481.369	15 481.37	888.790	34 145.973	34 145.97

编制：　　　　复核：

参考文献

[1] 崔艳梅.道桥施工组织与概预算[M].北京:人民交通出版社股份有限公司,2016.

[2] 交通运输部路网监测与应急处置中心.公路工程概算定额:JTG/T 3831—2018[S].北京:人民交通出版社股份有限公司,2018.

[3] 交通运输部路网监测与应急处置中心.公路工程机械台班费用定额:JTG/T 3833—2018[S].北京:人民交通出版社股份有限公司,2018.

[4] 交通运输部路网监测与应急处置中心.公路工程建设项目概算预算编制办法:JTG 3830—2018[S].北京:人民交通出版社股份有限公司,2018.

[5] 交通运输部路网监测与应急处置中心.公路工程预算定额:JTG/T 3832—2018[S].北京:人民交通出版社股份有限公司,2018.

[6] 交通专业人员资格评价中心,交通公路工程定额站.公路工程定额编制与管理[M].北京:人民交通出版社,2010.

[7] 米永胜.公路施工组织与概预算[M].北京:机械工业出版社,2006.

[8] 王首绪,杨玉胜,周学林,等.公路施工组织及概预算[M].3版.北京:人民交通出版社,2007.

[9] 邬晓光.桥梁施工及组织管理[M].2版.北京:人民交通出版社,2008.

[10] 徐连铭.公路工程预算编制实例[M].北京:人民交通出版社股份有限公司,2015.

[11] 张丽华.公路工程概预算编制指南[M].2版.北京:人民交通出版社,2008.

[12] 中华人民共和国交通运输部.公路工程标准施工招标文件:2018年版[M].北京:人民交通出版社股份有限公司,2018.